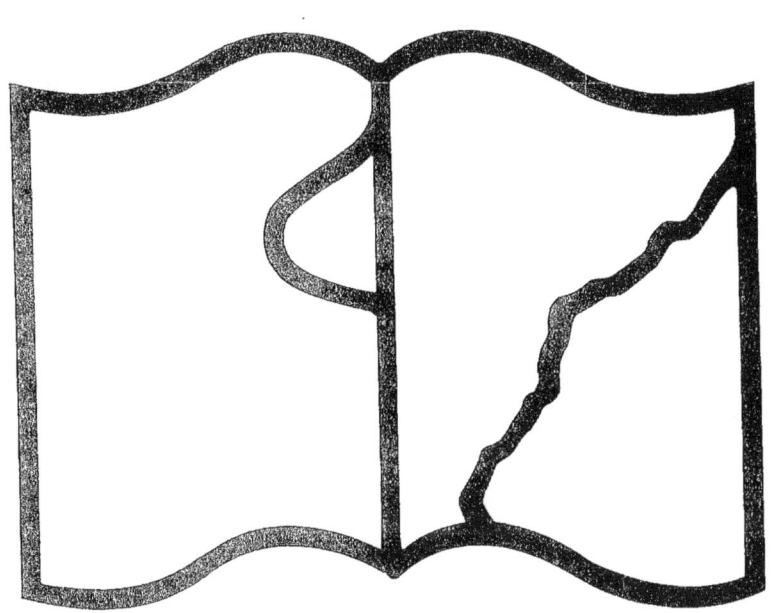

Texte détérioré — reliure défectueuse

NF Z 43-120-11

L'ASSASSIN DU PERCEPTEUR

PAR

ÉLIE BERTHET

Chérou avait écouté avec une apathie réelle ou simulée. (Page 6.)

I

LA FAMILLE BIENASSIS.

Pendant les dernières années du règne de Louis-Philippe, la petite ville de B***, en Limousin, avait le bonheur de posséder un percepteur qui passait, non-seulement dans le canton, mais encore dans le département tout entier, pour le modèle des percepteurs. C'était un bel homme de vingt-sept à vingt-huit ans, d'humeur joyeuse, habituellement vêtu avec élégance, bien que cette élégance ne fût pas toujours du meilleur goût. Il montrait une extrême galanterie envers les femmes, et plusieurs fois ses assiduités auprès de certaines d'entre elles avaient excité le soupçon d'un père ou d'un mari ; mais la gaieté du jeune fonctionnaire, sa frivolité apparente, l'avaient toujours fait traiter comme un papillon privilégié, ou, selon l'expression usitée dans le pays, comme un homme *sans conséquence*. D'ailleurs, il n'abusait pas des services de son porteur de contraintes, et il ne rudoyait pas trop ceux qui se trouvaient un peu en retard pour le paiement de leurs impositions ; aussi était-il vraiment, comme nous l'avons dit, la coqueluche de tous les contribuables de l'un et de l'autre sexe, dans la ville de B*** et dans les bourgades du ressort.

Théodore Bienassis, ainsi s'appelait le percepteur, était fils d'un colonel en retraite, mort quelques années avant le jour où commence cette histoire. Le colonel Bienassis, après avoir servi avec honneur sous le premier Empire, sous la Restauration et sous le règne de Louis-Philippe, avait dû enfin quitter le service et il était venu, avec sa famille, s'établir dans le chef-lieu du département, dont il était originaire, sans autre fortune que sa modique pension de retraite. Cette famille se composait de trois enfants, deux filles et un garçon, qui avaient perdu leur mère pendant qu'ils étaient encore en bas âge. Les deux demoiselles avaient été élevées à la maison royale de Saint-Denis, tandis que Théodore suivait les cours des collèges, dans les villes où le régiment de son père tenait garnison. L'éducation du jeune homme terminée, le colonel l'avait fait entrer dans l'administration des finances, « afin, — disait-il en riant, — que son fils fût en meilleurs termes avec cette administration qu'il ne l'avait été lui-même, » et, peu de temps avant sa mort, il avait obtenu pour Théodore la perception de B***. Par malheur, le colonel n'avait pas réussi de même à marier ses filles, et elles étaient restées l'une et l'autre à la charge de leur frère.

Théodore, toutefois, avait accepté avec courage les devoirs que lui imposait sa nouvelle position de chef de famille. Ses deux sœurs étaient installées chez lui, et il leur accordait une autorité à peu près absolue dans son ménage. Une de ses raisons, pour éluder certaines ouvertures matrimoniales, était même qu'il craignait d'imposer aux demoiselles Bienassis une compagne qui pourrait ne pas être de leur goût. Sous ce prétexte, il avait refusé la main de plus d'une pauvre créature quelque peu compromise par ses assiduités. Quoi qu'il en fût de ces motifs, son dévouement fraternel avait l'approbation générale, et il n'était fils de bonne mère dans le canton qui n'admirât la conduite généreuse du percepteur.

La famille Bienassis occupait, dans un faubourg de B***, une petite maison blanche et gaie, dont le loyer n'était pas ruineux, comme il arrive encore parfois dans les provinces écartées. Un jardin assez spacieux, entouré d'une belle tonnelle de vigne, ajoutait au charme de cette habitation demi-bourgeoise, demi-rustique. Une écurie, attenant au bâtiment principal, servait à loger la vieille jument sur laquelle le percepteur faisait ses tournées ; le poulailler contenait force volatiles turbulents qui animaient de leurs chants et de leurs jeux la basse-cour. Bref, cette demeure avait un aspect riant et confortable, et il semblait que les sœurs du percepteur pussent prendre en patience, dans cette agréable retraite, la solitude et la monotonie de leur existence.

Pour l'une au moins de ces pauvres filles, la résignation était depuis longtemps une habitude. Marion, l'aînée, alors âgée de plus de trente ans, n'avait jamais été jolie ; aussi semblait-elle avoir renoncé à toute prétention au mariage. C'était la Cendrillon de la maison et elle avait choisi volontairement le rôle de servante de son frère et de sa jeune sœur. Elle faisait la cuisine et tous les gros ouvrages ; elle ne rougissait les mêmes pas d'aller avec ses deux cruches chercher de l'eau à la fontaine de la Grande-Place. Son costume était toujours d'une simplicité qui trahissait la pauvreté ; elle ne portait que les robes hors d'usage de sa sœur, et encore après en avoir enlevé les ornements superflus ; elle s'accommodait de tout avec une insouciance qui ressemblait à l'abandon de soi-même. Cependant, l'humilité de Marion ne lui nuisait pas dans l'opinion des gens simples qu'elle fréquentait. On savait qu'elle était fille d'un colonel, sœur du percepteur ; aussi, en dépit de ses cruches, les servantes du quartier l'appelaient « Mademoiselle » et lui faisaient la révérence.

Hortense, la plus jeune, présentait un type tout différent. Autant Marion était modeste dans ses manières, dans sa mise et dans ses goûts, autant sa cadette montrait de recherche dans son extérieur, d'innocente coquetterie dans ses allures. Celle-là n'avait nullement renoncé à l'espoir de trouver un mari, la chose était évidente, et elle ne négligeait rien pour que cette espérance devînt une réalité. Mademoiselle Hortense était jolie ; elle avait de l'expression, de la fraîcheur, et son extrait de naissance lui-même attestait qu'elle n'avait pas plus de vingt-quatre ans. Sa prétention de se marier ne paraissait donc nullement exagérée, et elle mettait en pratique tous les moyens d'usage pour découvrir le jeune et bel Arthur qui devait tôt ou tard lui donner son nom au pied des autels. Les modes les plus nouvelles, parfois même les plus excentriques, étaient toujours inaugurées à B***, par mademoiselle Hortense Bienassis ; puis, aussitôt qu'elle avait une fraîche toilette à montrer, elle persécutait son frère pour qu'il la menât en visite chez celui-ci et chez celui-là, dans la ville et à la campagne, aux réunions, aux fêtes, à l'église. Théodore cédait avec une complaisance exemplaire ; Hortense était la beauté la plus répandue de la province. Malgré tout cela, « Arthur » ne venait pas et la fille du colonel avait souvent des quarts d'heure de tristesse.

Hortense n'était pas seule à se dépiter ; Marion, qui pour son compte personnel, avait abdiqué toute ambition matrimoniale, rêvait aussi les plus brillants partis pour sa jeune sœur. Rien ne lui paraissait plus beau, plus séduisant qu'Hortense ; elle passait son temps à la parer, à travailler pour elle. C'était Marion qui confectionnait ces robes à douze rangs de volants qui obtenaient un si prodigieux succès dans la *société* de B*** ; c'était elle qui blanchissait et repassait les cols, les manches, les jupons empesés ; elle ne songeait qu'à orner sa cadette, comme si le sort de la famille eût dépendu d'une guimpe chiffonnée ou d'un ruban défraîchi. Et, quand elle voyait tant de peines perdues, elle avait parfois des accès de rage. Néanmoins les deux sœurs ne se décourageaient pas : il était impossible que, tôt ou tard, les épouseurs de B*** ne remarquassent pas le trésor qu'aucun d'eux ne songeait à convoiter, et l'on redoublait de boucles frisottantes, de corsets bien serrés, de bottines à pied microscopique pour amener le résultat prévu, annoncé, inévitable.

Mais les événements qui vont suivre devant mettre en relief le caractère du frère et des deux sœurs, nous allons, sans autre préambule, introduire le lecteur chez Théodore Bienassis.

C'était un jour d'octobre, par une matinée froide et brumeuse. Dans une salle basse, qui servait à la fois de bureau et de salle à manger, Marion et Hortense disposaient le couvert pour le déjeuner. Une barrière de bois, munie d'un rideau de soie verte, séparait cette partie de la salle de la partie extérieure destinée au public, et la table se dressait au milieu des registres et des paperasses. Marion, qui allait et venait sans cesse du bureau à la cuisine voisine, où l'on entendait frire quelque chose, était vêtue avec sa négligence ordinaire. Les cheveux en désordre, les épaules couvertes d'une vieille pèlerine, drapée dans un jupon qui laissait voir des bas mal tirés, elle eût présenté un aspect fort peu séduisant si son air de douceur et de bonté n'eût désarmé la critique la plus malveillante. Mademoiselle Hortense, au contraire, quoique vêtue encore de sa robe du matin, était coiffée, chaussée, corsetée, comme si « l'époux » fût déjà attendu à cette heure matinale. Chargée du soin de mettre le couvert, elle touchait du bout des doigts verres et assiettes, avec toutes sortes de petites mines délicates, d'autant plus charmantes qu'elles n'avaient rien d'affecté.

Dans un coin de la salle, derrière un antique bureau de bois noir, se tenait M. Cernin, le premier et l'unique employé de la perception ; c'était un gros garçon d'une quarantaine d'années, sur lequel pesaient particulièrement les travaux administratifs. Il était simple employé depuis plus de vingt ans ; et, moins bien protégé que son patron, il attendait vainement, depuis la même époque, la recette générale, ou du moins la recette particulière qu'il avait rêvée en entrant dans la carrière administrative. Sa figure était assez commune, mais une expression de bonhomie prévenait en sa faveur. Du reste, sauf l'embonpoint causé par sa vie sédentaire, il avait encore des allures juvéniles que faisait ressortir une mise proprette et soignée, miracle d'ingénieuse économie.

Cernin, quoique dénué de fortune, semblait être un parti tout trouvé pour Hortense, et nous devons avouer que le commis était de cette opinion, comme on pouvait en juger à ses airs penchés, à ses œillades furtives, à ses soupirs étouffés; mais le respect avait toujours retenu sur ses lèvres le secret de son cœur. De son côté, Hortense s'était certainement aperçue de cette passion mystérieuse et elle n'en avait manifesté aucun mécontentement; au contraire, elle était pleine d'égards pour le pauvre Cernin et lui adressait parfois de bienveillants sourires. Mais aussi elle n'avait jamais fait un geste ou dit un mot qui pût encourager un aveu, si bien que son gros et timide amoureux ne savait ce qu'il devait craindre ou espérer.

En ce moment, il était entièrement absorbé par les formidables colonnes de chiffres d'un registre ouvert devant lui; et le moindre bruit semblait lui causer une distraction fâcheuse. Plusieurs fois même il avait tourné la tête avec colère vers une fenêtre ouverte; on apercevait dans la cour une espèce de valet d'écurie qui sifflait en bridant le cheval du percepteur. Hortense finit par remarquer l'impatience de l'employé, et s'approchant de la fenêtre, elle dit au palefrenier :

— Ne faites pas tant de bruit, Joseph; vous dérangez M. Cernin.

Joseph, un pauvre diable d'homme de peine, auquel le percepteur donnait cinq francs par mois pour panser son cheval, marmotta quelques mots en patois pour s'excuser, mais il cessa de siffler, et Cernin remercia sa protectrice par un sourire qui en disait plus que des paroles.

Cependant le couvert était mis et le grésillement de friture avait cessé du côté de la cuisine, quand un bruit de bottes éperonnées se fit entendre dans l'escalier voisin, et Théodore Bienassis entra en chantonnant.

Le percepteur, comme nous l'avons dit, était un fort bel homme, à la physionomie duquel on pouvait reprocher seulement un peu de vulgarité. Il avait des cheveux noirs et un collier de barbe noire dont il prenait un soin particulier, des dents bien blanches, des yeux bleus et un air d'imperturbable bonne humeur. Il allait monter à cheval, et son costume de voyage était coquet, plein de fraîcheur. Une cravate de mousseline encadrait, sans le presser, son cou brun et bien modelé. Il portait une jaquette de coutil, à larges boutons de nacre, un pantalon de velours brun et des bottes à éperons; une chaîne d'or tranchait sur son gilet de couleur claire, et il tenait à la main un chapeau de feutre mou, qu'il faisait sauter tout en marchant.

A peine eut-il mis le pied dans la salle, qu'Hortense courut l'embrasser, tandis que Marion lui criait bonjour du fond de la seconde pièce. Théodore rendit à sa sœur cadette un baiser sonore et s'écria gaiement en jetant son chapeau sur une chaise :

— Voyons, morbleu! tout est-il prêt? Le déjeuner est-il servi? Mon cheval est-il sellé? C'est aujourd'hui la foire à Salignac et je dois me trouver à onze heures précises à la mairie de Salignac pour recevoir l'argent des contribuables de la commune.

— Me voici, Théodore, — cria Marion, — je vais t'apporter ton bifteck.

— Véritablement, — reprit le percepteur de son ton jovial, — il me faudra mettre à la porte les cuisinières qui abusent de ma patience. Quel dommage que ce soient des sœurs que j'aime et dont je crois, le diable m'emporte, que je ne saurais me passer! Enfin, qui vivra verra... Eh bien, monsieur Cernin, — poursuivit-il en s'approchant de l'employé qui l'avait salué par une inclinaison de tête, — avez-vous enfin découvert d'où provient cette erreur de trois centimes que nous avons constatée dans vos comptes?

— Je n'ai encore trouvé qu'un centime, monsieur, — répliqua Cernin avec confusion; — je serai obligé sans doute de vérifier complètement le travail des deux derniers mois pour relever cette maudite erreur.

Le percepteur se contenta de siffloter l'air du *Maçon*.

Du courage
A l'ouvrage :
Les amis sont toujours là!

— Le travail des deux derniers mois! — répéta Hortense d'un ton de sympathie; — cela est bien dur; Théodore, ne pourrais-tu dispenser M. Cernin de ce surcroît de besogne?

— Bon! et l'inspecteur des finances et le receveur général que diraient-ils? Cernin sait comme moi que, si nous voulons éviter une verte semonce, il faut retrouver ces cigares.

— Voilà bien du bruit pour deux méchants centimes! — reprit Marion qui sortait de la cuisine en portant un plat fumant qu'elle déposa sur la table; — tenez, s'il ne s'agit que de cela, j'aime mieux les donner de ma poche, vos deux centimes.

Bienassis partit d'un bruyant éclat de rire et embrassant la bonne Marion, qui ne croyait pas avoir dit une si grosse sottise, il répliqua en plaisantant :

— Mais vraiment, ma sœur, pour que toi, si économe, tu te lances dans de pareilles prodigalités, il faut que tu fasses fièrement danser l'anse du panier! Deux centimes, rien que cela!... Et tout d'un coup, sans y regarder à deux fois! Quant à moi, je ne permettrai pas que tu te ruines en largesses aussi exorbitantes et il faudra que Cernin se résigne à continuer la vérification de ses comptes... Mais allons! le déjeuner se refroidit et j'ai hâte de partir... à table! à table, vite!

Et prenant place, il se mit à fredonner le refrain de Béranger :

Ma table est tout mon territoire,
Ma devise est la liberté.

. . . .

Les morceaux, en se succédant rapidement dans la bouche du joyeux percepteur, interrompirent ses plaisanteries et sa chanson. Il mangeait avec un entrain que l'on pouvait attribuer à son désir de se mettre au plus vite en voyage, mais dont on pouvait aussi faire honneur à son excellent appétit. Ses sœurs étaient incapables de l'imiter, mais elles comptaient bien prendre leur revanche quand elles seraient seules; aussi Marion demeurait-elle debout et tout en picorant quelques morceaux sur son assiette, elle se tenait prête à courir de çà et de là pour servir son frère, avant même qu'il eût eu le temps de formuler un désir.

Après un moment de silence, Bienassis reprit entre deux bouchées :

— Dis-moi, Hortense, ne pourrais-tu procurer chez le papetier quelques cahiers de ce joli papier rose parfumé, que tu avais acheté pour la correspondance personnelle et que j'ai employé à la mienne?

— Je fais et je reçois si peu de lettres! — répondit Hortense avec un soupir; — en sortant aujourd'hui je m'acquitterai de ta commission.

— Mais, mon frère, — dit Marion, — il y avait hier soir encore deux feuilles de ce papier sur ton bureau, dans ta chambre.

— Sans doute je les aurai employées ce matin.

— En effet, tu écrivais tout à l'heure... Bon Dieu! à qui peux-tu écrire sur du papier qui coûte si cher?

Le percepteur se mit à rire.

— A une duchesse... qui ne se presse pas d'acquitter ses impositions, — fit-il d'un ton goguenard.

La pauvre Marion regardait sans comprendre.

— Laisse donc, ma sœur, — répliqua Hortense d'un petit air pincé, — de quoi vas-tu te mêler? Théodore est un jeune homme, et il peut avoir des secrets... à lui.

— Merci, Hortense, — reprit le percepteur en se remettant à manger ; — voilà une discrétion qui me plaît... Je le la rendrai quand l'occasion s'en présentera, je te le promets.

Hortense rougit et jeta un regard oblique sur Cernin pour s'assurer qu'il n'avait pas compris la plaisanterie de Bienassis.

Le repas tirait à sa fin, quand Marion dit à son frère :
— Comme ça, Théodore, tu vas au marché de Salignac, et tu rentreras tard, sans doute ?
— Je l'ignore ; on peut se trouver attardé sans le vouloir... Mais pourquoi cette question, ma chère ?
— D'abord il importe de savoir si nous devons t'attendre pour dîner.
— Ne vous y fiez pas, et dînez à votre heure habituelle. Il est probable que je recevrai une invitation du maire de Salignac.
— Tant pis, — répliqua Marion tristement ; — je suis inquiète quand tu te trouves le soir dans les chemins. Tu rentreras sans doute avec une grosse somme d'argent, comme à l'ordinaire, et si des malfaiteurs avaient l'idée de t'attaquer...
— Marion a raison, — interrompit Hortense ; — tu ne devrais pas t'exposer ainsi, mon cher Théodore ; pourquoi ne pas revenir aussitôt après la fin du marché ?
— Vous êtes deux folles, — répliqua le percepteur de son ton léger ; — le pays est tranquille ; depuis plus de vingt ans on n'a entendu parler d'arrestations de ce genre. D'ailleurs, le soir des jours de marché, les routes sont couvertes de monde et je ne manquerai pas, si je veux, de compagnons de voyage.
— Il y a de mauvaises gens dans le canton, — répliqua Marion ; — et puis les ivrognes cherchent querelle aux passants...
— Je suis à cheval et je porte toujours mon casse-tête dans ma poche ; quiconque oserait s'en prendre à moi aurait lieu de s'en repentir... Je te dis, Marion, que tu as perdu l'esprit.
— Au moins, Théodore, ne prends pas, pour aller à Salignac, le chemin de traverse qui passe à Roqueroles, suis plutôt la grande route, surtout quand tu reviendras, ce soir avec l'argent de la recette.
— Véritablement, mon frère, — ajouta Hortense, — le chemin de Roqueroles est mal entretenu et très-solitaire... Pourquoi donc choisis-tu toujours celui-là ?
— C'est le plus court ; et puis, quand je passe devant le château de Roqueroles, ne faut-il pas que j'aille saluer son propriétaire, M. de La Southière, un des plus importants contribuables du ressort... quoiqu'il soit toujours en retard avec ma caisse ?

Chapeau bas, chapeau bas !
Gloire au marquis de Carabas !

— Est-ce bien pour M. de La Southière que tu rôdes si souvent de ce côté ? — demanda finement Hortense ; — ne serait-ce pas plutôt à l'intention de certaine jolie personne...
— Qu'osez-vous dire, mademoiselle ma sœur ? votre imagination est infiniment trop hardie en pareille matière. Vous oubliez que l'amour ne saurait rapprocher certaines distances.

Allons, vils roturiers,
Respectez les quartiers
De la marquise de Prétentaille.

« Mais c'est assez, — ajouta le percepteur en se levant de table ; — vous êtes bien et dûment convaincues l'une et l'autre de poltronnerie, d'idées saugrenues et... et d'un excès d'affection pour moi, que je vous rends de tout mon cœur. Mais je devrais déjà être parti depuis une demi-heure... Joseph, — ajouta-t-il en s'approchant de la fenêtre, — as-tu sellé la jument ?
— Voilà qui est fini, monsieur le percepteur, — répliqua Joseph du dehors ; — le temps seulement de serrer la sangle.

— Serre donc, et serre vite... Voyons, — ajouta Bienassis, — n'ai-je rien oublié ? Qu'a-t-on fait de mes bougettes de cuir pour enfermer la recette, de mon registre à souches, de mon manteau de caoutchouc ?
— Les bougettes et le manteau sont déjà attachés sur la selle de ton cheval, — répliqua Marion ; — quant à ton livre, le voici.

Et elle lui présenta un grand registre recouvert d'une enveloppe de cuir verni.

— C'est à merveille ; si la cuisinière reçoit son congé, décidément je garderai la ménagère... Au revoir donc, mes petites... soyez sages... Dieu ! allez-vous parler chiffons, en mon absence ! Vous, Cernin, je vous confie le bureau ; tâchez que rien ne cloche ; surtout, retrouvez votre erreur de deux centimes... si vous pouvez.

Et il sortit dans la cour accompagné de ses deux sœurs.

Le cheval était en effet tout harnaché, et Joseph s'occupait d'ouvrir la porte cochère pour laisser passer le cavalier et la monture.

Comme le valet d'écurie revenait, son bonnet troué à la main, après avoir achevé sa besogne, Bienassis lui dit :
— Remue-toi donc, tu es lent comme une limace ; on croirait que tu n'as que de l'eau dans les veines... Mais il est resté un peu de vin dans la bouteille et Marion te le donnera.

Joseph, qui était ivrogne, sauta de joie.

Marion, toujours économe, voulut se récrier sur une semblable prodigalité, son frère ne l'écouta pas.

Comme il allait monter à cheval, Hortense cueillit une rose à un rosier qui ornait un coin de la cour et la plaça galamment à sa boutonnière.

Elle fut embrassée sur les deux joues pour sa peine.
— Vrai, ma pauvre Hortense, — lui dit Bienassis à voix basse, — tu mériterais d'avoir un amoureux, car tu sais fort bien comment t'y prendre... allons ! ne rougis pas... Cela ne peut manquer de venir tôt ou tard, et tu auras fait un apprentissage avec ton frère.

Il embrassa de même Marion, qui lui recommanda encore de ne pas s'attarder et d'éviter les chemins de traverse ; puis, il sauta en selle et partit en chantonnant : *Bon voyage, cher Dumollet.*

À peine eut-il tourné le coin de la rue, qu'il s'empressa d'enlever la rose dont Hortense avait décoré sa boutonnière.

— Hum ! murmura-t-il, — ces petites filles ne doutent de rien. — Hortense ne soupçonne guère les scènes affreuses que pourrait m'attirer cette fleur, si elle était vue de certaines personnes... Il y a des caractères si ombrageux !

Et il s'éloigna gaiement de la ville... Il devait y rentrer d'une manière bien différente.

II

LA TOURNÉE DU PERCEPTEUR.

Théodore Bienassis, après avoir dépassé les dernières maisons de B***, suivit une jolie route macadamisée qui, à travers une contrée accidentée et pittoresque, se dirigeait vers le village de Salignac, éloigné seulement d'une lieue et demie. À chaque instant, il rencontrait des paysans ou même des bourgeois campagnards qui, comme lui, se rendaient au marché, quelques-uns à cheval, les autres dans de vieux tilburys, d'autres enfin dans de simples charrettes à bœufs, selon la mode des rois fainéants. Les épisodes comiques, les personnages grotesques ne manquaient pas non plus pour entretenir la gaieté du percepteur. Là, c'était Gros-Jean qui, ne pouvant venir à bout de faire marcher son porc, le traînait courageusement par la queue, malgré les grognements du malheureux quadrupède. Plus loin, Jacqueline, montée sur son âne, exposait libéralement ses jambes, ornées de bas de coton bleus et de jarretières rouges, aux regards moqueurs des passants. Puis c'était le gros fermier de Lacaillette qui, pour arriver plus vite à la foire, avait mis son veau en guise de valise sur la croupe de son cheval; tout en trottant, le fermier chantait, le veau beuglait, et la voix la plus mélodieuse n'était pas celle du fermier. Bienassis s'amusait de tout cela et ne manquait pas de lancer en passant des plaisanteries, parfois un peu piquantes, auxquelles on répondait avec respect, car il était connu de tout le monde et nul ne se souciait de se brouiller avec lui.

Bienassis atteignit ainsi un endroit où la route se partageait en deux branches; l'une, large et bien battue, était la plus fréquentée, mais la plus longue; l'autre, qui s'enfonçait au milieu de rochers abrupts, parallèlement à une petite rivière, paraissait étroite et montueuse, mais elle était la plus courte, et ce fut celle-là que choisit le percepteur. Bien que l'économie de temps et de distance ne parût entrer pour rien dans cette détermination, il n'hésita pas une seconde, et le cheval lui-même, comme s'il fût habitué de longue date à suivre cette direction, s'engagea tout seul et gaillardement dans le chemin de traverse.

Ce chemin, du reste, avait un charme pittoresque qui, aux yeux de certaines personnes, eût pu compenser les avantages de l'autre. Comme nous l'avons dit, il s'enfonçait dans des roches aux formes bizarres, et ces roches, dont les unes étaient arides, les autres couvertes de verdure, se groupaient d'une façon merveilleuse parmi des massifs de châtaigniers. La rivière elle-même, que l'on côtoyait par intervalles, méritait toute l'attention du voyageur. Tantôt elle coulait, transparente et tranquille, sur un sable fin, entre deux rives de velours vert; tantôt blanche d'écume et grondant tout bas, elle formait des rapides sur un lit de granit. En France, l'industrie donne force besogne à ces rivières gentilles, qui semblent n'avoir été créées que pour féconder la terre et embellir le paysage. Aussi celle-ci, dans l'espace de moins d'une lieue, avait-elle à faire tourner un moulin, à mettre en mouvement les lourds marteaux d'une papeterie, puis les bruyants martinets d'une forge. Elle suffisait à cette tâche multiple, ce qui ne l'empêchait pas d'être toujours fraîche et pure, de former des méandres sous une couche de plantes fleuries, salicaires pourprées, iris aux fleurs d'or, épilobes aux feuilles soyeuses, et enfin de servir de miroir au martin-pêcheur azuré, qui filait comme une flèche à sa surface, en jetant aux échos son cri argentin.

Toutefois, Bienassis n'en était pas réduit aux seules distractions que pouvaient fournir la rivière et le paysage. Il faisait encore souvent des rencontres, et il y trouvait l'occasion d'exercer sa verve railleuse. Le paysan limousin, comme du reste tous les paysans du monde, est dur à la desserre et se décide difficilement à payer ce qu'il doit. Le percepteur se trouva ainsi plusieurs fois face à face avec des contribuables en retard, qui eussent voulu pour beaucoup l'éviter, si la chose eût été possible dans ce chemin encaissé. Il riait sous cape de la mine piteuse que prenaient certains paysans fûtés quand ils le voyaient apparaître tout à coup, et quand il les menaçait de faire saisir la vache ou le goret dans l'étable si l'on ne se hâtait de désintéresser le fisc. On s'excusait humblement d'ordinaire; on attendait, disait-on, pour payer que la récolte fût vendue, que la Saint-Martin fût passée; on priait monsieur le percepteur « qui était si brave homme, » de prendre un peu patience. Bienassis essayait de se fâcher, finissait par adresser quelque joyeux sarcasme au débiteur qui n'y comprenait rien, et il poursuivait son chemin en chantant le vieil air de « Va-t-en voir s'ils viennent, Jean! » tandis que le paysan retors murmurait, de son côté, en modifiant le mot de Mazarin : « Il chante, *il attendra.* »

Donc, Bienassis avait déjà fait plus d'une rencontre de ce genre, lorsqu'il atteignit une place où, les rochers disparaissant tout à coup, la rivière courait, pendant quelques instants, sur un sol uni, quoique inculte et stérile. La partie la plus basse de ce terrain formait un marécage où croissaient des joncs et des flûteaux; la partie la plus haute, une lande couverte de bruyère et de genêts; le tout constituait un pâturage de médiocre étendue et de plus médiocre produit. Çà et là le roc saillait au milieu des arbustes, et montrait ses arêtes grises sur les teintes pourpres de la bruyère.

Cette lande semblait être la dépendance d'une masure qui s'élevait au bord du chemin, et qui était bien la plus pauvre habitation des environs. Le bâtiment n'avait qu'un étage et ne contenait qu'une pièce : il était si bas qu'on pouvait en atteindre le toit avec la main. A la vérité, on avait essayé de l'agrandir, en ajoutant sur un de ses flancs un appentis construit avec des fagots de genêts et recouvert de paille; mais cette espèce de hangar ne pouvait évidemment servir de logement qu'à des animaux domestiques, peut-être à un vieil âne attaché en ce moment devant la porte.

Cette habitation isolée, connue sous le nom de la maison Verte, à cause des herbes parasites dont elle était hérissée extérieurement, avait une sinistre réputation dans le pays. Elle appartenait à un forçat libéré qui l'occupait seul et dont l'histoire, ancienne déjà, avait jadis fait grand bruit.

François Chérou, ainsi s'appelait cet homme, était fils de pauvres cultivateurs. Par dégoût du travail des champs, il avait de bonne heure quitté sa famille et il avait mené, pendant quelques années, une vie vagabonde. Ceux qui s'intéressaient à cet obscur individu l'avaient donc perdu de vue depuis longtemps, quand un jour il acquit une célébrité funeste.

Dans un village situé à l'autre extrémité du département, deux vieillards qui passaient pour riches, le mari et la femme, avaient été assassinés pendant une sombre nuit d'hiver. Les circonstances du meurtre révélaient une incroyable férocité chez les assassins; les cadavres avaient été cruellement mutilés; puis on avait dévalisé la maison et on y avait mis le feu, dans l'intention de cacher le crime. La justice était parvenue bientôt à découvrir les auteurs de l'attentat; c'était un ancien valet de ferme, que les victimes avaient congédié peu de temps auparavant pour son inconduite, et enfin François Chérou, alors sans ressources, et que l'ignorance et la misère avaient poussé sans doute à cette action abominable.

Les deux coupables comparurent devant la cour d'assises ; le valet de ferme fut condamné à mort et exécuté; quant à Chérou, il fut prouvé aux débats qu'il avait prétendu à l'assassinat seulement sans en être et non à un assassinat; que son rôle s'était borné à faire le guet au dehors de la maison, et il témoigna une grande horreur du crime auquel il avait involontairement contribué. Pour ces motifs, le jury et les juges usèrent d'indulgence en sa faveur. Il ne fut donc condamné qu'à dix ans de travaux forcés, et pendant que le principal coupable portait sa tête sur l'échafaud, François Chérou était dirigé sur le bagne de Toulon.

Là, par sa bonne conduite, par son repentir apparent, il réussit encore à exciter la pitié, si bien qu'après avoir subi sa peine pendant six années seulement, il obtint grâce entière à la fête du souverain. Devenu libre, Chérou s'était empressé de regagner son pays natal, mais sa famille avait refusé de le recevoir. D'autre part, sa position de forçat libéré lui eût peut-être créé des difficultés insurmontables pour vivre de son travail, si un vieux paysan, son parent, qui était mort intestat, ne lui avait laissé, sans le savoir, un petit héritage. Cet héritage consistait dans la pauvre cabane que nous connaissons, et François Chérou, qui s'y était établi depuis longtemps déjà, n'avait donné aux gens du pays, malgré l'horreur secrète qu'il inspirait, aucun motif sérieux de plainte ou d'inquiétude.

Comme les revenus de cette humble propriété étaient insuffisants pour les besoins de l'ancien forçat, il lui avait bien fallu se créer des ressources. D'abord, il se livrait au braconnage, comme la plupart des paysans dans une contrée où les lois sur la chasse n'étaient nullement observées à cette époque, et il tirait quelques profits de la vente de son gibier. Ses procédés de chasse étaient d'une extrême simplicité ; ils consistaient à se mettre à l'affût le matin ou le soir, et à foudroyer d'un seul coup de son vieux rouillard une volée entière de perdreaux endormis. Mais ces bénéfices étant nécessairement accidentels et incertains,

François Chérou avait dû chercher une industrie permanente et plus avouable. Pendant sa jeunesse, il avait travaillé chez un sabotier, et il était d'une certaine habileté dans l'art de façonner le bois. Devenu propriétaire, il voulut tirer parti de son industrie, assez lucrative dans ces campagnes où tout le monde porte des sabots. Il s'était donc établi sabotier, et comme les chalands ne se fussent pas présentés en assez grand nombre à sa pauvre demeure isolée, il se rendait, chaque jour de marché, dans les bourgades environnantes pour y débiter les produits de sa fabrication. La vente de ses marchandises suffisait, disait-on, non-seulement pour le faire vivre sans trop de privations, mais encore lui permettait de réaliser des économies.

Or, au moment où le percepteur passait à cheval devant la maison Verte, Chérou se disposait lui-même à partir pour Salignac, et sur le seuil de sa porte, il achevait de charger son âne d'une énorme pile de sabots. Il devait quelque argent au fisc, et, en apercevant Bienassis, il eût souhaité sans doute d'être bien loin, mais il était impossible de s'esquiver. Il porta donc timidement la main à son chapeau, espérant en être quitte pour cette démonstration de politesse.

Il n'en fut pas ainsi; le percepteur, qui avait envoyé à l'ancien forçat contrainte sur contrainte, pour le décider à payer ses impositions, crut devoir adresser une objurgation au contribuable récalcitrant, et arrêta son cheval devant la maison.

François Chérou avait alors cinquante ans environ; quoique un peu lent dans ses allures, il était robuste, bien découplé, et ne paraissait ressentir aucune atteinte de l'âge. Sa figure longue et maigre, encadrée de cheveux grisonnants, avait une expression plus hébétée que sinistre; cependant on reconnaissait dans ses yeux d'un bleu verdâtre, aux longs cils presque blancs, je ne sais quoi de sournois qui mettait en garde contre lui. Son costume, et il avait mis pour se rendre à Salignac ses habits des dimanches, consistait en une veste et un pantalon de droguet bleu, en un gilet rayé qui croisait sur sa chemise de toile rousse; il était coiffé d'un chapeau à larges bords, et chaussé d'une paire de sabots qu'il s'était confectionnés lui-même. Ainsi équipé, l'ancien forçat n'avait pas plus mauvaise mine que la plupart des paysans qu'il allait rencontrer au marché, sauf sa barbe, qui pouvait bien avoir quinze jours, mais qu'il comptait faire couper par le barbier au plus prochain village.

Chérou, pour dissimuler son embarras à la vue du terrible agent du fisc, avait continué de charger son âne, qui disparaissait presque entièrement sous les sabots de toutes formes et de toutes grandeurs. Bienassis ne fut nullement désarmé par la contenance piteuse du débiteur, et il lui dit en patois, avec une sévérité que contredisait sa figure joviale et souriante :

— Ah çà! François Chérou, tu te moques de moi! Quand me payeras-tu? Nous sommes au mois d'octobre, et tu n'as pas encore versé un sou sur les six francs et tant de centimes que tu dois à l'État pour tes impositions foncières et la cote mobilière ou personnelle! Jusqu'où donc crois-tu qu'ira ma patience?... Tu es propriétaire, — ajouta le percepteur avec un peu d'ironie, — tu as un âne, un mobilier, tu as un état, et peut-être plusieurs; on assure que tu es au mieux dans tes affaires, et tu n'as pas songé à verser le moindre douzième dans ma caisse depuis le commencement de l'année ! C'est de la mauvaise volonté, cela, et je ne suis pas disposé à la souffrir.

Chérou avait écouté avec une apathie réelle ou simulée le *quousque tandem* du percepteur; il regardait de côté, en baissant les épaules, comme faisait son âne lui-même lorsqu'on lui imposait un trop lourd fardeau. Bienassis, s'étant arrêté faute d'haleine, le sabotier répliqua lentement dans la même langue :

— Allons, allons! ne vous fâchez pas tant, monsieur Bienassis. Je suis un pauvre homme; l'ouvrage ne va pas, et puis le pain est si cher !... Mais, sur mon âme ! si la foire est bonne aujourd'hui, et si je vends bien ma marchandise vous serez payé ce soir de toute la somme... oui, de toute, quand je devrais manquer de pain et de pommes de terre pendant quinze jours.

— Allons donc ! je sais comment il faut compter sur tes promesses. Chaque fois que je te rencontre dans les marchés tu me dis la même chose ; mais le soir, après la vente, tu disparais tout à coup, et je ne vois pas de ton argent... Aujourd'hui, je ne te crois plus... C'est comme si tu chantais : *Je suis Lindor*, sur l'air de *J'ai du bon tabac*, voistu ! et si ce soir, entends-tu bien? ce soir, tu n'as pas payé ta contribution, capital et frais, je te jure que demain, sans plus tarder, tu auras de mes nouvelles.

Bienassis avait élevé la voix, et ses dernières paroles furent entendues distinctement par un petit propriétaire du voisinage qui passait en ce moment à cheval et se rendait au marché. Ce voyageur était en bons termes avec le percepteur, et il n'eût pas manqué en toute autre occasion de s'approcher pour lui adresser quelques politesses ; mais quand il eut reconnu avec quel personnage Bienassis était en conférence, il se contenta de saluer et continua son chemin.

Ce fut à peine si Bienassis remarqua cette circonstance, et il rendit distraitement la salutation qu'il recevait. Le sabotier ne l'avait pas remarquée davantage, et il reprit d'un ton câlin :

— Ne soyez pas si rude avec moi, monsieur Bienassis ; on sait que vous n'êtes pas méchant. D'ailleurs, qu'est-ce que cela vous fait que je paye ou non ? L'argent n'est pas pour vous ; s'il était pour vous, ce serait une autre affaire. Je vous demande un peu si le gouvernement, qui a tant de millions, a besoin des six francs d'un pauvre diable tel que moi ? Qu'en fera-t-il ? Ne sera-ce pas comme une goutte d'eau dans la rivière ? Au lieu qu'à moi ces six francs sont bien nécessaires.

Ce raisonnement paraissait sans réplique à François Chérou ; aussi fut-il très-étonné quand le percepteur partit d'un éclat de rire.

— Judicieusement trouvé ! — s'écria Bienassis ; — et je ne doute pas que si tu exposais ces excellentes raisons au ministre des finances, tu ne fusses dégrevé sur l'heure. En attendant, tu es porté sur le rôle pour six francs et tant de centimes, et il faut payer bien vite, ou gare les poursuites... Je ne connais que ça.

Le paysan avait attendu un autre résultat de son argumentation ; se voyant serré de si près, il reprit d'un air piteux :

— Si du moins, monsieur le percepteur, vous pouviez me prendre en sabots les six francs de sabots ! Ça me conviendrait joliment, et je pourrais payer à l'instant même.

— Oui, je comprends, cela te *chausserait* ; mais quelle diable de figure feraient les sabots dans la caisse de l'État?

— Écoutez donc, on pourrait en trouver une superbe paire pour vous, monsieur le percepteur, qui a tient le pied chaud et sec, ce qui est bon pour la santé. On trouverait aussi pour vos demoiselles des amours de petits sabots à brides, qu'elles porteraient par-dessus leurs bottines. Comme ça, tout serait payé, et vous savez : « Qui paye ses dettes ne doit rien. »

— Allez au diable, toi et tes sabots ! Le beau vacarme que nous ferions tous avec les escarpins de bois !... Ils ne me *vont* pas, cherche d'autres pieds à la chaussure.

— Eh bien ! alors, monsieur le percepteur, aimeriez-vous par hasard des perdreaux bien gras, bien dodus, que l'eau vendrait à la bouche seulement de les voir?

— Je ne dédaigne pas les perdreaux, et ma sœur Marion les rôtit à merveille.

— En ce cas, vous les payeriez bien vingt sous... vingt-deux sous pièce, n'est-ce pas, si on vous en apportait six à la maison ?

— C'est possible... Mais où veux-tu en venir ?

— Suffit ! j'ai votre affaire, — dit François Chérou tout joyeux ; — je sais où couche une compagnie de « gris » ; je vais les tuer tous... et vous me donnerez quittance, c'est entendu.

Bienassis s'amusait de voir avec quelle ténacité le paysan cherchait le moyen de s'acquitter sans avoir à débourser de l'argent, la dernière et la plus dure extrémité pour un campagnard.

— Allons! soit, — reprit-il; — si tu as des perdreaux à vendre, on pourra te les acheter chez moi, pourvu que tu sois raisonnable sur le prix. Mais que tu payes ta cote en perdreaux, en sabots ou en argent, tâche de la payer dans les vingt-quatre heures, ou il t'en cuira. — L'affaire ainsi réglée, à peu près à la satisfaction commune, le percepteur allait continuer sa route ; cependant il dit encore en attachant un regard inquisiteur sur l'ancien forçat : — Tu es un malin, François Chérou, et l'on pourrait trouver du louche dans ton genre de vie. La leçon que tu as reçue devrait pourtant te servir, et tu feras bien de songer que si tu ne marches pas droit, tu finiras vilainement.

— Ça, c'est une autre affaire, monsieur Bienassis, — répliqua le paysan d'un ton bourru, en bridant son âne; — on dit ceci et cela, c'est possible. Mais moi j'ai toujours mon idée : « Qui paye ses dettes ne doit rien. » J'ai payé; que veut-on de plus? Quant à mon genre de vie, on vit comme on peut, et plus souvent mal que bien, mais, en définitive, on ne fait de tort à personne.

— Est-ce très-sûr? Enfin, cela te regarde... Quant à moi, si bien corrigé qu'on te suppose, je ne me soucierais pas beaucoup de laisser ma bourse à ta garde.

François Chérou ne vit qu'une aimable plaisanterie dans la franchise un peu brutale de Bienassis, et il voulut se montrer bon compagnon :

— Votre bourse à vous, monsieur le percepteur, — dit-il en souriant gauchement, — n'aurait rien à craindre de moi... Ah! par exemple, si c'était la bourse du gouvernement, je ne dis pas! Le gouvernement a tant d'argent et moi j'en ai si peu!... oui, si je trouvais sur mon chemin un de ces gros sacs d'écus que vous ramassez pour l'État, du diable si j'aurais la fantaisie de le rendre!

— Bon! je savais bien que la probité n'était pas ferrée à glace, — répliqua Bienassis en riant à son tour; — aussi tâcherai-je que les sacs dont tu parles ne se trouvent pas sur ton chemin... Mais je perds mon temps... Allons! adieu, et n'oublie pas tes promesses.

Il piqua son cheval et partit au grand trot, sans écouter Chérou qui lui criait naïvement :

— Attendez donc, monsieur Bienassis; je vais aussi à Salignac et nous ferons route ensemble.

Le percepteur, comme on peut croire, ne tenait guère à une semblable compagnie, et il était déjà loin quand l'autre se mit pesamment en route avec son pauvre âne qui pliait sous le fardeau.

Bienassis pressa, pendant quelques instants, le pas de sa monture afin d'être certain que François Chérou ne pourrait le rejoindre. D'ailleurs le chemin était redevenu accidenté; des rochers s'élevaient encore à droite et à gauche, et des châtaigniers, dont les fruits mûrs tombaient de branche en branche sur le sol au moindre souffle de vent, entrelaçaient leur feuillage au-dessus de la tête du voyageur. Celui-ci s'était mis à chantonner et à siffler tour à tour, selon son habitude; mais parvenu à une certaine place, il se tut brusquement et regarda autour de lui d'un air préoccupé.

Il venait d'atteindre une vallée dont le sol pouvait sembler fertile dans ce pays maigre et rocailleux, quoique plein de ressources. Cette vallée, traversée par la petite rivière que nous connaissons déjà, offrait à l'œil des champs bien cultivés, de vastes pièces de sarrasin, quelques bouquets d'arbres de haute futaie et surtout plusieurs de ces magnifiques prairies pour lesquelles le département a toujours été si renommé. Terres, prés et bois dépendaient d'une habitation de quelque importance située au centre de la vallée, et qu'une allée de châtaigniers centenaires reliait au grand chemin.

Le principal bâtiment de cette habitation, autant qu'on pouvait en juger de loin, était vieux, délabré et fort peu confortable. Il avait un toit aigu et surmonté de girouettes rouillées, des murs sombres, des persiennes vermoulues, et certainement son propriétaire ne devait pas se ruiner en réparations. Cependant, tout près de ce manoir quasi féodal, on apercevait des constructions plus basses, mais longues et étroites, dont les murs blancs et neufs, le toit d'ardoises, contrastaient avec son aspect renfrogné. Disons tout d'abord, pour expliquer cette différence, que le vieil édifice était le château de Roqueroles, où demeurait M. de La Southière, un des plus célèbres éleveurs de chevaux du département, et que les constructions blanches étaient les écuries destinées à ses élèves; or, comme M. de La Southière aimait plus ses chevaux que lui-même, on ne trouvait pas étonnant qu'ils fussent mieux logés que lui.

Mais Bienassis n'en était pas à s'étonner de ces contrastes ; tout ce qu'il voyait était familier à ses yeux, et les fantaisies plus ou moins singulières du châtelain de Roqueroles n'avaient certainement pu donner à sa physionomie mobile l'expression sérieuse et presque inquiète qu'elle présentait en ce moment. Il ne cessait de regarder autour de lui, en ralentissant le pas de sa monture, et l'on eût dit qu'il s'attendait à voir paraître quelqu'un à l'une des fenêtres du château. Ne voyant rien, il dit avec dépit :

— On me boude sans doute, parce que je suis en retard aujourd'hui... N'importe ! je vais remettre ma lettre à la place ordinaire; je gagerais que ce soir, en passant, je trouverai une réponse !

Et il tira de sa poche un petit papier rose, coquettement plié, qui avait dû faire partie de la provision de sa sœur Hortense.

. . . .

Le château de Roqueroles, puisque l'on donnait communément ce nom ambitieux à la demeure de M. de La Southière, était situé au milieu d'une espèce de parc ou plutôt d'un vaste enclos, entouré de haies vives et touffues. On pénétrait dans cet enclos, du côté du chemin, par une large entrée, autrefois munie d'une grille de fer; mais de temps immémorial, la grille avait disparu; il n'en restait que les montants en maçonnerie, surmontés d'urnes en pierre, de forme un peu barbare. C'était là que venait aboutir l'avenue de vieux châtaigniers dont nous avons parlé, et à travers le feuillage de ces arbres mal taillés et plantés irrégulièrement, on apercevait, comme une masse confuse, les bâtiments hétérogènes de Roqueroles.

Le percepteur s'arrêta. Enhardi par le silence et le calme profond qui régnaient autour de lui, il mit pied à terre et passa la bride de son cheval dans un anneau de fer attaché à l'un des piliers de maçonnerie. Alors il fit lentement et avec précaution quelques pas dans l'intérieur de l'enclos.

A l'intérieur comme à l'extérieur, rien n'excita sa défiance. De chaque côté de l'avenue de légères palissades partageaient le parc en deux parties. Dans ces enceintes tapissées de gazon fin, arrosées de rigoles d'eau vive, et ombragées de quelques bouquets d'arbres, on voyait plusieurs magnifiques poulains aux formes sveltes, à la robe lisse, à la crinière flottante, qui s'ébattaient en liberté. Il n'y avait personne pour garder ces beaux animaux et l'avenue paraissait déserte.

Bienassis fit entendre un de ses plus joyeux sifflements.

— A la bonne heure ! — pensa-t-il ; — palefreniers et jockeys sont sans doute au marché... Comme cela je pourrai mettre mon poulet dans « la boîte aux lettres ».

Et roulant son papier rose dans sa main, il se dirigea vers un énorme châtaignier dont les racines saillantes et le tronc noueux présentaient de nombreuses crevasses. Une de ces crevasses semblait lui être bien connue, et il se penchait déjà pour y déposer sa lettre, quand une voix forte, qui s'élevait tout près de lui, le fit tressaillir. En se retournant il se trouva face à face avec une personne qu'il n'avait pas aperçue jusque-là, car elle était adossée à la haie derrière lui tandis qu'il regardait en avant; c'était M. de La Southière, le propriétaire du château.

M. de La Southière avait alors quarante-cinq à cinquante ans, et quoique l'embonpoint commençât à le gagner, il conservait une apparence de grande vigueur. Son visage rouge et sanguin n'exprimait habituellement qu'une bonhomie vulgaire et aussi une certaine irascibilité.

C'était seulement quand il s'agissait de vendre ou d'acheter un cheval que M. de La Southière laissait voir un esprit fin et retors; et le bruit courait que dans ces cas-là, il en eût remontré aux plus roués maquignons de France et d'Angleterre. Du reste, une épaisse moustache donnait à sa physionomie quelque chose de militaire, et une sorte de roideur dans sa tenue rappelait qu'il avait été officier de cavalerie avant d'être éleveur de chevaux.

Son costume était caractéristique. Il portait une redingote bleue, un pantalon collant qui disparaissait en partie dans des bottes à l'écuyère, et un chapeau bas de forme avec de larges bords. Une cravache était suspendue à son bras par un cordon de cuir et nul ne se souvenait dans le pays de l'avoir vu autrement que botté, éperonné et une cravache à la main.

Lorsque le percepteur avait pénétré furtivement dans l'enclos, M. de La Southière était en contemplation devant les beaux poulains qui s'ébattaient à quelque distance; il en étudiait les défauts et les qualités; il se demandait s'il n'était pas temps de ferrer *Walter-Scott* ou de tailler la crinière à *Chateaubriand*. Absorbé par ces graves méditations, il n'avait pas remarqué le manège de Bienassis. C'était seulement quand le percepteur s'était avancé assez loin dans l'avenue qu'il l'avait abordé en lui disant de sa voix rude :

— Bonjour, monsieur Bienassis... Ah çà! cherchez-vous quelqu'un? Pourquoi n'entrez-vous pas?...

Le percepteur, malgré sa hardiesse étourdie, ne pouvait d'abord dissimuler son embarras. Il ferma machinalement la main qui contenait la lettre et répliqua en balbutiant :

— Enchanté de vous voir, monsieur de La Southière; mais, à vrai dire, je ne comptais pas avoir aujourd'hui cet honneur. Je vais à Salignac et je suis pressé. Toutefois, en passant devant votre porte, je n'ai pu résister au désir de mettre pied à terre; je cherchais des yeux un de vos gens qui pût me donner de vos nouvelles et en même temps se charger de mes compliments pour vous et pour... mademoiselle Palmyre.

Comme on voit, l'assurance lui revenait peu à peu; mais que devint-il quand M. de La Southière reprit en clignant des yeux :

— Est-ce bien vrai, monsieur le percepteur? J'avais cru apercevoir entre vos doigts un certain papier rouge... qui me donnait à penser

Bienassis n'eût pas mieux demandé que d'anéantir la malencontreuse lettre; mais comment y réussir? Son interlocuteur observait chacun de ses mouvements. Il répondit pourtant, en s'efforçant de paraître calme :

— Bon Dieu! que croyez-vous donc?

— Rien, sinon que je suis un peu en retard avec le fisc pour le payement de mes impositions, et que, selon toute apparence, vous aviez l'intention de me faire remettre une de ces sommations sur papier rouge qui annoncent un commencement de poursuites... Allons, pas de mauvaise honte, — continua l'éleveur en riant; — donnez-moi ce papier que vous cachez là... je ne vous en voudrai pas; on sait bien que vous êtes obligé d'accomplir les prescriptions légales.

Bienassis regarda M. de La Southière pour s'assurer s'il parlait sérieusement.

— Ah! monsieur, — reprit-il, — pouvez-vous craindre... Il est bien vrai que vous devez quelque chose à ma caisse, et si vous vouliez en finir avec cette bagatelle, je vous en serais fort reconnaissant... Quant à employer des moyens de rigueur envers vous, un des plus honorables propriétaires de la commune, vous ne m'en avez pas cru capable. Je vous affirme que si vous avez vu un papier rouge dans ma main, ce papier rouge n'était pas pour vous.

M. de La Southière ne remarqua pas le ton de légère ironie que le percepteur n'avait pu s'empêcher de mettre dans sa réponse.

— A la bonne heure, — reprit-il; puisque je me suis trompé, n'en parlons plus. Je songe, du reste, sérieusement à éteindre ma dette; il s'agit de quelques centaines de francs, n'est-ce pas? Que voulez-vous? je suis, vous le savez, monsieur d'*Argentcourt*. Mes chevaux n'ont pas été heureux, ces temps-ci, sur les hippodromes, et ils me coûtent les yeux de la tête. Mais écoutez : un de mes métayers a conduit ce matin au marché de Salignac une paire de bœufs gras; s'il les vend bien, je serai en fonds ce soir ; ne pourriez-vous donc entrer ici ce soir, en passant, pour toucher la totalité de la somme ou tout au moins un fort à-compte?

Cette proposition satisfaisait sans doute quelque vœu secret du percepteur, car il s'empressa de l'accepter.

— Je vous prierais bien, mon cher Bienassis, de dîner avec nous aujourd'hui, — poursuivit M. de La Southière négligemment, — mais je sais que vous avez beaucoup de besogne les jours de marché. D'ailleurs, j'attends d'un moment à l'autre une personne avec laquelle j'aurai à traiter des intérêts d'une certaine importance et qui restera peut-être chez moi quelques jours; c'est même pour cela que vous me trouvez ici, car M. Armand Robertin ne peut tarder d'arriver.

— Monsieur Robertin! — répéta le percepteur avec une grimace de mécontentement.

Le personnage dont il s'agissait était un beau jeune homme, fils unique d'un usurier qui s'était suicidé huit ou dix ans auparavant, en laissant à son héritier une fortune de plusieurs millions. M. de La Southière ne vit que de l'admiration et de la surprise dans l'exclamation de Bienassis.

— Oui, — répliqua-t-il, — M. Armand Robertin, le propriétaire du château historique de Moronval... cent cinquante mille livres de rente, rien que cela!... Il s'est pris récemment d'une belle passion... pour mes chevaux, — ajouta l'éleveur avec un sourire.

Bienassis ne répondait pas et demeurait pensif. M. de La Southière reprit bientôt d'un ton dégagé :

— Allons, puisque mon voyageur ne paraît pas, je vais rentrer. A ce soir donc, et sans doute je n'aurai plus à redouter vos papiers verts ou rouges... Mais à ce propos, mon cher Bienassis, — ajouta-t-il gaiement, — pourriez-vous m'expliquer ce que signifient les diverses couleurs des chiffons que vous nous distribuez avec tant de libéralité quand nous ne payons pas nos impositions?

— Rien de plus simple, monsieur de La Southière, — répliqua le percepteur qui avait recouvré toute sa jovialité. — Vous avez pu remarquer qu'aussitôt après la répartition de l'impôt entre les contribuables d'un département, vous receviez un *avertissement* sur papier blanc; cette blancheur est le symbole de la candeur du fisc, qui vous a imposé dans sa justice et dans sa sagesse à la somme portée sur l'avertissement en question. Si vous ne vous empressez pas d'acquitter les douzièmes échus, on vous adresse un joli papier vert tendre, couleur de l'espérance; cela signifie que l'État a le *doux espoir* que vous voudrez bien payer tout gentiment, en bonne amitié et sans vous faire tirer l'oreille. Enfin, si vous vous obstinez à ne pas vous exécuter, on vous lance un beau matin une contrainte sur papier rouge, avec cinq ou vingt-cinq centimes de frais : c'est une sorte d'acte de paternelle objurgation contre votre paresse ou votre mauvaise volonté, une sorte de coup de férule appliqué sur vos doigts, encore avec réserve pourtant, et seulement afin de vous amener à résipiscence. Si tous ces moyens ne réussissent pas, le fisc monte décidément sur ses grands chevaux et vous traite en ennemi ; alors, gare les saisies, les garnisaires, que sais-je? Vous avouerez que quand des procédés aussi aimables, aussi graduellement significatifs ont été épuisés, il est bien permis d'employer les mesures de rigueur... Voilà, mon cher monsieur, la théorie de la chose; quant à la morale, la voici : Défiez-vous des papiers rouges et vous vivrez heureux.

Tout en parlant avec une verve joyeuse, Bienassis rejoignit sa monture qu'il avait attachée, comme nous l'avons dit, à l'entrée de l'avenue. M. de La Southière le suivait en riant.

— Merci, mon cher percepteur, vous m'avez mis fort spirituellement au courant des procédés de votre adminis-

L'ASSASSIN DU PERCEPTEUR

Le percepteur était un fort bel homme. (Page 3.)

tration, et je profiterai de votre conseil... Mais, bon Dieu ! — ajouta-t-il en examinant d'un air de commisération la vieille jument que Bienassis venait d'enfourcher, — cette pauvre bête aura-t-elle la force de vous porter jusqu'à Salignac ? A quel équarrisseur l'avez-vous achetée ?

— Riez, riez, monsieur de La Southière, — répliqua le percepteur ; — malgré ses allures pacifiques, j'obtiendrai d'elle tout ce qu'on peut demander à une bonne jument hors d'âge. J'avoue pourtant qu'elle ne pourrait entrer en comparaison avec vos chevaux anglais.

A ce dernier mot, M. de La Southière devint rouge comme un homard : il se redressa et frappa la terre du pied.

— Anglais ! — répéta-t-il avec une indignation comique — qu'appelez-vous anglais ?... Anglais vous-même !... Sachez, monsieur, que tous mes chevaux sont de la vraie race limousine, sans le moindre mélange de sang anglais. Je puis prouver par les pièces les moins contestables que mes élèves descendent de *Télémaque* et de *Paméla*, l'étalon et la jument les plus authentiquement limousins qui aient jamais existé. Je vous prie donc de ne pas propager ce bruit, répandu déjà par mes ennemis, qu'il y a du sang anglais dans les veines de mes chevaux... C'est une calomnie dont je poursuivrai la réparation devant les tribunaux, que je relèverai à la pointe de mon épée. On dit que la pure race limousine est éteinte ; mensonge ! triple mensonge ! Il est vrai que SEUL je possède les sujets aujourd'hui existants de cette race précieuse : raison de plus pour moi de ne pas souffrir qu'on porte la moindre atteinte à leur honneur !

Bienassis était stupéfait de cette véhémente sortie ;

voyant que le hobereau n'entendait pas raillerie en pareille matière, il répondit avec une vivacité pleine de malice :

— Excusez-moi, monsieur ; je suis aussi ignorant de la science hippique que vous l'étiez tout à l'heure sur le chapitre des papiers rouges et verts. Je n'ai nullement l'intention de médire de messieurs vos chevaux ; je les tiens pour limousins, pour vrais, francs et sincères limousins, sans mélange de ce méprisable sang anglais. Je leur fais réparation d'honneur, et je m'humilie devant eux et devant vous... Voyons, êtes-vous content ?

— Incorrigible plaisant ! — répliqua M. de La Southière moitié riant, moitié fâché ; — on ne peut tirer de vous une parole raisonnable. Mais c'est avec de propos irréfléchis, comme les vôtres, que l'on compromet la considération d'une noble écurie ; la médisance s'en empare, les propage sournoisement, et aucune réputation n'est à l'abri de ses atteintes.

— A qui le dites-vous ! — reprit Bienassis de son ton toujours un peu persifleur ; ne connais-je pas l'air de la *Calomnie* dans le *Barbier* ?

C'est d'abord rumeur légère,
Un petit vent rasant la terre...

« Mais allons ! — s'interrompit-il en voyant La Southière froncer le sourcil de nouveau. — Je m'oublie dans votre agréable compagnie. Adieu donc, et à ce soir... Ah ! je vous prie de présenter mes respects à mademoiselle Palmyre... Elle se porte bien, j'espère ?

— Fort bien, fort bien ; et je vais m'assurer si elle a terminé cette triomphante toilette dont elle s'occupe depuis ce matin à l'intention de notre visiteur. Elle a essayé plus de dix robes, sans que sa Jenny et elle en aient pu trouver une à leur fantaisie... Mais, pardon ! ceci ne vous intéresse guère... Au revoir, monsieur le percepteur, et ne dites plus que mes chevaux sont de race anglaise.

Il salua et se mit à remonter l'avenue, tandis que la jument du percepteur partait d'un petit trot coquet, afin sans doute de prouver qu'elle ne méritait pas les mépris de l'orgueilleux éleveur.

III

LE PAPIER ROSE.

Toutefois, Bienassis n'alla pas loin de ce train-là ; à peine eut-il perdu de vue M. de La Southière, qu'il ralentit le pas de sa monture.

— Grossier maquignon, va ! — disait-il ; — que m'importe à moi que ses chevaux soient de sang limousin, ou de sang anglais, ou même de sang cochinchinois, comme les poules de Marion ! Ce qu'il y a de certain, c'est qu'ils sont battus dans toutes les courses par des rosses de demi-sang ou n'ayant pas de *sang* du tout. Hum ! j'aurai bien du mal avec ce fier gentillâtre ! En attendant, ce petit monsieur Armand Robertin m'a tout l'air de vouloir aller sur mes brisées, et je gagerais qu'il est question d'un mariage entre lui et Palmyre. La Southière est à moitié ruiné par ses chevaux, et il ne serait pas fâché sans doute de donner sa fille à ce jeune Crésus... Diable ! il faudra que je parle à Jenny, qu'elle s'entende avec sa maîtresse pour ruiner ce beau projet. Voilà trop longtemps que mademoiselle Palmyre et moi nous faisons du sentiment par correspondance ; je ne me laisserai pas ainsi souffler cette jolie et romanesque personne. Elle serait pourtant fort capable de me planter là, si j'en juge par le nombre des robes qu'elle a essayées depuis ce matin, au dire de son père. D'autre part, il y a ma sœur Hortense que je soupçonne d'avoir jeté son dévolu sur Robertin ; il l'a fait danser trois fois au dernier bal du sous-préfet, et la pauvre créature s'est peut-être imaginé... Peste ! dame de Moronval, ce serait un beau rêve !... Voyons, voyons ? je ne dois pas me laisser duper comme un niais ! il faut agir... Comment ? je n'ai pas même pu remettre ma lettre dans le trou d'arbre, à cause de la rencontre du papa ; quelle honte si j'étais obligé de m'en retourner Gros-Jean comme devant !... Mais, parbleu ! — ajouta-t-il d'un air de réflexion, — pourquoi ne ferais-je pas maintenant ce que je n'ai pu faire tout à l'heure ? M. de La Southière doit être rentré chez lui ; je vais revenir sur mes pas, et si, par hasard, je rencontrais quelqu'un, je dirais que j'ai oublié... n'importe quoi... Oui, oui, voyons.

Après s'être assuré que la route était déserte, que personne ne se trouvait à portée de l'épier, il mit de nouveau pied à terre.

Alors tirant son crayon de son portefeuille, il ajouta rapidement quelques mots au bas de sa lettre.

— A merveille, — murmura-t-il d'un air de satisfaction en repliant le papier ; — si cela *prend*, et cela *prendra* sans doute, je verrai Palmyre et j'abîmerai le Robertin de telle sorte qu'il ne pourra jamais s'en relever. Si Palmyre ne vient pas elle-même, elle m'enverra certainement cette gentille Jenny, qui est aussi charmante et surtout plus divertissante que sa noble maîtresse, et ce sera une compensation... A l'ouvrage donc !

Il attacha son cheval à une branche ; puis, se glissant le long de la haie ; il revint vers l'entrée de Roquerolles. Personne dans l'avenue ; sans doute, M. de La Southière avait déjà regagné le château. Plein de confiance, le galant percepteur s'élança vers l'arbre prédestiné, plongea sa main dans la crevasse et y déposa sa lettre. Puis il s'enfuit, en prenant les mêmes précautions et en murmurant avec gaieté :

— Ah ! ah ! stupide gentilhomme, je t'apprendrai à confondre les papiers rouges du fisc avec les papiers roses de l'amour !... Je t'ai pourtant averti d'être en garde contre ces papiers de *couleur*. Maintenant, nous saurons ce soir le résultat.

Il sauta sur sa jument et repartit bon train, en sifflotant : *La victoire est à nous*. Moins d'un quart d'heure après, il était installé dans la grande salle de la mairie de Satignac, et donnait majestueusement audience aux contribuables de la commune.

Cependant, M. de La Southière n'était pas aussi crédule ni aussi *stupide* que l'avait supposé Bienassis. Fort irascible, comme nous l'avons dit, il ne pouvait digérer l'expression malsonnante dont le percepteur s'était servi en parlant de ses chevaux.

— Race anglaise ! — grommelait-il en revenant à pas lents vers la maison, — une race misérable qui n'a ni fond ni structure, qui résume le cheval dans un grand lévrier efflanqué... Quel imbécile que ce Bienassis ! On assure que son père était colonel, mais certainement il n'était pas colonel de cavalerie, car le fils se connaîtrait mieux en chevaux. Aussi, pourquoi vais-je me confondre en politesses avec cet ignorant bureaucrate ! Je ne sais comment il se multiplie sur mes pas ; il a toujours des prétextes pour se présenter chez moi. Et, tout à l'heure encore, qu'y venait-il faire ? J'ai remarqué son embarras en me voyant ; puis ce papier, qu'il tenait à la main et qu'il a remis dans sa poche, que signifiait-il ? Enfin, il avait en me parlant un air railleur... Certainement il y a du louche là-dessous.

Il s'arrêta tout pensif, et du bout de sa cravache il coupait les tiges des fleurettes dans le gazon, comme pour faciliter par ce mouvement machinal le travail de sa pensée.

. . . .

En ce moment M. de La Southière s'aperçut que les fers du cheval de Bienassis avaient cessé tout à coup de résonner sur le pavé du chemin. Cette circonstance éveilla de nouveaux soupçons chez M. de La Southière. Encore agile et robuste, malgré son embonpoint, il saisit une grosse branche de châtaignier au-dessus de sa tête, et s'éleva lestement à une certaine hauteur. De là il pouvait voir assez loin sur la route voisine ; mais il n'aperçut ni cavalier ni monture, preuve certaine que l'un et l'autre devaient être encore derrière la haie de l'enclos.

Le gentilhomme campagnard eut alors un vague soupçon de la vérité ; il se hâta de descendre de son observatoire et se cacha derrière un gros tronc d'arbre. A peine était-il à ce nouveau poste que le percepteur reparut, et La Southière le vit glisser quelque chose dans la vieille souche du châtaignier.

Cinq minutes plus tard, il accourait à la place que Bienassis venait de quitter.

— J'avais raison ; il y a du mic-mac ! — se disait-il. — A son tour, il plongea la main dans le trou d'arbre, et en retira la lettre. — C'est le fameux papier rouge, — dit-il en l'examinant avec attention ; — mais ce n'est pas évidemment le papier du fisc... Diable !

La lettre n'était pas cachetée, mais l'eût-elle été, M. de La Southière ne s'en fût pas inquiété sans doute. Il l'ouvrit et la parcourut rapidement.

— Quel diable de langage est ceci ? — dit-il bientôt d'un ton de désappointement.

Cette lettre était, en effet, ainsi conçue :

« Le vague de mon âme ne peut être satisfait que par votre présence, vous qui seule au monde êtes capable de me comprendre ! Vous êtes l'aspiration de mes jours fiévreux, le rêve de mes nuits sans sommeil. Votre image m'apparaît sans cesse dans une auréole lumineuse qui éblouit mes faibles regards, et je m'élance vers elle, comme le voyageur vers le brillant feu follet qui doit peut-être le conduire à l'abîme. C'est ma destinée, et j'essayerais vainement de lutter contre la fatalité qui m'entraîne. Nos âmes sont sœurs, nos destins devraient être frères, etc. »

Le correspondant avait ainsi couvert trois grandes pages d'une écriture administrative, fine et serrée, et tout était du même style mystico-romantico-sentimental. Ce factum portait pour signature : L'infortuné THÉODORE.

Mais si le corps de la lettre était passablement inintelligible, le post-scriptum, que le percepteur venait d'écrire au crayon, présentait un sens beaucoup plus clair. Le voici :

« Il faut que je vous parle ; il y va des plus chers intérêts. Je serai au château ce soir, vers la chute du jour ; accordez-moi ce que je demande, ou je mourrai. T. B. »

M. de La Southière employa quelques instants à méditer sur cette étrange missive ; une teinte pourpre couvrait ses joues rebondies ; ses grosses moustaches se hérissaient comme une brosse.

— A qui diable en veut cette espèce d'amoureux transi ? — dit-il enfin en serrant les dents ; — est-il au monde des créatures assez bêtes pour se laisser prendre à ce galimatias ? A la vérité, on en trouve de si bêtes et si crédules ! Mais ce n'est pas à ma fille, à Palmyre, que s'adresse cette lettre ridicule et l'insolente demande qui la termine ? Si je le croyais..., si je pouvais seulement le supposer...

Il serra les poings et sa physionomie prit une expression terrible.

Après une nouvelle pause, il poursuivit d'un ton plus doux :

— Je suis fou ; Palmyre sait trop ce qu'elle me doit, ce qu'elle se doit à elle-même, pour permettre à un misérable gratte-papier... Je gagerais plutôt que le poulet est à l'adresse de la petite couturière Jenny, cette donzelle que j'aurais dû congédier depuis longtemps déjà, si ce n'eût été causer trop de chagrin à ma fille. Les grisettes, telles que Jenny, adorent les phrases sentimentales. D'autre part, ce Bienassis est un galantin auquel tout est bon et qui a une réputation détestable. Il aime à se moquer et il a dû trouver plaisant... Oui, oui, c'est cela ; il n'eût jamais osé écrire sur ce ton à une jeune fille de bonne maison et qui a reçu une éducation convenable ; on lui eût répondu par un éclat de rire... Eh bien ! mademoiselle Jenny saura bientôt si j'entends qu'elle entretienne des intrigues chez moi... Quant à ce beau céladon de Bienassis, je lui apprendrai à respecter le château de Roqueroles !

Malgré cette conviction nettement exprimée, M. de La Southière avait peut-être encore des doutes, car il reprit bientôt avec agitation :

— Au fait, Palmyre est elle-même fort romanesque ; d'ailleurs, l'ennui la ronge et l'oisiveté est mauvaise conseillère pour les petites filles. Qui me dira le mot de cette énigme ?... Eh ! parbleu, j'y songe... il y a un moyen bien simple d'apprendre à qui ce papier est destiné : c'est de voir qui viendra le chercher. Certainement, il existe des signes de reconnaissance entre l'amoureuse et l'amoureux ; on sait sans doute là-bas que ce Bienassis vient de passer et qu'on a la chance de trouver ici une marque de son passage ; il serait donc possible que, dans très-peu de temps... De par tous les diables ! quand je devrais rester ici en faction pendant la journée entière, j'en aurai le cœur net.

Il replaça la lettre dans le trou d'arbre où il l'avait prise ; puis il alla se poster au pied de la haie, derrière une touffe de prunelliers. De cette place, il pouvait voir avec facilité, non-seulement l'arbre qui servait de boîte aux lettres, mais encore une partie de l'avenue.

Sa patience ne fut pas mise à une trop longue épreuve. Il était caché depuis quelques moments à peine, quand des étoffes aux couleurs éclatantes flamboyèrent à l'autre bout de l'allée, dans un encadrement de feuillage. Deux formes sveltes se détachèrent peu à peu sur le fond de verdure et se rapprochèrent avec rapidité. Dès qu'elles furent à une certaine distance, l'observateur n'eut pas de peine à reconnaître sa fille, mademoiselle Palmyre de La Southière et la couturière Jenny.

Les deux jeunes filles marchaient côte à côte, en causant à voix basse, et elles étaient assez belles l'une et l'autre pour inspirer de l'amour. Cependant, on pouvait remarquer autant de différence entre leur genre de beauté qu'entre leur condition. Mademoiselle Palmyre était une grande blonde, à taille élancée et souple, à l'air languissant, au cou de cygne, aux mouvements onduleux. Il y avait à la fois de la majesté et de l'abattement dans sa démarche, et ses yeux avaient une tendance prononcée à se tourner vers le ciel, dont ils reflétaient l'azur. Malgré son indifférence apparente pour les choses de la terre, elle était mise avec une richesse qui n'annonçait pas un mépris très-absolu pour les biens du monde. Une ample robe de soie, une mantille élégante, un chapeau de paille, par-dessous lequel s'échappaient de magnifiques boucles blondes, lui composaient une parure charmante ; et elle balançait gracieusement au-dessus de sa tête une ombrelle blanche aux effilés de soie.

Mademoiselle Jenny, au contraire, était une brunette vive, éveillée, sémillante, à la langue aussi leste que la main, une véritable soubrette de comédie. Elle avait une jolie robe de toile peinte, bien serrée au buste par en haut, un peu courte par en bas, mais qui laissait voir des bas blancs soigneusement tirés et de petites bottines lacées avec un soin merveilleux. Elle ne portait d'autre coiffure que ses cheveux noirs, lissés en bandeaux, et ne s'inquiétait nullement de la brise qui lutinait sur son front quelques cheveux rebelles. Si un jeune poète élégiaque eût donné la préférence à la noble et mélancolique demoiselle, certainement un joyeux égrillard tel que le percepteur devait pencher pour la piquante grisette.

M. de La Southière faisait ces réflexions ou des réflexions analogues, pendant que les deux jeunes filles montaient l'avenue. Elles continuaient à causer à voix basse, l'une toujours grave et réservée, l'autre animée et souriante, et leur conversation ne les absorbait pas assez pour qu'elles ne regardassent pas de temps en temps autour d'elles ; mais, tandis que Palmyre avait ce regard furtif et timide de la biche qui se redresse effrayée en entendant un léger bruit au fond des bois, Jenny marchait hardiment comme le roquet étourdi qui ne redoute rien.

M. de La Southière, en dépit de lui-même, éprouvait un violent battement de cœur. Quelle était la coupable ? Laquelle des deux allait s'emparer du mystérieux billet? S'entendaient-elles? La complicité seule de sa fille dans une pareille intrigue semblait au gentilhomme une faute des plus graves. Aussi, au moment d'apprendre la vérité, sentait-il redoubler ses angoisses. Accroupi derrière sa touffe de feuillage, il demeurait tremblant, retenant son haleine.

Les promeneuses, sans interrompre leur causerie, s'approchèrent du vieil arbre où Bienassis déposait habituellement sa correspondance.

Mais ce ne fut pas Jenny qui visita la « boîte aux lettres » rustique; ce fut mademoiselle de La Southière elle-même qui, toute palpitante, glissa la main dans la crevasse et retira le papier rose. Alors, elle dit à sa compagne d'une voix que la joie peut-être rendait encore plus distincte :

— Tu as raison, Jenny; il est venu... C'était bien lui que tu avais vu tout à l'heure remonter la côte.

M. de La Southière n'entendit pas la réponse de Jenny; il suffoquait. Sa fille, la noble et fière Palmyre, tenait l'insolente lettre du percepteur; elle s'en était emparée sans hésitation, comme de sa propriété incontestable. Cependant, malgré des apparences si nettes et si précises, il voulait douter encore; peut-être, mademoiselle de La Southière allait-elle remettre cette lettre à Jenny, car elle ne paraissait pas songer à la lire; après s'en être emparée, elle la gardait dans sa main, et elle avait repris le chemin du château, toujours suivie de sa compagne qui, de sa part, semblait aussi tranquille et aussi gaie qu'auparavant.

Il ne tarda pas à reconnaître l'inanité de cette dernière espérance. Au bout de quelques pas, Palmyre ne put sans doute résister plus longtemps à la tentation; elle ouvrit la lettre fatale et se mit à la lire tout en marchant.

Aucune illusion n'était donc possible. M. de La Southière, bien convaincu des torts de sa fille, voulut s'élancer vers elle pour l'accabler de reproches, lui arracher ce papier maudit, se livrer enfin à tous les transports de son indignation. Mais le coup avait été si violent, pour cette organisation sanguine et replète, qu'il ne put d'abord ni se relever, ni crier; la tête lui tournait, la voix s'arrêtait dans sa gorge. On eût pu croire qu'il allait succomber à une attaque d'apoplexie.

Heureusement la crise fut courte; le sang ne tarda pas à reprendre son cours, l'oppression diminua, les tempes cessèrent de battre avec force. Enfin il se leva d'un bond et il se disposait à courir après les deux promeneuses que l'on apercevait encore à quelque distance, quand le bruit des pas de plusieurs chevaux retentit sur la route voisine. Machinalement M. de La Southière écarta les branches de la haie pour mieux reconnaître les cavaliers qui arrivaient; c'était un élégant jeune homme, monté sur une bête de prix, et suivi, à quelque distance, d'un domestique en livrée.

— Armand Robertin, — murmura-t-il; — oh! pas un mot devant lui... C'est surtout pour lui que je redoute... Oui, pas de scène, tant qu'il sera sous mon toit! La moindre imprudence pourrait lui donner de l'ombrage... Néanmoins je sais la vérité; je veillerai, et je me vengerai.

Ne se jugeant pas encore en état de paraître devant son hôte, il se blottit de nouveau derrière le buisson. M. Robertin et le domestique passèrent outre, sans se douter de sa présence.

IV

L'ARRIVÉE.

Palmyre, unique enfant de M. de La Southière, n'avait que six ans lorsque sa mère était morte, et son père, qui déjà à cette époque habitait la campagne, l'avait placée dans un couvent de Limoges où elle avait fait son éducation. Nous devons l'avouer : pendant les années qu'elle avait passées au couvent, La Southière s'était fort peu inquiété d'elle. Il se contentait de payer plus ou moins exactement sa pension, et ne la voyait que deux ou trois fois l'an, quand des affaires l'appelaient à la ville. Alors, il est vrai, la petite était accablée de bonbons; on lui achetait tous les colifichets qu'elle pouvait souhaiter, on la comblait de caresses; mais ces visites étaient aussi courtes que rares, et bientôt l'éleveur disparaissait pour plusieurs mois, convaincu peut-être qu'il n'y avait pas au monde de père plus tendre et plus dévoué que lui.

Palmyre n'avait donc eu d'autre éducation que celle des couvents, éducation si insuffisante et si imparfaite, lorsque les jeunes filles qui la reçoivent n'ont pas auprès d'elles une mère intelligente et expérimentée pour suppléer à ses défauts. Plus tard, à Roqueroles, les occasions lui avaient manqué pour rectifier les idées fausses qu'elle pouvait avoir sur le monde, sur la marche ordinaire des choses de la société. M. de La Southière entretenait très-peu de relations avec ses voisins. S'il quittait la maison, c'était pour affaires, et il sortait seul; s'il recevait des visiteurs, c'étaient presque toujours des éleveurs comme lui, ou même de grossiers maquignons qui n'eussent pas été une société convenable pour sa fille, et Palmyre demeurait alors dans sa chambre. En certaines circonstances seulement, telles qu'une noce dans une habitation des alentours, une fête à la ville de B***, une course au chef-lieu, il se décidait à se faire accompagner de Palmyre; mais ces occasions ne se présentaient pas fréquemment, et, été comme hiver, la pauvre enfant restait confinée dans sa triste demeure.

Aussi mademoiselle de La Southière, dévorée par l'ennui, s'abandonnait-elle aux rêveries folles qui occupent ordinairement l'esprit des jeunes filles désœuvrées. Cependant ces fiévreuses imaginations d'un esprit exalté n'eussent pas eu peut-être de grands inconvénients pour Palmyre, si la fatalité n'avait placé auprès d'elle un être malfaisant capable de leur imprimer une direction funeste.

Cet être malfaisant n'était autre que Jenny Meurier, la fringante soubrette que nous connaissons. Jenny, fille d'un pauvre artisan de Limoges, n'avait pas trouvé dans sa famille des exemples de haute moralité. Son éducation s'était bornée à la lecture, à l'écriture et à la couture; aussi exerçait-elle la profession de couturière. Dès l'âge de seize ans, elle avait été envoyée en journée dans les maisons de la ville où l'on réclamait ses services, et ce genre de vie nomade, sans surveillance sérieuse, avait encore développé ses dispositions naturelles à l'inconduite. Jenny, sous une apparence de frivolité et de bonne humeur, était donc profondément corrompue, et le hasard n'aurait pu mettre mademoiselle de La Southière en rapport avec une créature plus dangereuse.

C'était en effet le hasard qui avait amené Jenny Meurier à Roqueroles. Mademoiselle de La Southière avait besoin d'une couturière qui confectionnât, sous ses yeux, des robes et d'autres objets de toilette. On fit demander à Limoges une femme de cette profession, et la personne à laquelle on s'adressa envoya Jenny au château. La couturière fut acceptée sans examen, sans renseignements préalables sur ses mœurs et sur son caractère; une mère n'eût pas commis cette faute! Il se trouva que Jenny travaillait parfaitement; son humeur gaie plut beaucoup à Palmyre; aussi ses séjours à Roqueroles se multiplièrent-ils et devinrent de plus en plus longs. Enfin elle ne quitta presque plus le château, et elle occupa, d'une manière permanente, auprès de Palmyre, un poste intermédiaire entre celui de femme de chambre et celui d'amie.

M. de La Southière, malgré son insouciance pour les affaires de son intérieur, ne voyait pas avec plaisir la jeune couturière dont les manières évaporées lui inspiraient une vague défiance. Mais Palmyre avait toujours de l'ouvrage pour Jenny; puis il fallait tenir en ordre le linge de la maison. D'autre part, l'éleveur pouvait-il priver sa fille de la distraction qu'elle trouvait dans la compagnie d'une personne de son âge? Quand Jenny était absente du château, Palmyre se montrait mélancolique et maussade; sa gaieté reparaissait seulement quand sa compagne habituelle revenait animer la solitude de la vieille demeure. Aussi La Southière avait-il fini par ne plus faire d'opposition sur ce point, et Jenny restait sans conteste en possession de l'intimité de sa maîtresse.

Ces deux jeunes filles, qui ne se quittaient guère, qui se communiquaient toutes leurs pensées, devaient nécessairement exercer de l'influence l'une sur l'autre ; mais, comme dans toutes les affaires humaines, le mauvais principe avait des avantages marqués sur le bon. La naïve pensionnaire, sortie depuis peu du couvent, soupçonnait déjà, avant l'arrivée de Jenny, que le monde différait beaucoup du tableau que lui en avaient fait les religieuses; Jenny se chargea de le lui présenter pire encore qu'il n'était. D'abord elle rit de la simplicité de sa compagne, puis elle professa. Elle avait vu tant de choses ! Elle avait acquis tant d'expérience dans sa fréquentation de toutes les classes de la société ! Elle possédait un répertoire complet d'anecdotes plus ou moins authentiques ; elle citait les noms et la demeure des personnages dont elle parlait. Comme Palmyre était d'abord ahurie par ce réalisme grossier, Jenny s'avisa d'un moyen qui lui semblait infaillible, afin de rectifier les opinions erronées de mademoiselle de La Southière. Elle avait pris un abonnement à l'unique cabinet de lecture de B***, et elle dévorait à Roqueroles les romans qu'on lui envoyait. Ces romans elle les fit lire à Palmyre, qui ne tarda pas à se passionner pour ce genre de distraction ; les deux amies passaient leurs journées, souvent même une partie de leurs nuits, à feuilleter des volumes crasseux auxquels M. de La Southière n'avait pas su interdire l'entrée de sa maison.

Toutefois la maîtresse et la camériste montraient dans leurs lectures des goûts complètement opposés. Tandis que Jenny chérissait les ouvrages gais, les scènes de la vie parisienne frivole et débauchée, les mémoires des lorettes en renom, Palmyre, au contraire, affectionnait le genre sentimental, les amours nuageux à la Werther, les sensibleries sophistiquées des passions sans espoir. Par l'esprit de contradiction naturel aux femmes, les efforts de sa compagne pour la détourner de cette préférence l'y confirmèrent davantage. Les grivoiseries qui plaisaient tant à Jenny la révoltaient ; elle ne trouvait de charme que dans le récit des longues tribulations d'un héros pleurnicheur, ou d'une héroïne persécutée, mais toujours *fidèle*. Ce goût présentait encore du danger, mais du moins il ne dépravait pas le cœur, et mademoiselle de La Southière lui dut d'échapper à la démoralisation que lui prêchait en riant la grisette pervertie.

C'est toujours par une autre femme qu'une femme se perd, suivant la vieille tradition des anges déchus. Jenny, voyant avec dépit l'obstination de sa maîtresse dans ce qu'elle appelait son platonisme, et poussée peut-être par d'autres motifs secrets, passa bientôt de la théorie à la pratique de ses maximes.

Nous savons déjà que le percepteur, Théodore Bienassis, ne se piquait pas d'une extrême délicatesse dans ses liaisons. Or, Bienassis avait eu occasion de rencontrer plusieurs fois la jeune couturière et, suivant ses habitudes, il lui avait adressé des galanteries qui sans doute n'avaient pas été trop mal reçues. Toujours est-il qu'un concert s'établit entre eux et que le percepteur devint l'agent principal d'une intrigue dont Palmyre devait être la victime.

Déjà antérieurement, Bienassis, qu'on appelait dans le pays *l'amoureux des onze mille vierges*, avait eu des attentions marquées pour mademoiselle de La Southière; il ne manquait aucune occasion de se rapprocher d'elle, il était son danseur assidu dans les réunions de la bourgeoisie des environs ; enfin on pouvait croire qu'il n'eût pas été fâché d'obtenir sa main ; mais comme cette main, selon toute apparence, lui eût été refusée, il s'était borné longtemps à des œillades assassines et à des soupirs étouffés, en présence de Palmyre.

Il n'est pas bien sûr que Palmyre, de son côté, eût remarqué ces démonstrations, quand un jour Jenny Meurier vint lui apporter en secret une lettre du percepteur. Cette lettre contenait une déclaration, et de ces déclarations mystiques et quintessenciées aussi contraires au caractère du joyeux Bienassis qu'en harmonie avec les idées romanesques de Palmyre. Celle-ci ne voulait pas d'abord recevoir la lettre, mais la camériste lui présenta le fait comme une excellente plaisanterie qui les divertirait dans leur solitude, et mademoiselle de La Southière céda.

Ce premier pas accompli, les choses allèrent plus loin, grâce à l'adresse de Jenny Meurier. Tout en se moquant de Bienassis, elle avait l'art de laisser voir quelque pitié pour une affection qu'elle disait vive et sincère. Il n'en fallait pas tant pour monter la tête à la pauvre Palmyre, qui finit par prendre au sérieux cette passion de commande. Après avoir reçu plusieurs épitres, elle consentit à répondre dans le même style exagéré et nébuleux. Une correspondance s'établit ; tantôt Jenny était chargée de remettre les lettres, tantôt on les confiait au trou d'arbre dont nous avons vu l'usage, et cette correspondance durait déjà depuis plusieurs mois.

Cependant, si tout se fût borné à un échange de lettres inintelligibles pour l'un comme pour l'autre, le malheur n'eût pas été bien considérable ; mais on se voyait assez souvent dans les assemblées du voisinage, et, ce qui était plus grave, on s'était rencontré deux ou trois fois à l'entrée de l'avenue, sous les châtaigniers. A la vérité, Palmyre avait toujours exigé que Jenny assistât à ces entretiens ; mais ils étaient encore blâmables et pouvaient avoir les conséquences les plus désastreuses.

Tel était donc l'état des choses au moment où M. de La Southière venait de découvrir les secrets rapports de sa fille avec le percepteur. Maintenant, nous allons rejoindre Palmyre et sa compagne que nous avons laissées remontant l'allée de Roqueroles.

Palmyre tenait à la main le papier dont elle venait d'achever la lecture, et la rougeur de son teint, les palpitations de son corsage témoignaient de l'émotion que cette lecture lui avait causée. Jenny trottinait à son côté, l'observant du coin de l'œil, un sourire moqueur sur les lèvres ; cependant elle ne disait rien et attendait qu'il plût à sa maîtresse de lui communiquer ses impressions.

Mademoiselle de La Southière ne se pressait pas de satisfaire cette curiosité. Après avoir serré la lettre dans sa poche, elle continua d'avancer, d'un air langoureux, la tête penchée sur sa poitrine :

— Quelle belle âme ! dit-elle enfin à demi-voix ; — quelles pensées sublimes et avec quel art il sait les exprimer avec éloquence et poésie !... Oh ! n'est-ce pas, Jenny, — poursuivit-elle avec enthousiasme, — que M. Théodore est le plus noble des hommes ?

— Noble ! mademoiselle, je ne sais trop s'il est noble. On assure qu'il est fils d'un colonel, mais son nom de Bienassis n'annonce pas qu'il appartienne à la noblesse.

— Vous ne me comprenez pas, ma chère, — répliqua Palmyre avec un léger mouvement d'impatience ; — je veux dire que Théodore a des sentiments généreux, délicats, et je suis bien fière de les inspirer... Ce jeune homme n'a jamais aimé que moi, n'est-il pas vrai, ma bonne Jenny ?

— Certainement, certainement, mademoiselle.

— J'admire cette affection épurée, chaste et sainte, qui s'épanche en paroles harmonieuses, pleines de candeur et de sincérité. Ah ! voilà le langage du véritable amour... Théodore me dit aujourd'hui que *nos âmes sont sœurs*. Quel joli mot ! et comme il est vrai !

— Et comme il est neuf !

— Malgré tout cela, — poursuivit Palmyre en posant un doigt sur son front, — il me vient parfois des doutes singuliers... Tenez, Jenny, vous qui êtes si experte en matière de sentiment, répondez-moi avec une entière franchise : est-il sûr... là bien sûr... que j'aime M. Théodore ?

— Vous avez dû voir souvent dans les livres, mademoiselle, — répliqua Jenny avec un sourire, — que le propre du véritable amour est de s'ignorer lui-même... Mais d'où vous viennent ces idées ?

— Je ne sais trop... Il me semble pourtant que j'admire Théodore plus que je ne l'aime. Je me sens embarrassée pour répondre à ses sentiments enthousiastes ; peut-être occupe-t-il mon esprit plus que mon cœur. D'autre part, quand nous nous rencontrons, il me semble bien différent de ce que j'imagine. Il parle peu, il est vrai ; mais il y a sur son visage je ne sais quelle expression railleuse qui m'étonne et m'inquiète.

— Enfantillage que tout cela, mademoiselle ; vous l'aimez sans aucun doute... Mais que vous dit-il donc dans sa dernière lettre ? Je gagerais qu'il demande, comme toujours, à vous voir ?

— En effet, dans un post-scriptum écrit au crayon, il m'annonce qu'il viendra ce soir ici ; il aura probablement trouvé quelque prétexte pour se présenter au château.

— Et comment lui parlerez-vous en présence de votre père ? D'ailleurs n'est-ce pas aujourd'hui que doit arriver M. Robertin ?

— Je trouverai bien une occasion de dire quelques mots bas à Théodore... Et puis vous, Jenny, ne pourriez-vous au besoin vous charger d'un message secret pour lui ?

— Encore ! ah çà ! mademoiselle, ne craignez-vous pas qu'en me mettant ainsi en rapports continuels avec ce jeune homme si passionné, il ne finisse aussi par devenir amoureux de moi ?

La mélancolique et langoureuse Palmyre prit la pose d'une Junon irritée.

— Vous, ma chère ? — répliqua-t-elle en enveloppant Jenny d'un regard dédaigneux ; — mais, — ajouta-t-elle aussitôt, — j'oublie que vous ne croyez pas à l'amour tel que je le comprends et que vous ne manquez jamais une occasion de me tourmenter... Le vrai coupable dans tout ceci, c'est cet ennuyeux M. Robertin qui nous tombe des nues pour déranger nos projets... Ah çà ! que vient-il donc faire à Roqueroles ?

En ce moment Jenny entendit un bruit de chevaux dans l'avenue et tourna la tête.

— Ma foi ! mademoiselle, — dit-elle précipitamment, — il pourra lui-même répondre à votre question, car le voici.

En effet, Armand Robertin, suivi de son domestique, se trouvait à moins de cinquante pas derrière elles.

— Mon Dieu ! — murmura Palmyre troublée, — qui se serait imaginé cela... Regardez-moi, Jenny ; mes boucles ne sont-elles pas défrisées ? Mon mantelet n'est-il pas posé de travers ?

— Tout est bien, mademoiselle, — répondit la grisette en passant toutefois sa main dans les boucles blondes de sa maîtresse ; — mais que vous importe ? Avez-vous donc besoin de vous mettre en frais pour *cet ennuyeux*, comme vous l'appelez ?

— Il ne faut pas être à faire peur, quand on reçoit des visites, — répliqua Palmyre en inspectant elle-même sa toilette d'un coup d'œil rapide.

— Sans doute, et d'autant moins que M. Robertin est joli garçon, fort riche et que s'il se trouvait tant soit peu sentimental... Comment les hommes ne pourraient-ils aimer plusieurs femmes, puisque les femmes, même sans être coquettes, désirent plaire à tous les hommes ?

Et le Méphistophélès en jupon court riait malicieusement ; Palmyre était rouge de colère et de confusion ; mais elle n'eut pas le temps de répondre. M. Robertin, en reconnaissant la fille de son hôte, était descendu de cheval, avait jeté la bride au domestique et s'avançait à pied vers mademoiselle de La Southière.

Armand Robertin méritait la qualification de *joli garçon* que lui avait donnée mademoiselle Meurier, fort experte en pareille matière. Il était grand, bien fait, et sa tournure ne manquait pas de distinction. Il avait reçu une assez bonne éducation et avait quelque usage du monde ; mais il n'ignorait pas que l'origine de sa grande fortune était connue de tout le pays, et cette circonstance lui donnait en certains cas une timidité extrême. Il était vêtu avec élégance, comme nous l'avons dit, et l'énorme valise que son domestique portait en croupe, annonçait qu'il s'était muni de vêtements de rechange pour figurer avec honneur au château de Roqueroles.

Il s'approcha de mademoiselle de La Southière, le chapeau à la main, et la salua respectueusement. En ce moment il semblait pris de sa timidité accidentelle ; ce fut les yeux baissés et en balbutiant, qu'il adressa son compliment à Palmyre. La moqueuse Jenny qui, debout à quelques pas, l'observait de ses grands yeux noirs, semblait elle-même contribuer à son malaise.

Du reste, aucune attitude n'eût été de nature à produire une impression plus favorable sur la fantasque Palmyre. Une aisance trop grande, de la part d'un jeune homme dans lequel déjà elle devinait un prétendant, l'eût certainement indisposée ; mais cet embarras, cette rougeur, cette voix tremblante en sa présence ne pouvaient manquer de lui plaire. Enfin, cette rencontre fortuite sous les ombrages de l'avenue, la mise soignée du visiteur, ces beaux chevaux que tenait par la bride un domestique en superbe livrée, formaient un tableau gracieux qui devait charmer mademoiselle de La Southière, et qui lui rappelait peut-être une scène de quelqu'un de ses romans favoris.

Aussi accueillit-elle Robertin avec affabilité. Elle n'avait pu acquérir, dans la solitude où elle vivait, les manières aisées du monde, mais l'instinct particulier aux femmes suppléait à ce qui lui manquait du côté de l'expérience. Elle répondit donc avec convenance aux compliments un peu embrouillés du voyageur, et l'on continua d'avancer en causant des banalités d'usage.

Comme l'on approchait du château, les jeunes gens furent rejoints par M. de La Southière qui avait doublé le pas pour les atteindre.

A la vue de son père, Palmyre éprouva un léger tressaillement, et elle regarda d'un air d'angoisse Jenny Meurier qui se tenait un peu à l'écart. Ne se pouvait-il pas que M. de La Southière les eût aperçues quand elles étaient sous le grand châtaignier ? Cette pensée préoccupait d'autant plus Palmyre, que son père avait les traits bouleversés et s'efforçait évidemment de cacher une violente émotion.

Toutefois, rien dans l'attitude et le langage de l'éleveur ne vint confirmer les craintes de l'imprudente demoiselle. Il s'approcha de Robertin et lui dit avec rondeur en lui serrant la main :

— Bonjour, Armand, bonjour, mon cher... Soyez le bienvenu dans ma pauvre maison ! Vous vous êtes fait attendre, mais mieux vaut tard que jamais... Ah çà ! — ajouta-t-il se tournant vers le cheval que le domestique menait par la bride et en l'examinant avec attention, — voilà donc la bête que vous avez achetée récemment ? On vous a trompé, mon garçon ; oui, sur mon honneur ! vous avez été *envossé*, volé comme dans un bois.

Et il partit d'un éclat de rire trop bruyant pour être naturel.

— Je ne suis pas comme vous un fin connaisseur, monsieur de La Southière, — répondit Armand Robertin avec sa timidité ordinaire ; — cependant, ce cheval, qui me coûte fort cher, m'a été vendu comme un pur sang.

— Un pur sang, cela ? Ce n'est pas même un demi-sang... toutes les races mêlées et confondues ! Voyez-moi ce garrot, et ces jambes empâtées, et cette tête ridicule !

La conversation, étant ainsi engagée sur les chevaux, ne changea pas de sujet jusqu'à l'habitation.

Le château de Roqueroles, vu de près, était encore plus délabré qu'il ne le paraissait de la grande route. Le toit était verdi par la mousse, les murs avaient perdu leur revêtement ; la plupart des volets ne pouvaient plus s'ouvrir, faute de ferrures ; partout se manifestait l'insouciance, autant et plus que la gêne du propriétaire. Heureusement des vignes, du lierre et d'autres plantes grimpantes, où nichaient de nombreux moineaux, égayaient les teintes sombres de ces vieux murs et cachaient leur nudité.

C'était pour ses écuries, comme nous l'avons dit déjà, que M. de La Southière avait réservé tout son luxe, et elles étaient construites sur l'emplacement d'une ancienne ferme. Le bâtiment neuf, long de cent pieds environ, avait des murs si blancs et si polis qu'on les eût crus de marbre. Portes et fenêtres étaient d'une ampleur monumentale ; les vitres et les fermoirs de cuivre brillaient de propreté. Aux extrémités se trouvaient des logements presque somptueux pour les palefreniers et les piqueurs. La grande porte étant ouverte en ce moment, on pouvait s'assurer que la magnificence intérieure de ce palais des chevaux surpassait encore la magnificence du dehors. Chaque bête avait sa stalle et son auge en vieux chêne sculpté ; les dalles étaient d'une pierre fine et polie. Au-dessus de chaque stalle, une plaque brillante portait le nom du cheval qui l'occupait. Enfin, depuis le prince de Condé, qui avait reçu le czar Pierre le Grand dans ses écuries de Chantilly, comme dans un salon, nul n'avait jamais montré plus de respect pour la race chevaline que ce petit propriétaire campagnard.

Dans la cour qui séparait les écuries du château, se trouvaient toutes les constructions accessoires d'un établissement hippique important. Là on voyait un immense abreuvoir, entouré d'une balustrade de pierre, où se renouvelaient sans cesse des eaux fraîches et pures ; plus loin, un manége couvert où l'on dressait les jeunes chevaux, puis une sellerie, que sais-je ? Rien n'y manquait ; et les écuries de Roqueroles étaient justement célèbres dans tout le département.

Comme l'on traversait la cour, un domestique, long et maigre, dont les cheveux et les favoris rouges trahissaient la nationalité, accourut en achevant de passer les manches d'une casaque orange, aux couleurs de son maître. C'était John, le premier jockey de M. de La Southière, et celui qui montait ses chevaux sur les hippodromes les jours de solennité. Il salua, et après avoir jeté un regard sur la monture d'Armand, il la prit par la bride et dit à M. de La Southière avec un accent anglais des plus caractérisés :

— Où mettrai-je ces animaux, monsieur ? Il y a des stalles vides dans le grand bâtiment et ce serait plus commode pour le pansage.

Rien ne saurait dépeindre la colère de M. de La Southière en entendant cette proposition. Il courut, la cravache levée, sur le malencontreux piqueur, et il eut besoin de tout son pouvoir sur lui-même pour ne pas frapper.

— Misérable ! — dit-il d'une voix tremblante de fureur, — comment oses-tu me parler ainsi ? As-tu donc perdu la raison ?... Réponds-moi, drôle ; quand tu étais au service de lord Etherington, ce seigneur anglais, dont tu as toujours le nom à la bouche, te serais-tu permis de lui faire une pareille demande ? Aurais-tu songé à introduire dans son écurie des chevaux inconnus, au risque de la ruiner et de la déshonorer ?

— Il est bien vrai que jamais un cheval étranger n'eût franchi le seuil des écuries de mylord, — reprit John avec son flegme britannique ; — mais les bêtes de ce gentleman, votre ami, ne sont pas mauvaises... elles ont l'air d'avoir du sang anglais.

— Ah ! elles ont du sang anglais... voilà le grand mot lâché ! — répliqua M. de La Southière ; — vous saurez, mon cher Armand, que pour ce maudit goddam, tout ce qui vient d'Angleterre est plus beau et meilleur que ce qu'on peut voir dans le reste du monde... Cependant, maître John, souvenez-vous-en désormais, je tiens autant à la police de mon écurie que lord Etherington pouvait tenir à la police de la sienne... Et vous allez conduire sur-le-champ les chevaux de M. Robertin dans la petite écurie de la maison... de ce côté.

En même temps il désignait une construction en ruines qui attenait au château.

— Mais, monsieur, — dit John d'un ton d'humeur, — le toit est effondré, le ratelier est vermoulu... Les pauvres bêtes anglaises seront fort mal.

— Obéissez, — reprit La Southière avec violence ; — elles seront à merveille pourvu que vous en preniez soin et je veillerai moi-même à ce qu'on ne les laisse manquer de rien.

Force fut à maître John d'obéir. Il se dirigea donc vers la vieille écurie, avec le domestique de Robertin et les deux chevaux, non sans grommeler quelques mots en anglais qui pouvaient être des insolences. La Southière les interpréta sans doute ainsi et il parut près de retomber dans son emportement mais il se ravisa aussitôt :

— Le coquin sait qu'il a des privilèges dans la maison, car il m'est nécessaire, — dit-il à Robertin ; — seul il peut monter certains de mes élèves et il est fort habile dans son art ; aussi dois-je lui en passer beaucoup... Quant à vous, mon cher Armand, — poursuivit-il d'un ton cordial, — ne me gardez pas rancune pour ma rigueur en cette circonstance. J'ai établi une règle inflexible dont je ne me départirai jamais ; c'est de n'admettre aucun cheval étranger, quel qu'il soit, dans mon écurie. Ne vous en offensez pas, encore une fois ; car eussiez-vous pour monture le célèbre *Éclipse* ou le cheval vainqueur du dernier derby, il n'entrerait pas dans ce bâtiment.

Armand Robertin s'empressa de répondre qu'il comprenait ces scrupules, qu'il les approuvait, que sa monture et celle de son domestique seraient toujours bien à Roqueroles, en quelque lieu qu'on les plaçât.

— Vous êtes un jeune homme raisonnable, Armand, — répliqua La Southière en reprenant son ton de cordialité ; — eh bien ! vous ne pouvez être fatigué d'un voyage de quelques lieues, pourquoi n'irions-nous pas visiter mes élèves en attendant le déjeuner ?

Peut-être au fond cette proposition n'était-elle pas du goût de Robertin ; cependant il l'accepta.

— Mon père, — dit Palmyre avec l'assurance d'une enfant gâtée, — y pensez-vous ? Monsieur Armand doit avoir besoin de repos et puisqu'il veut bien nous accorder quelques jours, n'aurez-vous pas tout le temps nécessaire ?

— Il suffit, mademoiselle, — interrompit La Southière avec une sécheresse à laquelle sa fille n'était pas habituée ; — je ne vous ai pas demandé votre avis. Rentrez et venez vous assurer si tout est prêt pour recevoir notre hôte... Votre aide de camp en jupons, — ajouta-t-il en désignant Jenny d'une manière déplaisante, — pourra sans doute aussi trouver des occupations là-bas, car je n'aime pas qu'elle vienne ainsi rôder autour de mes jockeys et de mes piqueurs.

— Ce sont plutôt vos jockeys et vos piqueurs qui viennent rôder autour de moi ! — répliqua la grisette effrontément.

— Allons ! Jenny, mon père a de l'humeur, — dit Palmyre avec une gaieté affectée ; — battons en retraite jusqu'à ce que la bourrasque soit passée. Elle ne dure jamais longtemps, vous savez ?... Seulement, mon père, n'oubliez pas, je vous prie, qu'il se fait tard, et par égard pour l'estomac de M. Armand, abrégez la généalogie de vos élèves.

Elle adressa un sourire langoureux à M. de La Southière, une révérence au jeune voyageur et prenant le bras de Jenny, elle se dirigea vers la maison.

— Mon père est tout singulier ce matin, — dit-elle à sa compagne, quand elles furent rentrées ; — mon Dieu ! soupçonnerait-il quelque chose ?

— Bah ! non, — répliqua Jenny d'un ton boudeur ; — seulement M. de La Southière est comme ses chevaux, il lâche des ruades par caprice.

— Mademoiselle, je vous ai défendu déjà... Voyons, ma chère, soyez gentille. Quoi que vous en disiez, mon père n'est pas aujourd'hui dans son assiette ordinaire... Réellement n'a-t-il pu rien voir ni rien entendre ?

— Rien ; s'il soupçonnait la vérité, il commencerait par nous tuer l'une ou l'autre ; c'est sa manière... Mais, je vous le répète, il est dans son état normal ; il oublie sa fille et sa maison pour ne songer qu'à ses écuries et à ses chevaux.

Palmyre soupira, car il y avait du vrai dans les sarcasmes de la couturière.

— Jenny, — reprit-elle après une pause, — comment trouvez-vous ce jeune homme qui vient d'arriver ; M. Armant Robertin ?

— Un peu niais... Il est évidemment du bois dont on fait les maris.

— Sauvez-vous, Jenny ; vous êtes le démon ! — s'écria Palmyre exaspérée.

V

LA PROMENADE.

Quelques heures plus tard, la famille de La Southière et Armand achevaient de déjeuner dans une vieille salle à manger, lambrissée en bois de châtaignier dont la peinture, jadis blanche, était sale, craquelée et maculée par les mouches. Mademoiselle Palmyre se montrait fort gracieuse pour Armand Robertin. Soit qu'elle voulût dissiper par cette condescendance les nuages encore visibles sur le front de son père, soit qu'elle obéît seulement à ses instincts de coquetterie, elle témoignait au jeune propriétaire toutes les attentions, tous les égards qu'on pouvait attendre d'une maîtresse de maison. M. de La Southière, d'abord surpris, finit par être charmé d'une pareille conduite.

— Allons! — pensait-il, — j'ai eu raison de ne pas faire d'esclandre; tout pourra s'arranger. Voilà Palmyre qui semble se mettre en frais pour Robertin!... Décidément cette intrigue avec le percepteur n'est rien de plus qu'un enfantillage, une amourette en l'air, et maintenant que je suis prévenu, je saurai bien y porter remède... Patience donc! les choses marcheront encore à mon gré.

Ces réflexions eurent pour résultat de rendre à l'éleveur sa gaieté et son aisance habituelles; sur la fin du repas, il dit à son hôte :

— Ah çà ! comment emploierons-nous la journée, Armand? Je vous propose une petite promenade à pied avec ma fille et avec moi. Le temps est beau et les bords de la rivière sont des plus pittoresques... Que dites-vous de ce projet?

— Il me plaît beaucoup, — répliqua Robertin; — surtout si mademoiselle de La Southière doit être de la partie.

— Voyez-vous ça ? — dit la jeune fille en riant d'un gros rire; — nous partirons donc dans une heure... D'ici là je désire assister à la leçon de manège que l'on va donner à *Boréas*, le plus beau de mes élèves; je n'y manque jamais, car je suis certain que *Boréas* réussira merveilleusement sur le turf. Vous êtes libre de m'accompagner, Armand ; à moins que vous ne préfériez passer au salon avec Palmyre, qui vous fera un peu de musique en attendant mon retour... Allons ! que choisissez-vous? le manège ou le salon ?

— Ah! mon cher de La Southière, mon choix peut-il être douteux ? — dit Robertin ; — le bonheur d'entendre mademoiselle Palmyre...

— Va donc pour le salon ! — s'écria le père en riant plus fort et en se frottant les mains; — à votre âge, lorsque j'étais simple sous-lieutenant de cavalerie, j'aurais choisi comme vous ; mais les goûts et les idées changent avec le temps ; vous le saurez plus tard !

Armand prit la main de Palmyre et on passa dans la pièce voisine.

Le salon de Roquerolles était triste et suranné, comme toutes les autres parties de cette ancienne demeure. Le plafond n'avait pas été blanchi depuis bien des années; le lustre de cristal suspendu au centre disparaissait sous une couche de poussière. Le papier de tenture était terni et déchiré. Le mobilier consistait en un canapé et en fauteuils de bois peint, recouverts d'un velours d'Utrecht jaune tout flétri et rongé des vers. Au milieu de ces meubles détraqués, dont un brocanteur n'eût voulu pour aucun prix, un seul objet rappelait le luxe et le raffinement modernes; c'était un piano de palissandre placé au pied d'une glace au cadre dédoré. Ce piano, cadeau de M. de La Southière à sa fille, avait, comme Palmyre elle-même, un air de jeunesse qui contrastait avec la sombre vétusté de tous les objets environnants.

Palmyre alla s'asseoir devant le piano et après avoir bouleversé les morceaux de musique entassés sur un meuble, elle préluda brillamment. Robertin avait pris place auprès d'elle et suivait des yeux les doigts agiles dont la blancheur ressortait sur les touches d'ébène et même sur les touches d'ivoire.

— Que vous jouerai-je, monsieur Armand? — demanda mademoiselle de La Southière avec la bonne volonté d'une virtuose sûre d'elle-même ; — avez-vous quelque morceau de prédilection ?

— Mon goût sera le vôtre, mademoiselle, — répondit Robertin ; — le morceau qui vous plaira ne peut manquer de me plaire.

Palmyre attaqua une romance qui lui semblait un chef-d'œuvre de sentiment et de mélodie.

— A la bonne heure, — dit M. de La Southière ; — puisque vous voilà en train, je me sauve. Aussi bien, la musique après le repas a pour effet inévitable de m'endormir... A bientôt donc !

Et il s'esquiva ; les sons du piano et la voix bien timbrée de sa fille couvrirent sa sortie.

En traversant la cour afin de se rendre au manège, M. de La Southière paraissait radieux. Les idées fâcheuses qui, depuis le matin, obstruaient son cerveau s'étaient dissipées, mais un nouvel incident vint lui rappeler la nécessité de se montrer sévère à l'égard de certaines personnes.

Il comptait que le jockey anglais l'attendait au manège avec le jeune cheval qu'il s'agissait de dresser ; point, maître John semblait avoir oublié sa besogne ordinaire. Baptiste, le second piqueur, et lui, dans tout l'éclat de leurs brillantes casaques et de leurs bottes à revers blancs, étaient en train de jaser avec Jenny Meurier, qui, assise sur la balustrade de l'abreuvoir, les agaçait coquettement.

Un formidable juron, sorti de la bouche de M. de La Southière, fit tourner la tête aux délinquants. Quand ils virent leur maître qui courait sur eux en brandissant sa cravache, ils s'enfuirent chacun de son côté.

— *Goddam!* monsieur, — s'écria John, — *Boréas* sera sellé dans un instant.

— *Moussu,* — cria Baptiste, un enfant du pays, celui-là, — je m'en vais étriller *Zénobie*.

Grâce à leur agilité, ils en furent quittes l'un et l'autre pour une bordée d'injures et de menaces que leur lança de loin M. de La Southière, et ils disparurent dans la grande écurie.

Jenny demeurait impassible, comme si l'orage qui tombait sur ses malencontreux adorateurs était sans danger pour elle. Bien plus, pendant qu'ils s'enfuyaient, elle les poursuivait d'un petit rire moqueur, dont les gammes folles alternaient avec les jurons de M. de La Southière. La balustrade qui lui servait de siège étant assez haute, ses petits pieds, chaussés de mignonnes bottines, ne touchaient pas le sol, et elle les battait convulsivement l'un contre l'autre, tandis qu'elle penchait en arrière sa tête espiègle et mutine, encadrée d'un petit bonnet du plus provocant caractère.

Elle continuait de rire, quand M. de La Southière interrompit ses invectives contre ses piqueurs et s'avança tout à coup vers elle.

— Avez-vous encore beaucoup d'ouvrage au château, mademoiselle ? — demanda-t-il sèchement.

— Oui, oui, monsieur, — répliqua-t-elle avec légèreté ; — j'ai à faire plusieurs robes pour mademoiselle, et puis... bien d'autres choses encore.

— C'est fâcheux, car j'ai décidé que désormais on se passerait ici de vos services. Ce soir, je réglerai votre compte et demain matin vous serez reconduite à la ville chez vos parents.

Jenny répondit sans cesser de sourire :

— Monsieur me renvoie !... Il n'y a pas pensé, sans doute; que dira mademoiselle Palmyre ?

— Elle dira ce qu'elle voudra ; je ne vous ai soufferte que trop longtemps auprès d'elle... Préparez-vous donc à partir demain. Je regrette que la carriole et le cheval du jardinier soient au marché de Salignac, car je vous eusse renvoyée dès ce soir.

L'ASSASSIN DU PERCEPTEUR

Elle ouvrit la lettre et se mit à la lire tout en marchant. (Page 11.)

La jeune couturière finit par comprendre que ce congé était sérieux.

— Bon Dieu! monsieur, qu'ai-je donc fait? — reprit-elle. — Est-ce ma faute si vos jockeys courent après moi quand je parais dans la cour? Je ne songe pas à les attirer, je vous assure... Je ne m'abaisserais pas jusqu'à de pareilles gens!

— Et eux de leur côté n'iront pas vous chercher à la ville... Soyez donc prête pour demain matin.

Il allait s'éloigner, quand elle fixa hardiment sur lui ses yeux noirs et profonds.

— Monsieur, — dit-elle en se levant, — ce n'est pas à cause de vos gens que vous me congédiez, n'est-ce pas? C'est pour... un autre motif?

Tout rude qu'il était, M. de La Southière détourna la tête.

— Je vous congédie parce que vos manières me déplaisent depuis longtemps, — répliqua-t-il; — cela doit vous suffire.

Et il se dirigea d'un pas ferme vers le manége, pendant que Jenny, le teint rouge, les sourcils froncés, rentrait à la maison.

Une heure après, Palmyre remonta dans sa chambre pour se disposer à la promenade projetée avec son père et Armand. Elle paraissait toute joyeuse et ne remarqua pas l'air boudeur de sa camériste qui cousait dans un coin.

— Savez-vous, ma chère, — dit-elle en mettant son chapeau, — que M. Armand Robertin est plein de cœur, malgré sa grande fortune? Croyez donc aux bavardages des gens du pays!... Lorsque je lui ai chanté la romance de la *Fille du proscrit*, il était tout palpitant, et il m'a dit que jamais aucune voix ne l'avait ému comme la mienne.

— C'est fort galant de sa part, — répliqua Jenny froidement; — sans doute M. de La Southière lui aura fait la leçon, et M. Armand savait que cette *sensiblerie* avait chance de vous plaire.

— Ah ça! Jenny, vous ne croyez donc à rien? Vous voyez du calcul dans les choses les plus naturelles... Que diriez-vous donc de ce qui s'est passé encore entre nous! J'avais cessé de chanter et nous causions pour passer le temps, lorsque j'ai eu la maladresse de prononcer le nom du père de M. Armand... Tout à coup de grosses larmes ont brillé dans ses yeux et il m'a dit d'un ton navrant:

« — Ah! mademoiselle, il y a déjà dans mon existence de bien douloureux souvenirs. »

« J'étais honteuse et désolée de mon imprudence.

— Bon! il ne manquait plus que cela! — dit Jenny d'un air railleur; — maintenant vous vous montez la tête pour ce jeune homme, parce que son père a fini d'une vilaine mort. Ce qui repousserait un autre est pour vous un attrait de plus... Enfin, mademoiselle, si M. Armand est tant de votre goût, épousez-le. Votre père en sera ravi... Et l'autre, ma foi ! l'autre s'arrangera comme il pourra.

— Quoi donc ! Jenny, — reprit Palmyre en se mirant dans une glace ; — me supposez-vous capable d'oublier ce pauvre M. Théodore, parce que je rends justice à M. Armand ?

— Oubliez-le, ne l'oubliez pas, — réplique Jenny durement, — cela vous regarde, mademoiselle ; quant à moi, je n'aurai plus désormais à m'occuper de vos affaires, puisque je vais quitter le château.

— Que dites-vous ? — s'écria mademoiselle de La Southière tout effarée ; — vous partez ?

— Il le faut bien, puisque l'on me chasse.

Et la camériste raconta rapidement comment elle venait de recevoir un congé formel de M. de La Southière. Palmyre était consternée.

— Est-il possible, ma chère Jenny ? — reprit-elle ; — que vais-je devenir sans vous ?

— Bah ! vous vous marierez avec celui-ci ou avec celui-là, et vous ne vous inquiéterez plus de moi.

— Mais enfin, quelle raison mon père donne-t-il...

— A-t-il besoin de donner des raisons ? Je lui déplais, a ce qu'il dit... Heureusement, on ne déplaît pas à tout le monde !

— Et vous croyez que l'affaire de ce matin n'est pour rien dans la colère si subite de mon père contre vous ?

— Je le crois. Votre père n'est pas patient, et, s'il avait eu vent de quelque chose, il n'aurait pu se contenir... Du reste, que m'importe maintenant !

— Ingrate ! — dit Palmyre les larmes aux yeux, — pouvez-vous me parler ainsi, à moi qui ai tant d'amitié pour vous ?... Mais, — ajouta-t-elle aussitôt en se redressant, — tout n'est pas désespéré encore. Je vais voir mon père ; je le supplierai de revenir sur sa décision, et il finira par y consentir.

C'était précisément là que mademoiselle Jenny Meurier, qui s'accommodait fort bien de la vie paisible de châtelaine, voulait amener sa jeune maîtresse. Elle dit en poussant un profond soupir :

— Essayez, mademoiselle ; mais vous échouerez, je le crains... Moi aussi, j'ai montré trop d'affection pour vous, j'ai eu trop de respect pour vos moindres volontés, voilà pourquoi l'on me déteste.

Et elle eut l'air d'essuyer une larme absente. Pour le coup, Palmyre n'y tint plus, et elle allait se jeter dans les bras de son amie, quand la voix grondeuse de M. de La Southière se fit entendre au bas de l'escalier.

— Mon père m'appelle, — dit la jeune fille précipitamment, — et il ne serait pas prudent de d'abuser de sa patience... Mes cheveux sont-ils bien arrangés ?... Où est mon ombrelle ?... Allons, me voilà prête !... Vous, ma pauvre Jenny, ayez bon courage. Je vous promets que je vais plaider chaleureusement votre cause devant mon père... surtout si je le vois de bonne humeur.

En même temps elle tendit la main à Jenny, qui la pressa contre son cœur avec un attendrissement fort bien joué, et elle sortit toute troublée.

Son père et Armand l'attendaient dans la cour. Armand avait déjà quitté son costume de voyage, et le bon goût de sa mise contrastait avec la mise sans façon de M. de La Southière. Aussi Palmyre n'était-elle pas fâchée d'avoir revêtu sa robe la plus fraîche ; et, après avoir écouté en silence les grounderies de l'éleveur, qui pestait contre la lenteur et la futilité des femmes, elle accepta en rougissant le bras que lui offrait M. Armand Robertin.

On remonta la grande avenue pour sortir du parc et gagner les bords de la rivière. La conversation était languissante. M. de La Southière, quand il ne s'agissait pas de chevaux et surtout des siens, se montrait assez taciturne. Palmyre, de son côté, paraissait distraite et rêveuse. Tout le poids de la causerie retombait donc sur Armand, dont les ressources en ce genre n'étaient pas inépuisables. Il finit par remarquer le malaise de Palmyre.

— Mon Dieu ! mademoiselle, — demanda-t-il d'un ton d'intérêt, — seriez-vous souffrante ? Il me semble que vous n'avez plus la même gaieté que ce matin ?

— C'est vrai, monsieur Armand, — répondit Palmyre ; — tout à l'heure au moment de sortir, j'ai appris une nouvelle qui m'a fort affligée... Aussi veux-je vous prier de joindre vos instances aux miennes pour obtenir une grâce à laquelle j'attache le plus grand prix.

Cette ouverture ne manquait pas d'habileté, car Palmyre devinait par instinct que son père ne pouvait rien refuser à M. Robertin. Armand répondit avec empressement :

— Je suis tout à vous, mademoiselle... De quoi s'agit-il ?

— D'une pauvre fille qui, depuis longtemps déjà, était pour moi une compagne, une amie, et que mon père vient de congédier... Ma vie est fort triste à Roqueroles ; elle le sera bien davantage si l'on m'enlève la seule personne de mon âge avec laquelle je pouvais causer, me distraire de mes ennuis. Il n'y a pas d'autre femme ici que la vieille Marianne, la cuisinière, et ce n'est pas une société convenable pour moi.

— Vous avez raison, mademoiselle ; aussi M. votre père ne voudra pas, sans doute, vous faire un pareil chagrin... Il pardonnera à cette fille... N'est-il pas vrai, mon cher La Southière ?

Ceci était dit d'un ton de confiance, comme si l'opulent jeune homme n'eût pu croire un refus possible de la part de son hôte. Il fut donc très-surpris quand l'éleveur, qui avait écouté Palmyre d'un air froid et contraint, répondit sans hésitation :

— Désolé de vous refuser, Armand, mais vous ne savez pas à quel odieux petit serpent on cherche à vous intéresser ! Cette Jenny Meurier, la fille dont nous parlons, est une dangereuse créature dont j'aurais dû, depuis longtemps, débarrasser la maison. Palmyre n'a pas d'expérience et elle est aveuglée sur le compte de sa favorite ; mais, nous autres, nous devons voir les choses d'un point de vue différent... J'ai dit que Jenny partirait, et elle partira... le plus tôt ne sera que le mieux.

Palmyre versa quelques larmes qui furent pour son adorateur un encouragement à redoubler d'instances.

— Si Palmyre, — poursuivit M. de La Southière, — désire avoir une compagne, on lui en trouvera une autre ; il ne manque pas de pauvres filles sages et bien élevées qui accepteraient auprès d'elle ce poste de confiance. Quant à cette demoiselle Meurier, j'ai d'excellents motifs pour la traiter comme je le fais, et si vous connaissiez ces motifs, mon cher Robertin, vous les approuveriez, certainement... Qu'on ne m'en parle donc plus.

Et il doubla le pas afin de couper court à toute obsession nouvelle.

Il n'était plus permis à Armand d'insister, et il pressa doucement le bras de Palmyre, comme pour demander pardon de son impuissance. La jeune fille versa encore des larmes, mais elle sentait que rien ne pourrait vaincre l'obstination de son père, et elle se taisait.

Cette discussion avait augmenté encore l'embarras qui régnait entre les promeneurs, quand les difficultés de la marche vinrent faire heureusement diversion à la gêne commune.

. . . .

On avait traversé le chemin de Salignac et on s'était engagé au milieu des rochers abrupts qui longeaient la rivière. Cette partie du paysage était très-déserte ; aucun moulin, aucune usine n'était en vue, bien qu'un grondement sourd annonçât un barrage du cours d'eau à quelque distance. Des fougères, des mousses, des polypodes couvraient les roches, et leur verdure sombre donnait une teinte foncée aux eaux qui la reflétaient; le tableau avait un aspect à la fois sauvage et mélancolique.

Or le sentier, après avoir franchi une espèce de portique formé de deux énormes blocs de granit, aboutissait à la rivière qu'il s'agissait maintenant de traverser à gué.

Il ne faut pas croire toutefois que cette entreprise fût bien périlleuse. La rivière, en cet endroit, n'avait pas plus de douze à quinze pas de largeur. L'eau était si transparente et si pure que l'on voyait partout le sable fin, les cailloux multicolores qui formaient son lit; à l'endroit le plus profond on n'en eût pas eu jusqu'à mi-jambe. Enfin, pour faciliter la traversée des piétons, une main inconnue, mais obligeante, avait disposé, de distance en distance, de grosses pierres larges et plates; en sautant de l'une à l'autre, il était facile de franchir l'obstacle sans même se mouiller les pieds. Cependant Palmyre s'arrêta d'un air irrésolu et Armand dut s'arrêter de même.

Déjà M. de La Southière, malgré ses grandes bottes de cavalier, avait fait la moitié du trajet, quand, en se retournant pour s'assurer si ses compagnons le suivaient, il les vit immobiles au bord de l'eau.

— A quoi penses-tu donc, Palmyre ? — dit-il d'un ton d'impatience ; — des simagrées pour passer un ruisseau !

Armand s'empressa d'excuser la craintive jeune fille.

— La rivière, — dit-il, — n'est pas profonde, mais elle est si rapide, et si mademoiselle Palmyre était sujette au vertige... Mademoiselle, voulez-vous prendre ma main ?

Déjà Palmyre avait surmonté son hésitation qui, à vrai dire, tenait plus au trouble de son esprit qu'à un sentiment de crainte réelle.

— Merci, monsieur Armand, — répliqua-t-elle avec un sourire.

Elle releva légèrement sa robe, et, sautillant de pierre en pierre avec grâce, elle se trouva sur l'autre bord presque aussitôt que son père.

Armand ne tarda pas à les rejoindre, et complimenta Palmyre sur sa hardiesse.

Ce petit incident ayant rompu la glace entre les promeneurs, la conversation se ranima, et M. de La Southière lui-même ne tarda pas à y prendre part.

On atteignit ainsi une plaine onduleuse dont les riches cultures contrastaient avec les bords tourmentés et rocailleux de la rivière. Là, sur la pente d'un coteau, s'étendait une vigne dont les pampres jaunis n'abritaient plus le raisin récemment vendangé. Plus loin, c'étaient de vastes champs de sarrasin, aux fleurs blanches et aux tiges rouges, exhalant une douce odeur de miel. Quelques châtaigniers à la cime arrondie s'élevaient çà et là. Dans les fonds, on apercevait plusieurs de ces riches prairies dont nous avons parlé, qui donnent annuellement jusqu'à trois récoltes d'herbages. Quoique déjà la saison fût avancée, ces prairies semblaient aussi vertes qu'au mois de mai ; il fallait voir dans le gazon les fleurs blanches de la parnassie, les grandes fleurs sans tiges du colchique, ces plantes d'automne, pour ne pas se croire encore au printemps. Un beau soleil, à peine adouci par un brouillard transparent, éclairait cette riante campagne, à laquelle il manquait seulement un peu d'animation. Pas un travailleur ne se montrait dans les champs, pas un passant dans les chemins ; les habitants du voisinage, grands et petits, étaient partis dès le matin pour le marché de Salignac, et l'heure du retour n'était pas encore sonnée. Les bestiaux, qui paissaient dans des prairies entourées de haies semblaient même privés de leurs gardiens ordinaires, en ce jour de solennité.

Mais ces particularités ne pouvaient exciter l'attention de M. de La Southière, propriétaire d'une partie des terres qu'on avait en vue, ou celle de Palmyre. Quant à Armand, il avait bien autre chose à penser qu'aux beautés du paysage. Il tenait toujours le bras de Palmyre et comme la parole lui était décidément revenue, il en profitait pour causer presque bas avec sa jeune compagne, qui, ma foi ! paraissait l'écouter sans trop de déplaisir.

Le sentier que l'on suivait se dirigeant vers des bas-fonds humides, M. de La Southière dit à sa fille :

— Palmyre, mon enfant, tes chaussures légères seraient fort compromises dans ces marécages, aussi bien que les bottes vernies d'Armand. Prenez à gauche, par l'enclos du père Nicot, où vous trouverez partout du terrain sec. Moi, je vais pousser jusqu'à la châtaigneraie du Ravin, pour voir si les bûcherons ont mis en tas le bois que j'ai fait couper récemment. Je vous rejoindrai dans cinq minutes.

Palmyre et Armand marchèrent donc vers une hauteur voisine, tandis que l'éleveur continuait sa route à travers les prés.

La conversation entre les deux jeunes gens n'avait pas été interrompue, quand mademoiselle de La Southière s'arrêta devant une de ces claies en branchages épineux qui servent de porte aux enclos dans les campagnes. Avec l'aide d'Armand, elle enleva la cheville qui tenait lieu de loquet, fit tourner la claie sur ses gonds d'écorce, et pénétra, ainsi que son compagnon, dans l'enceinte qu'il s'agissait de traverser.

C'était un de ces pâturages, appelés coudères dans le pays, qui sont situés habituellement près des habitations. En effet, à l'une de ses extrémités, il y avait quelques constructions basses, mal entretenues, à demi-cachées par des sureaux et des noyers. Sur tous les autres points il était entouré de haies vigoureuses, sauf la porte en branchages dont nous avons parlé, et une porte correspondante pratiquée dans la haie, de l'autre côté du coudère. Des bêtes à cornes ruminaient à l'ombre de quelques arbres rabougris ; mais il n'y avait personne pour les garder, et la maison elle-même paraissait déserte.

Palmyre ne vit rien là qui fût de nature à l'alarmer ; après avoir refermé la barrière, de peur que les bestiaux n'eussent la fantaisie d'aller saccager les récoltes voisines, elle se mit en devoir de traverser l'enclos, pour gagner la porte opposée. Armand, aussi tranquille qu'elle-même, avait repris son bras et continuait de lui débiter de ces bagatelles qui ont tant de charmes pour l'oreille d'une jeune fille, mais la scène changea tout à coup.

Les paisibles vaches, qui étaient couchées sous les arbres, regardaient sans bouger cet envahissement de leur domaine, quand un beuglement formidable partit derrière les promeneurs, en même temps que des pieds pesants battaient le sol. Palmyre et Armand se retournèrent effrayés. Un énorme taureau venait de se lever derrière une touffe de groseilliers sauvages, et, dérangé sans doute dans sa sieste, il manifestait la plus massacrante humeur. Il n'attaquait pas encore, mais, fixant son œil hagard sur les jeunes gens, il semblait méditer une charge furieuse, et c'était surtout Palmyre qui excitait sa colère.

Or, mademoiselle de La Southière portait, ce jour-là, autour du cou un large ruban de velours cerise, et, selon toute apparence, cette couleur éclatante était particulièrement désagréable au terrible ruminant. Armand, élevé à la campagne, sentit la grandeur du péril.

— Mademoiselle, — dit-il d'une voix haletante, — arrachez bien vite ce ruban rouge, et placez-vous derrière moi.

Palmyre, éperdue, n'entendit pas ou ne comprit pas ce conseil ; elle courut vers l'autre bout de l'enclos en poussant des cris de terreur. Ces clameurs, cette fuite précipitée parurent augmenter encore la rage du taureau. Il se mit à beugler avec une force nouvelle, et s'élança vers mademoiselle de La Southière. Armand s'efforça de lui couper le chemin, en s'écriant :

— Votre ruban... jetez-lui votre ruban.

La pauvre petite finit par comprendre ce qu'on voulait. Elle arracha le nœud de velours, et essaya de le lancer loin d'elle ; mais, dans la précipitation de ses mouvements, son pied heurta contre une pierre et elle tomba.

Le taureau, toujours mugissant, écumant et bondissant n'avait pas ralenti sa course; comme il allait fouler aux pieds la malheureuse enfant renversée, Armand se dévoua pour la sauver.

Robertin n'avait d'autre arme qu'un jonc assez mince à pomme de bronze doré. Il le saisit par l'extrémité inférieure, et en asséna un tel coup sur le mufle du sauvage animal, que le jonc se brisa.

Le taureau parut d'abord stupéfait; oubliant Palmyre, il s'arrêta de nouveau et examina son audacieux adversaire. Mais son hésitation ne fut pas de longue durée; bientôt il recommença ses beuglements, frappa la terre du pied et chargea Robertin en baissant la tête, de manière à lui présenter ses cornes aiguës. Armand l'évita par un saut de côté, et la canne brisée vint s'abattre encore une fois sur la face stupide, à l'œil torve, de la puissante bête.

Cette seconde attaque sembla redoubler sa rage. Tantôt par des feintes sournoises, tantôt par des bonds impétueux et subits, il essayait d'atteindre Armand, qui lui échappait toujours, grâce à sa vigilance et à son agilité. Cependant, le défenseur de Palmyre n'avait pas, dans une pareille lutte, toute la liberté de mouvement qui lui eût été nécessaire. Craignant que le taureau ne revînt sur mademoiselle de La Southière, qui s'était soulevée sur le coude et continuait de pousser des cris perçants, sans avoir la force de se remettre sur pied et de fuir, il ne voulait pas s'écarter d'elle, afin d'être toujours prêt à la couvrir de son corps. Dans ce jeu dangereux, la chance finit par tourner contre lui. Le taureau le trompa par une évolution inattendue et fondit sur lui; Armand se baissa pour éviter ses cornes mortelles, mais il ne put éviter de même la tête de son adversaire qui, d'un coup de mufle, l'enleva de terre et l'envoya rouler à dix pas, où il resta sans mouvement.

La bête, après avoir remporté cette victoire, regarda tour à tour ses deux victimes, comme si elle n'eût su contre laquelle exercer d'abord sa vengeance. Mais, sans doute, elle gardait rancune à Robertin des coups qu'elle avait reçus, car elle se dirigeait vers lui pour le fouler aux pieds et le percer de ses terribles cornes, quand un nouveau personnage apparut sur le théâtre du combat.

C'était M. de La Southière qui, ayant entendu les cris de sa fille, accourait de toute sa vitesse. Il franchit lestement la haie, et un coup d'œil suffit pour le mettre au courant de la situation.

Il n'hésita pas une seconde; quoiqu'il n'eût à la main que sa cravache, il marcha sur le taureau, la tête haute, le regard assuré; et tout en poussant les exclamations auxquelles le farouche animal avait l'habitude d'obéir, il fit pleuvoir sur lui une grêle de coups vigoureux. Le taureau manifesta d'abord quelques velléités de résistance, mais, dompté par l'intrépidité et l'énergie de M. de La Southière, il finit par comprendre qu'il avait assez fait pour l'honneur, qu'il était inutile de lutter contre des ennemis sans cesse renaissants. Il tourna donc sur lui-même et battit en retraite, toujours harcelé par la cravache vengeresse qui maintenant époussetait le poil fauve de sa croupe. Pris de frayeur à son tour, il courut vers la barrière d'épines, sauta lourdement par-dessus et alla cacher sa défaite dans un bois voisin.

M. de La Southière s'était acharné contre lui, et il le suivit des yeux, jusqu'à ce qu'il eût disparu dans l'éloignement; alors il revint à sa fille qui se relevait avec effort.

— Palmyre, ma chère enfant, — demanda-t-il, — serais-tu blessée?

— Non, non, mon père, grâce au ciel! — répondit-elle en l'embrassant; — c'est ce pauvre Armand... Savez-vous qu'il s'est jeté au-devant du taureau pour me sauver? Je lui dois la vie... pourvu que ce ne soit pas aux dépens de la sienne! Mon Dieu! voyez... il ne bouge plus!

En effet, Robertin restait étendu sur l'herbe. M. de La Southière s'agenouilla auprès de lui et se mit à le palper avec précaution, tandis que Palmyre, toute frémissante, attendait le résultat de cet examen.

— Je ne trouve aucune blessure, — dit enfin La Southière; — sans doute, il est seulement étourdi par la violence du choc... Un peu d'eau le fera revenir à lui.

— De l'eau! où trouver de l'eau?

— Il doit y en avoir là, dans la maison; mais attends, j'y vais moi-même, car tu as la tête perdue... Veille sur ce pauvre garçon; je reviens à l'instant.

Et il s'avança en toute hâte vers la maison, dont la porte était fermée simplement au loquet. Parvenu dans la pièce principale de l'habitation, il n'eut pas de peine à trouver l'endroit où étaient placés les seaux de la ménagère. Dans un des seaux plongeait une de ces grandes cuillers de bois, à manche creux, appelées *couades* en Limousin. Il saisit donc la couade, pleine d'une eau fraîche et limpide, et l'emporta vers la partie de l'enclos où il avait laissé sa fille et Robertin.

Armand commençait à reprendre ses sens, Palmyre, penchée vers le blessé, lui soutenait la tête, en lui adressant des paroles encourageantes, et M. de La Southière eût pu remarquer, en tout autre moment, que les visages des deux jeunes gens étaient un peu bien voisins l'un de l'autre.

— Cher père, — dit Palmyre en se redressant, — M. Armand affirme aussi qu'il n'a pas de blessure... Que Dieu soit loué!... Mais apportez-vous de l'eau?

Armand but quelques gorgées, puis on lui bassina les tempes et le visage avec l'eau qui restait. Ce remède si simple acheva de le ranimer.

— Merci, mon cher de La Southière, — dit-il en essayant de se remettre sur son séant; — je vous demande pardon, ainsi qu'à mademoiselle, de m'être si sottement évanoui. Le fait est que ce maudit animal y est allé d'un cœur...

— Ne parlez pas encore, — interrompit Palmyre. — Reprenez haleine, essayez de vous calmer... Sans vous, j'allais périr de la plus horrible mort, et je ne l'oublierai jamais!

— Et moi de même, mon brave Armand, — dit La Southière en serrant la main encore inerte de Robertin, — mais, comme vous le conseille Palmyre, reposez-vous un peu, pendant qu'elle me racontera l'aventure.

Palmyre fit le récit demandé, et l'on peut croire qu'elle ne marchanda pas l'éloge à son libérateur. Elle termina par son refrain ordinaire:

— Mon père, sans le dévouement de M. Robertin, vous n'auriez plus de fille.

Armand avait complètement repris ses sens.

— Mademoiselle de La Southière, — dit-il, — exagère le service que j'ai eu le bonheur de lui rendre. Mais si elle en est si reconnaissante, elle ne me refusera pas, je l'espère, une récompense à laquelle j'attache le plus grand prix.

— Quelle récompense, monsieur Armand?

— Ce nœud de ruban cerise qui est resté là-bas.

Palmyre regarda son père qui haussa les épaules en souriant. Elle alla ramasser le ruban et le remit à Robertin; celui-ci le porta respectueusement à ses lèvres.

— Voilà bien des enfantillages, — reprit M. de La Southière; — mais il vaut mieux que les choses aient tourné de cette façon... Ah çà! Armand, que ferons-nous? Dois-je aller vite à Roqueroles chercher une voiture, ou tout au moins un cheval?

— Merci, mon digne ami; une voiture ne pourrait arriver jusqu'ici, et les secousses du cheval ne vaudraient rien pour ma pauvre poitrine malade... J'aime mieux marcher.

Tout en parlant ainsi, il s'était relevé avec le secours de son hôte et avec celui de Palmyre elle-même qui, d'un air de gaucherie charmante, lui offrait ses services.

Quand il fut debout, le vertige sembla près de le reprendre; quelques gouttes d'eau qu'on lui jeta encore au visage le ranimèrent.

— Allons, — dit-il, — quittons au plus vite ce vilain endroit.

Et il marcha courageusement, soutenu d'un côté par M. de La Southière, de l'autre par Palmyre, qui s'était emparée de son bras. Malgré ce double appui, le pauvre Armand ne paraissait pas très-solide sur ses jambes. Il était toujours fort pâle; par moments une sueur froide baignait son front, et il fallait s'arrêter. Mais bientôt il faisait un nouvel effort et se remettait en route, en essayant de plaisanter sur sa faiblesse.

On quitta ainsi l'enclos où avait eu lieu l'accident, et on traversa les prairies qui longeaient la rivière; mais quand on atteignit le gué, le blessé dut reconnaître lui-même qu'il n'aurait plus la vigueur nécessaire pour franchir cet obstacle.

— N'est-ce que cela? — reprit La Southière tranquillement. — Palmyre, passe la première.

— Cher père, pourrais-je vous aider?

— Passe, te dis-je... Nous perdons du temps.

Palmyre se remit donc à sautiller gracieusement de pierre en pierre et gagna sans peine l'autre bord. Alors M. de La Southière prit Armand dans ses bras, comme il eût fait d'un enfant, et, sans s'inquiéter de ses protestations, le transporta sur l'autre rive. Là, on donna quelques instants au blessé pour respirer, puis on continua d'avancer vers le château.

. . . .

Toutefois, Armand éprouva encore plusieurs accès de faiblesse avant d'atteindre Roqueroles, et au moment d'entrer dans la cour il s'affaissa sur lui-même, épuisé de fatigue et de douleur.

Aussitôt tout fut en l'air au château. Sur les bruyants appels du maître du logis, les domestiques, parmi lesquels se trouvait le valet de Robertin, accoururent précipitamment. Jenny elle-même apparut à une fenêtre, ne sachant encore de quoi il s'agissait. M. de La Southière ordonna de transporter Armand dans sa chambre et de le déposer sur son lit; puis il appela Baptiste, le second piqueur.

— Tu vas prendre *Chateaubriand*, — lui dit-il, — et aller bien vite à B*** me chercher le docteur Simonaud. Tu lui diras d'apporter les médicaments nécessaires pour panser M. Armand Robertin, qui a reçu un coup de tête de taureau dans la poitrine. M'as-tu compris?

— Oui, oui, monsieur; mais si le docteur est absent?

— Arrange-toi... Il faut que tu me l'amènes ici dans une heure, sinon tu auras affaire à moi... File, maintenant!

Baptiste n'en demanda pas davantage, et bientôt il partit au galop d'un magnifique cheval dont le harnachement consistait en une couverture et un bridon.

M. de La Southière allait rentrer afin de s'assurer par lui-même que son hôte recevait tous les secours convenables, quand Palmyre s'approcha de lui.

— Cher père, — dit-elle, — je n'ose offrir mes services, mais ne permettrez-vous pas que Jenny aille soigner M. Armand? Elle est fort entendue pour panser les blessés.

— Armand n'a pas besoin de remèdes de bonne femme; j'ai envoyé chercher le médecin.

— Cependant, mon père, si la maladie se prolonge, une garde-malade deviendra nécessaire, et Jenny pourra mieux qu'une autre...

— On fera venir de la ville une garde-malade; quant à ta Jenny, elle partira demain.

Et il rentra brusquement.

VI

INCERTITUDES.

L'heure fixée par M. de La Southière était à peine écoulée, que Baptiste revenait de B*** avec le médecin. Au bruit que firent les chevaux, le maître du logis s'empressa de descendre dans la cour.

Le docteur Simonaud était un jeune homme à figure ouverte et intelligente, dont la réputation commençait à s'étendre dans le pays, au détriment d'un officier de santé qui, depuis quarante ans, avait le privilège de tuer les malades à plusieurs lieues à la ronde. Tout en écoutant l'éleveur, qui lui racontait l'accident arrivé à Robertin, il avait mis pied à terre et prenait dans les fontes de sa selle des fioles et des onguents.

— Nous allons voir cela, monsieur de La Southière, — dit-il; — conduisez-moi bien vite auprès du blessé.

La visite fut assez longue, et au château l'on en tirait des pronostics d'autant plus funestes que le docteur avait été, disait-on, dans la nécessité de pratiquer une saignée. Enfin, au bout de trois quarts d'heure, on entendit le médecin et M. de La Southière descendre l'escalier. Aussitôt Palmyre, qui sans doute faisait le guet derrière la porte de sa chambre, sortit précipitamment.

— Docteur, — demanda-t-elle avec anxiété, — comment avez-vous trouvé M. Robertin?

Le jeune médecin salua Palmyre avec un mélange de respect et de familiarité.

— C'est bien à vous, mademoiselle, — répliqua-t-il gaiement, — de prendre intérêt à votre chevalier. Autrefois les nobles demoiselles pansaient elles-mêmes les blessures que leurs champions avaient reçues dans les tournois; mais le progrès a marché, et aujourd'hui les belles affligées en sont réduites à s'adresser tout simplement au docteur.

— Je vois à votre gaieté que l'état du malade n'est pas bien grave; cependant je désirerais savoir...

— Tenez! je ne vous ferai pas languir, car vous sauriez bien prendre votre revanche la première fois que j'irai vous demander une contredanse, aux soirées de la sous-préfecture... Apprenez donc que M. Robertin, quoiqu'il ait été rudement secoué, n'est pas en danger... aucune lésion interne. Quelques soins, du repos, voilà ce dont il a besoin.

— Dieu soit loué! — dit Palmyre avec émotion, — M. Armand ne payera pas de sa vie son dévouement pour moi. Et vous êtes bien sûr, docteur, que l'accident n'aura pas de suites fâcheuses?

— Je viens d'inspecter en conscience ce pauvre Robertin; il a le mufle du taureau marqué sur la poitrine, aussi nettement que si un peintre eût passé par là. Les grosses lèvres charnues, les naseaux bien ouverts, le front osseux, tout est empreint avec une fidélité merveilleuse; mais il n'y a pas trace des cornes, et c'est l'important. D'ailleurs, votre chevalier est de taille assez frêle, et il a été enlevé presque sans résistance; s'il eût été plus gros... Allons! je vois dans vos yeux qu'il ne serait pas prudent de plaisanter davantage... Je me borne donc à vous répéter que l'état du blessé est fort satisfaisant, eu égard à ce que l'on pouvait craindre, et que bientôt nous le reverrons sur pied.

Palmyre remercia Simonaud de ces bonnes nouvelles, pendant que M. de La Southière disait en riant:

— Vous n'êtes pas charlatan, docteur; ce vieil âne de Rodinet, l'officier de santé, avait eu la chance d'être appelé auprès du plus riche propriétaire du pays, c'eût été une autre affaire. Il eût crié bien haut que Robertin avait les os rompus, le poumon traversé; puis il eût annoncé plus tard qu'il l'avait guéri et il eût exigé un prix exorbitant pour sa cure glorieuse.

— La modestie et le désintéressement conviennent à la jeunesse, — reprit le docteur. — J'espère pourtant que mademoiselle de La Southière me payera mes bons offices en polkas et en mazurkas à la prochaine occasion... Jusque-là, que l'on suive mes prescriptions avec exactitude; je viendrai demain matin en voir l'effet.

Le docteur Simonaud salua Palmyre, donna une poignée de main à M. de La Southière, et rejoignit son cheval qu'on n'avait même pas admis dans la petite écurie et qui, habitué à de pareils manques d'égards, n'en paraissait nullement humilié.

Demeurée seule avec son père, Palmyre se jeta dans ses bras.

— Cher père, — dit-elle, — de quel poids je suis soulagée! J'étais dans une inquiétude mortelle à l'égard de ce brave jeune homme, mon libérateur.

— Ah ça! ma petite, — demanda M. de La Southière

en clignant des yeux, — il ne te déplaît donc pas, ce garçon ?
— Comment me déplairait-il ? Son dévouement a été si grand, si complet...

La Southière embrassa sa fille sur le front.
— Alors tout est pour le mieux, — reprit-il avec satisfaction. — Nous causerons... plus tard.

Puis il rentra dans la chambre du blessé, tandis que Palmyre retournait dans la sienne, où se trouvait Jenny Meurier.

Mademoiselle de La Southière n'avait pas encore donné un cours suffisant à la joie qui remplissait son cœur.

— Jenny, ma chère, — dit-elle à la camériste, — M. Armand ne mourra pas... il ne sera pas même estropié... Je viens d'en recevoir l'assurance du docteur Simonaud.

— Eh bien ! mademoiselle, — répliqua la couturière avec un rire faux, — cela commence comme un roman et cela finira sans doute de même, par un mariage. Vous savez que, dans les romans, lorsqu'un jeune homme a sauvé la vie à une jeune et jolie personne, telle que vous, il est de règle qu'ils s'épousent. Vous serez donc tôt ou tard madame Robertin, la chose est claire.

— Comme vous y allez, Jenny ! Je vous le répète, il n'est pas question de mariage entre M. Armand et moi.

— Vous croyez ? Mais, si vous n'y pensez pas, M. Armand et M. de La Southière y ont sûrement pensé. Quant à moi, je dois vous donner un dernier avis : ne poussez pas à bout ce pauvre Théodore, car, s'il se voyait abandonné, il serait capable de se tuer.

— Allons donc, Jenny ! — répliqua Palmyre terrifiée ; — quoiqu'il m'écrive des lettres fort tristes, il est léger, étourdi, et il saurait sans doute se résigner à la nécessité.

— Ne vous y fiez pas, mademoiselle ; j'ai été courtisée jadis par un très-jeune homme, fils de la maison où je travaillais, et il était cent fois plus léger que M. Bienassis. Cependant, comme je refusais de l'écouter, il alla se jeter dans la Vienne, et, il y eût péri si un batelier ne l'eût sauvé, d'où le batelier, que je connais fort bien, a reçu du gouvernement une médaille de sauvetage.

La couturière ne disait pas que l'amoureux en question avait tout bonnement failli se noyer en se baignant dans la rivière, à une place où l'eau formait un tourbillon ; il s'agissait donc d'un simple accident auquel ses rigueurs étaient étrangères. Elle n'en atteignait pas moins son but, qui était d'alarmer sa maîtresse.

— Heureusement, nous n'en sommes pas là, — dit Palmyre ; — avez-vous songé, Jenny, à ce que je dois dire ce soir à M. Théodore, s'il vient au château, comme il l'annonce ?

— Moi, mademoiselle, je n'ai songé qu'à faire mes paquets... car il est bien entendu que je pars demain matin, n'est-ce pas ?

— Je n'ai pu rien obtenir de mon père ; et pourtant, M. Armand et moi, nous l'avons tant prié, tant prié... Mais, vous le savez, Jenny, il se montre inflexible dans le premier moment de la colère, et c'est seulement au bout de quelques jours, quand cette colère est tombée, qu'on lui fait entendre raison, si l'on sait s'y prendre. Écoutez-moi donc, ma chère Jenny. Nous essayerions vainement de résister. Vous m'aviez déjà témoigné le désir d'aller à Limoges pour voir votre famille pendant quelques jours ; supposez que j'aie consenti à ce départ. Il ne me faudra pas plus de quelques jours pour ramener mon père à de meilleurs sentiments. Je me plaindrai tant de mon isolement, de ma tristesse, qu'il finira par céder... Je le connais, il sera le premier à vous rappeler.

Jenny sentait que mademoiselle de La Southière était de bonne foi et que ses espérances pourraient fort bien se réaliser ; cependant elle répondit d'un ton mélancolique :

— Je voudrais vous croire, mademoiselle, car, de mon côté, j'ai tant d'amitié pour vous !... Mais vous m'oublierez sans doute dès que vous ne me verrez plus. Aussi bien le mariage ne saurait tarder, quand M. Armand aura recouvré la santé ; et une fois que vous serez la plus riche dame du département, vous ne vous inquiéterez guère de moi.

— En vérité, Jenny, vous parlez de ce mariage comme s'il était accompli déjà, — répliqua Palmyre avec un peu d'impatience. — Et lors même que cela serait, ma bonne Jenny, — ajouta-t-elle avec attendrissement en posant sa main sur l'épaule de la couturière, — mon premier mouvement ne serait-il pas pour vous rappeler auprès de moi ? Et comme, dans ce cas, je deviendrais maîtresse de mes actions, vous ne me quitterez plus jamais... jamais, je vous le jure !

Jenny Meurier était trop égoïste et avait l'âme trop vénale pour que de pareilles raisons ne fissent pas impression sur elle. La perspective de dominer un jour Palmyre, dont le mariage avec Armand lui semblait prochain et assuré, l'emporta sur certaines considérations secrètes.

— Tenez, mademoiselle, — dit-elle en soupirant avec hypocrisie, — j'ai tort peut-être, mais je ne saurais résister à vos volontés. Je vous appartiens et vous appartiendrai toujours corps et âme, vous le savez bien.

— Ah ! vous êtes véritablement mon ami ! — dit Palmyre en l'embrassant avec transport.

Toutes les deux se mirent ensuite à chuchoter longuement ; mais nous devons les laisser à leur causerie intime pour revenir à Théodore Bienassis.

Pendant une partie de la journée, le percepteur, installé dans une salle de la mairie de Salignac, à quelques pas du champ de foire, avait été continuellement occupé à recevoir de l'argent et à délivrer des quittances, besogne assez peu récréative et qu'il ne pouvait égayer en fredonnant ses refrains ordinaires. La recette avait été bonne ; les retardataires avaient littéralement assiégé le bureau de l'agent du fisc. Cependant, vers les trois heures, l'affluence diminua peu à peu ; les contribuables, dont la plupart avaient plusieurs lieues à faire pour regagner leur demeure, s'éloignaient dans toutes les directions. M. Bienassis ne tarda pas à clore son registre et à ramasser dans des sacs l'argent de la recette, en déclarant à quelques traînards que la séance était levée. Le fonctionnaire était en droit de se reposer après une corvée si rude, et il devait dîner avec le maire de Salignac, gros propriétaire d'humeur joviale, dont la cave était des mieux garnies. Toutefois, avant de se rendre à cette invitation, Bienassis, un gros sac d'argent sous chaque bras, se dirigea vers l'auberge où il avait laissé son cheval, de l'autre côté de la place, afin de mettre sa recette en lieu de sûreté.

La place, si bruyante quelques heures auparavant, était maintenant silencieuse. Les nombreux bestiaux, chevaux et bêtes de somme, qui, attachés à des piquets, offraient naguère un coup d'œil si animé, avaient disparu avec leurs nouveaux maîtres. Les marchands ambulants enlevaient leurs étalages ; les saltimbanques, épuisés du travail de la journée, imposaient silence à leurs clarinettes barbares et à leur grosse caisse effondrée. C'était à peine si l'on apercevait encore çà et là quelques paysans qui se frappaient bruyamment dans les mains pour conclure un marché longtemps difficile. En revanche, les cabarets borgnes du village regorgeaient de buveurs qui se seraient crus déshonorés de ne pas rentrer chez eux, après avoir vendu leurs bestiaux ou leurs denrées.

Le percepteur traversa le marché en chantonnant, selon son habitude, et en lançant des œillades assassines aux jolies marchandes. Comme il s'approchait de l'auberge, il rencontra un paysan qui, assis sur son âne, se disposait à quitter Salignac ; c'était François Chérou.

L'ancien forçat avait trouvé le débit de toute la pyramide de sabots qui, le matin, chargeait sa monture, et les deux doigts passés dans la poche de son gilet, il paraissait compter à l'intérieur un certain nombre de pièces blanches. Bienassis l'arrêta, plutôt par plaisanterie que dans l'intention d'en tirer quelque chose.

— Comment ! — lui dit-il en patois, — tu as vendu ta marchandise et tu n'es pas venu payer tes contributions à la mairie ?

— N'avez-vous pas assez d'argent comme ça? — répliqua le paysan en jetant un regard de convoitise sur les gros sacs de Bienassis; — et puis ne sommes-nous pas convenus que je vous payerais... en perdreaux?

— Es-tu sûr du moins de tuer ce soir pour six francs de perdreaux? — demanda le percepteur en riant.

— Pourquoi non? Mais il faut que j'aille me mettre à l'affût... Vous me les prendrez bien pour vingt-cinq sous pièce, s'ils sont gras?

Bienassis lui répondit par un sourire moqueur et Chérou partit en se retournant plusieurs fois pour voir les sacs d'argent, dont il ne semblait pouvoir détacher ses yeux.

On sait avec quelle rapidité les nouvelles se propagent, malgré les distances, surtout les mauvaises nouvelles. Moins de deux heures après l'accident survenu près de Roqueroles, cet accident était déjà connu à Salignac. Quand Bienassis arriva chez le maire pour dîner, le magistrat municipal s'empressa de lui conter l'aventure; mais avec quelles exagérations, bon Dieu! Robertin était mort, disait-on, ou n'en valait guère mieux; il avait eu la poitrine traversée par les cornes du taureau et le docteur Simonaud n'avait pu lui rendre le sentiment. Quant à mademoiselle de La Southière, on la croyait saine et sauve; mais elle avait juré solennellement devant plus de vingt personnes que si son libérateur succombait, elle entrerait dans un couvent pour le reste de ses jours.

Le percepteur écouta ce récit d'abord avec une incrédulité railleuse, puis avec un étonnement mêlé d'inquiétude. Il se fit répéter toutes les circonstances de l'accident et il reconnut que plusieurs de ces circonstances étaient absurdes ou contradictoires. Néanmoins le fait principal était si constant, affirmé par tant de monde, que le doute paraissait impossible.

Aussi, pendant le dîner, Bienassis ne montra-t-il pas sa bonne humeur habituelle. Distrait et pensif, il ne fit pas honneur à l'excellent vin de son hôte. Aux premières approches du soir, il témoigna brusquement l'intention de se retirer; et après avoir pris congé du maire et de sa famille, il quitta Salignac pour retourner chez lui.

En ce moment, le soleil venait de se coucher, et l'on ne rencontrait plus par les chemins qu'un petit nombre de gens revenant du marché. C'étaient pour la plupart des paysans ivres, endormis dans leur charrette. Le percepteur pressait sa monture, impatient de voir apparaître à travers les arbres, les bâtiments de Roqueroles, et tout en trottant il se disait avec inquiétude :

— Ce petit richard de Robertin avait bien besoin de se faire mettre les os en capilotade! Comment soutenir maintenant la concurrence contre ce beau pourfendeur de taureaux? Les phrases amphigouriques que je vais puiser dans les plus amphigouriques romans seraient impuissantes cette fois. Je ne me sens aucun désir de me jeter dans l'eau ou dans le feu, de me précipiter du haut d'un clocher ou de me faire décapiter par une locomotive, et pourtant il ne faudrait pas moins pour effacer le beau dévouement de mon rival dans l'esprit de mademoiselle de La Southière. Si le pauvre diable n'en revenait pas, rien ne serait sans doute désespéré, car une jeune fille ne peut pas pleurer toute sa vie!... Enfin, patience! nous allons savoir de quoi il retourne. J'ai pour moi cette séduisante Jenny, qui a de l'esprit comme un démon et qui, au besoin, me consolerait des rigueurs de sa maîtresse... Nous verrons, morbleu! nous verrons!

Et il se mit à siffloter.

Enfin il aperçut, dans la brume crépusculaire, les blanches écuries et les vieux toits de Roqueroles. Il se hâta de gagner l'avenue, et déjà il avait dépassé le châtaignier, dont les larges creuses servaient de boîte aux lettres, quand un homme apparut et, se postant au milieu de l'allée, cria en patois :

— Est-ce vous, monsieur le percepteur?

Bienassis fit halte.

— Ah! c'est toi, Baptiste? — demanda-t-il dans la même langue en reconnaissant le second piqueur de M. de La Southière; — ne puis-je voir ton maître ce soir?

— Pas moyen, monsieur Bienassis; vous savez qu'il y a eu du nouveau ici ce matin? Aussi monsieur m'a-t-il chargé de vous attendre et de vous dire, quand vous passeriez, qu'il était inutile d'aller au château. Mon maître se rendra lui-même à B*** un de ces jours; jusque-là, ne vous dérangez pas... Et voilà ma commission faite.

Comme le percepteur réfléchissait à la portée de ce message un peu singulier, Baptiste poursuivit en baissant la voix d'un ton moqueur :

— Vous veniez chercher de l'argent, n'est-ce pas? Mais prenez garde de le perdre!... L'argent n'est pas commun chez nous; depuis trois mois, on n'a payé que John, parce qu'il est Anglais sans doute; nous autres, braves gens du pays, nous n'avons pas touché un sou de nos gages. Est-ce juste, cela? Je me connais pourtant en chevaux aussi bien que John.

Bienassis était enfin revenu de son premier sentiment de surprise.

— Il suffit, mon garçon, — répondit-il; — ton maître passera au bureau quand il voudra; je ne suis pas inquiet pour la misérable somme dont il est redevable envers l'Etat... Mais, dis-moi donc, on a parlé aujourd'hui au marché de l'accident arrivé à M. Robertin, et je suis curieux de savoir...

— Bah! ce n'est rien; une bêtise! — répliqua Baptiste en haussant les épaules.

— M. Armand Robertin n'est donc pas mort?

Le piqueur se mit à rire.

— Ah! bien oui, mort!! Il serait de force à danser une bourrée; mais ces muguets de la ville, ça se dorlote pour des bagatelles. Moi, qui vous parle, j'ai reçu vingt fois des coups de pied de cheval, tantôt de çà, tantôt de là, et ce n'étaient pas des tapes pour rire, je vous le garantis; eh bien! avec deux sous d'eau-de-vie dans l'estomac, autant sur la plaie, je me guérissais en un quart d'heure. Tout de même, M. Armand, au dire du médecin Simonaud, va redevenir flambant dans deux ou trois jours; et, en attendant, il dort comme un loir, si bien que là-bas on nous empêche même de parler.

— Et mademoiselle Palmyre, elle est fort souffrante, sans doute, après une pareille secousse?

— Pour de vrai, elle est un peu pâlotte; néanmoins, je viens de la voir tout à l'heure à sa fenêtre; elle causait et riait avec mademoiselle Jenny.

— Elle riait? dit Bienassis.

Il ajouta précipitamment:

— Tiens, Baptiste, il faut que je sache par moi-même ce qui s'est passé. Si M. de La Southière n'y est pas, je verrai mademoiselle Palmyre.

Et il voulut pousser son cheval en avant; mais le piqueur saisit délibérément la bride :

— Impossible, monsieur le percepteur; à vrai dire, on m'a donné l'ordre de ne laisser passer personne en général, et vous en particulier... C'est l'idée de mon maître, voyez-vous, et je dois obéir, sans quoi je perdrais ma place.

La figure de Bienassis s'allongea; cependant il essaya de se persuader que M. de La Southière, honteux de ne pouvoir payer la somme promise le matin, cherchait seulement à éviter la présence importune d'un créancier. Rassuré par cette réflexion, il reprit en baissant la voix :

— Soit, Baptiste; on ne pénètre pas chez les gens malgré eux... Mais ne pourrais-tu me rendre un petit service?

Et une pièce de cinq francs passa de la main du percepteur dans celle de Baptiste.

Les profits étaient rares au château de Roqueroles; aussi le piqueur s'empressa-t-il de répondre :

— Volontiers, monsieur, si ça dépend de moi.

— Rien de plus simple, — reprit Bienassis en mettant pied à terre; — il s'agit de glisser à mademoiselle Jenny un billet que je vais écrire.

— A mademoiselle Jenny! — répéta Baptiste en riant

d'un gros rire ; — ah çà! vous, un beau monsieur, vous en comptez donc aussi à cette petite-là? Ma foi! tant mieux ; ça fera enrager John, ce chien d'Anglais qui vient toujours traîner ses guêtres autour d'elle. Ecrivez votre billet, monsieur, et je le remettrai si finement qu'on n'y verra que du feu.

Bienassis s'était approché d'une éclaircie du feuillage, où filtrait un rayon lumineux, et il griffonna quelques mots au crayon sur une page de son carnet. Au moment de confier le papier à Baptiste, il demanda brusquement :

— Sais-tu lire, mon garçon?

— C'est possible, monsieur le percepteur, mais je n'ai jamais essayé.

— A la bonne heure ; prends donc ceci, mais ne montre ce papier à personne; tu m'entends? A personne au monde, et il faut que Jenny l'ait dans cinq minutes... M'as-tu compris?

— Oui, monsieur le percepteur; et c'est pour cela que vous m'avez donné cent sous?

— Je t'en donnerai cent autres si tu t'acquittes bien de ta commission; dans le cas contraire, je te repincerai, je te le promets.

Baptiste protesta encore de son exactitude à remplir son message; alors Bienassis se remit en selle et s'éloigna rapidement, comme s'il avait hâte de poursuivre son voyage interrompu. Toutefois, au lieu de prendre la route de B***, il se jeta dans le chemin creux conduisant au gué que nous connaissons déjà, et qu'on appelait, à cause du propriétaire de l'habitation la plus voisine, le gué de Chez-Nicot.

— Il a fallu recourir aux grands moyens, — disait-il en s'enfonçant dans cette gorge rocailleuse; — si *elle* vient, tout peut se réparer. Sinon... ma foi ! une de perdue, dix de retrouvées !

Et il siffla un air joyeux. Parvenu au gué, il attacha son cheval derrière un buisson qui devait le cacher aux yeux des passants, s'il survenait des passants; puis il se blottit lui-même derrière une touffe de feuillage. A peine était-il en embuscade, qu'un coup de fusil retentit à quelque distance.

— Bon! — murmura-t-il, — voilà François Chérou qui tue *mes* perdreaux à l'affût... Que le diable l'emporte !

VII

LE GUÉ DE CHEZ-NICOT.

Baptiste se rendait au château pour s'acquitter bien vite de sa mission, quand un bruit de pas précipités lui fit tourner la tête. Quelqu'un marchait derrière lui et s'efforçait de le joindre. Il s'arrêta pour reconnaître le survenant.

— Baptiste, — demanda-t-on d'une voix impérieuse, — que t'a dit... le gaillard qui était là tout à l'heure?

Le piqueur, en se trouvant en présence de M. de La Southière, porta la main à son chapeau.

— Maître, — répliqua-t-il, — j'ai fait votre commission... Alors, *il* n'a pas demandé son reste et il est parti sur sa mauvaise jument.

— Et ce papier qu'il t'a remis, montre-le-moi !

Cette question prouvait que M. de La Southière avait assisté invisible à la scène précédente, et elle parut déconcerter le piqueur.

— Ah çà, monsieur ! — demanda-t-il avec étonnement, — vous étiez donc là?... Ecoutez, il s'agit d'un chiffon de lettre que le percepteur envoie à la Jenny, et il m'a donné cent sous... Vous ne voudrez pas m'empêcher de gagner mon argent, peut-être?

— Montre-moi cette lettre, — répéta M. de La Southière avec violence.

— Bah ! une toute petite amourette entre le percepteur et la Jenny, — dit Baptiste d'un ton d'indulgence ; — qu'est-ce que cela vous fait maintenant, puisque vous avez congédié la couturière et qu'elle doit partir demain matin?

— M'obéiras-tu, double brute?

En même temps, Baptiste sentit une main de fer lui serrer la gorge. Connaissant de longue date combien la colère de son maître était redoutable, il ne résista pas.

— Ne vous fâchez pas, monsieur, — dit-il humblement; si vous y tenez tant, voici la chose... Mais c'est cent sous que je perds, comme si l'on me les prenait dans ma poche, je vous assure.

M. de La Southière s'empara du papier, et, sortant de l'ombre des arbres, essaya de lire les quelques lignes que le percepteur avait tracées au crayon.

Après quelques efforts, il parvint à déchiffrer ces mots :

« Je sais ce qui s'est passé aujourd'hui. Je vous attends
« au gué de Chez-Nicot; si vous n'y venez pas à l'instant
« même, je me brûle la cervelle, et que mon sang re-
« tombe sur vous ! »

Ce billet était signé : *le désespéré* THÉODORE. Il n'avait pas d'adresse, mais évidemment il était destiné à Palmyre.

— Cet homme est fou ! — dit M. de La Southière avec mépris.

Il fit un mouvement comme pour déchirer le papier ; mais il se ravisa et demeura rêveur pendant un moment.

— Je suis curieux de savoir, — reprit-il enfin comme à lui-même, — jusqu'à quel point cette folie est partagée. Oui, c'est une expérience à tenter!... Si, comme je l'espère, on traite ces billevesées suivant leurs mérites, je serai tranquille désormais. Dans le cas contraire... Essayons donc !

Et se tournant vers Baptiste, qui l'écoutait sans comprendre, il lui rendit la lettre en affectant beaucoup de calme.

— Va remplir ta commission, — dit-il ; — je sais maintenant ce que je voulais savoir. Comme j'ai bien fait de congédier cette petite drôlesse qui entretient des intrigues avec le percepteur!... Remets-lui donc ce billet sans retard... Seulement, ne l'avise pas de lui dire que j'en ai pris connaissance. Vois-tu bien, si tu lui faisais entendre par un geste, que j'ai lu ce chiffon, je te chasserais sur l'heure... et je te romprais les os par-dessus le marché.

Le piqueur était enchanté qu'on lui permît de s'acquitter de sa commission et de gagner son argent. Il reprit donc avidement le papier et voulut s'éloigner. M. de La Southière le retint :

— Un moment encore, — lui dit-il; — si quelqu'un là-bas, Jenny ou toute autre personne, te demandait où je suis, tu répondrais que tu m'as vu aller à la ferme, et que sans doute je ne rentrerai pas de sitôt... Te souviendras-tu de cela?

— Oui, oui, monsieur ; c'est dit.

Et Baptiste se sauva, de peur peut-être que son maître, dont les idées ne lui semblaient pas bien stables, n'eût la fantaisie de le rappeler.

M. de La Southière n'y pensait pas ; il suivit de loin le piqueur jusqu'à l'entrée de la cour; et là, appuyé contre le dernier arbre de l'avenue, il observa attentivement ce qui allait se passer.

L'ombre du soir, s'épaississant de plus en plus autour des bâtiments, ne laissait aux objets que des formes vagues et indistinctes. Une seule fenêtre était éclairée au château; c'était celle de la chambre d'Armand. Quelques piétinements se faisaient entendre par intervalles dans les vastes et sonores écuries, mais aucun animal domestique ne se montrait plus dans la cour, de laquelle étaient ban-

L'ASSASSIN DU PERCEPTEUR

Il fit pleuvoir sur l'animal une grêle de coups vigoureux. (Page 20.)

nis même les chiens de garde qui auraient pu effrayer les chevaux ombrageux.

Le piqueur, par la nature de ses fonctions, ne pénétrait jamais dans l'intérieur du château, à moins qu'il n'y fût appelé d'une manière expresse; aussi, peut-être n'eût-il pas osé y entrer pour se mettre à la recherche de Jenny, quand le hasard vint à son secours. La camériste parut à une fenêtre obscure du rez-de-chaussée et jeta un regard curieux du côté de l'avenue. Aussitôt Baptiste s'approcha d'elle; ils échangèrent rapidement quelques paroles, et le piqueur allongea le bras pour remettre à Jenny un objet de petit volume, puis il regagna le bâtiment neuf où il logeait, avec la tranquillité d'un homme qui vient de s'acquitter en conscience de son devoir.

M. de La Southière, de la place où il était, devina plutôt qu'il ne vit ce manége. Baptiste s'étant éloigné et Jenny ayant quitté la fenêtre, il se dit à lui-même :

— Sans doute cette péronnelle est allée porter le billet à sa maîtresse, et elles se lamentent toutes les deux sur le sort de ce vaurien là-bas. Mon Dieu ! que les femmes, surtout les jeunes filles, sont niaises et crédules! Espérons cependant que Palmyre aura trop de bon sens et de retenue pour consentir... Mais que diable est ceci?

Pendant qu'il disait ou plutôt qu'il pensait ce que nous venons de rapporter, une forme légère sortit de la maison. Cette forme s'approcha rapidement de son côté, et bientôt il put reconnaître une femme. Quand elle passa près de lui, M. de La Southière essaya de distinguer ses traits ; mais elle avait rabattu sur son visage le capuchon de son mantelet. Elle marchait si vite, du reste, qu'elle rendait impossible toute observation soutenue, et elle ne tarda pas à disparaître sous les arbres. Cependant le châtelain avait eu le temps de faire une remarque importante : c'est que l'inconnue portait un mantelet de taffetas noir, tout semblable à celui que Palmyre avait porté ce jour-là à la promenade. Il éprouva un nouvel accès du malaise qu'il avait éprouvé le matin en découvrant le secret de la correspondance de sa fille avec le percepteur; mais, cette fois encore, la crise ne fut pas de longue durée. Un râlement sourd, qui n'avait rien d'humain, sortit enfin de sa poitrine oppressée. La fureur lui avait rendu la force et la volonté.

— Ah çà ! — murmura-t-il, — elle aime donc ce sacripant de percepteur? Elle s'est donc moquée aujourd'hui de ce pauvre Armand? Tonnerre! nous serons trois au rendez-vous.

Il entra un moment dans la maison, et quand il en ressortit, il avait son fusil de chasse sous le bras. Il traversa furtivement la cour et s'enfonça dans la longue et ténébreuse allée de châtaigniers.

Quelques minutes lui avaient suffi pour faire ses dispositions ; cependant, lorsqu'il atteignit l'extrémité de l'avenue et lorsqu'il fut en rase campagne, où le ciel envoyait encore quelques lueurs crépusculaires, Palmyre n'était plus en vue. Sans doute elle se trouvait déjà de l'autre côté de la route, et elle s'était engagée dans l'espèce de gorge qui conduisait au gué de Chez-Nicot.

. . . .

M. de La Southière prit résolument la même direction. Bien que, à cette heure de la soirée, le chemin, ou plutôt le sentier, fût à peine visible, il ne ralentit pas sa course d'un instant. Il franchit le défilé et arriva au bord de la rivière, où les grosses pierres qui indiquaient le gué se détachaient en noir sur la surface miroitante des eaux.

Cet endroit paraissait aussi solitaire que jamais. On n'y voyait personne; rien ne le troublait que les saules faiblement agités par la brise. Cependant, un murmure de voix qui s'élevait à quelque distance, derrière un buisson, attira l'attention de M. de La Southière; il se glissa de ce côté et finit par apercevoir ceux qu'il cherchait.

On pouvait croire que Bienassis se disposait à partir lorsque Palmyre était arrivée au lieu du rendez-vous. Il avait détaché son cheval, et, le bras passé dans la bride, il parlait avec chaleur à la jeune fille. Celle-ci, toujours enveloppée dans son mantelet à capuchon, paraissait l'écouter sans trop d'effroi et sans trop de colère; on eût dit même qu'elle répondait avec gaieté aux tirades passionnées du percepteur. M. de La Southière eut d'abord la pensée de prêter l'oreille et de mesurer ensuite sa vengeance à la gravité de la faute. Une circonstance inattendue ne lui permit pas d'accomplir son dessein. Il vit le percepteur passer tout à coup le bras qu'il avait de libre autour de la taille de sa compagne, et dérober à Palmyre, malgré une faible résistance, plusieurs baisers dont le bruit parvint jusqu'à lui.

Le père irrité ne se contint plus. Il s'élança en avant et s'écria d'une voix terrible :

— Créature éhontée!... Misérable Bienassis!... Vous allez mourir tous deux !

A la vue de cette ombre menaçante qui semblait sortir de terre, les deux jeunes gens s'éloignèrent vivement l'un de l'autre. Palmyre, enfin dégagée, s'enfuit en poussant des cris d'épouvante et disparut derrière le buisson. Bienassis seul fit bonne contenance. Se tournant vers M. de La Southière, qu'il avait reconnu et qui accourait sur lui comme un furieux, il lui dit précipitamment :

— Écoutez-moi, monsieur... Il importe que vous sachiez.....

Il n'eut pas le temps d'achever sa pensée; M. de La Southière venait de s'arrêter à trois pas de lui et lui avait tiré un coup de fusil en pleine poitrine. Le malheureux percepteur tomba sans même pousser un gémissement et lâcha la bride de son cheval qui, effrayé par l'explosion, s'enfuit au galop vers le grand chemin.

Bienassis était-il mort ou seulement blessé? M. de La Southière ne s'en inquiéta pas. Il n'avait pas complètement assouvi sa colère sur cette première victime; c'était maintenant sa coupable fille qu'il voulait frapper. Elle continuait de fuir vers le défilé, en poussant dans son trouble des cris qui devaient la trahir. Le père, ayant tourné le buisson, aperçut Palmyre qui courait de toutes ses forces, en laissant flotter sa mante, il porta de nouveau son fusil à l'épaule et toucha la détente du second coup.

Heureusement, comme l'arme était chargée depuis plusieurs jours, la capsule seule brûla et le coup ne partit pas.

M. de La Southière fit entendre un effroyable juron, mais il ne continua pas sa poursuite. Déjà la fugitive était sortie du défilé en même temps que le cheval dont on entendait les sabots résonner au loin sur le sol rocailleux. Après une courte hésitation, l'éleveur retourna à l'endroit où était resté Bienassis.

Aussi bien la réflexion commençait à remplacer son aveugle colère, et il s'effrayait déjà des conséquences épouvantables que pouvait avoir l'événement accompli.

Il trouva le pauvre percepteur exactement dans la position où il l'avait laissé, couché par terre, une main sur sa poitrine ensanglantée. Il l'appela d'une voix tremblante; Bienassis ne répondit pas, il ne bougeait plus et ne donnait aucun signe de vie. M. de La Southière, terrifié, écarta le gilet de sa victime et examina la blessure. Le coup, quoique chargé seulement de gros plomb, avait fait balle, comme disent les chasseurs; le poumon et le cœur ayant été traversés obliquement, la mort avait été instantanée.

M. de La Southière ne voulut pourtant pas se rendre à l'évidence. Il essaya de soulever le corps qui retomba inerte. Il alla puiser un peu d'eau dans ses mains à la rivière voisine et revint la répandre sur le visage pâle et décomposé de Bienassis. Tout fut inutile; l'âme avait quitté son enveloppe terrestre; aucun secours humain n'était capable de la rappeler.

Alors le meurtrier se redressa brusquement et dit d'un ton farouche, en regardant le cadavre étendu à ses pieds :

— Eh bien! quoi? N'ai-je pas fait ce que tout autre père eût fait à ma place? Ce misérable suborneur de filles n'a-t-il pas mérité son sort? Que je l'aie tué de cette manière ou en duel, n'est-ce pas la même chose?

Néanmoins sa conscience lui disait sans doute que ces deux modes de vengeance n'étaient pas identiques, car il se frappa plusieurs fois le front d'un air de désespoir. Il reprit bientôt :

— S'il ne s'agissait pas de l'honneur de ma fille et du mien, j'irais trouver le plus prochain magistrat et je me constituerais prisonnier après avoir révélé la vérité tout entière; mais cette marche m'est interdite... Un profond secret doit couvrir les événements de cette terrible soirée. . Pourvu, — ajouta-t-il d'une voix sourde, — que je résiste à la tentation de tuer aussi l'indigne créature qui est cause de ce désastre !

Il se baissa pour ramasser son fusil, promena autour de lui un regard attentif, afin de s'assurer que rien plus tard ne pourrait trahir son passage à cet endroit, et il s'avança vers la gorge de rochers qui conduisait à Roqueroles. Avant de s'y engager, il s'arrêta pour écouter. Comme rien ne troublait le silence de la campagne, il se remit en marche, franchit rapidement le défilé, la route silencieuse, et rentra enfin au château, sans avoir rencontré âme qui vive. Parvenu dans sa chambre, il se laissa tomber sur un siège et demeura plusieurs heures comme anéanti.

. . . .

Cependant tous les événements importants de cette soirée n'étaient pas finis encore.

On se souvient qu'au moment où le percepteur prenait

son poste au gué de Chez-Nicot, il avait entendu un coup de fusil qu'il supposait tiré par le braconnier François Chérou. C'était en effet Chérou qui venait de se mettre à l'affût, suivant sa promesse ; mais, comme le chasseur d'ours de la fable, il avait eu le tort de vendre les perdreaux avant de les avoir tués. Un seul était resté sur la place, et l'ancien forçat n'avait pas eu la chance de rejoindre une seconde fois la compagnie dont il avait annoncé l'extermination complète. Pendant qu'il cherchait l'occasion de prendre sa revanche, il avait entendu, de son côté, le coup de fusil tiré par M. de La Southière.

— Bon ! dit-il avec humeur, — quelque voisin est venu me couper l'herbe sous le pied... C'est ce vieux sournois de Jean-tout-Seul, sans doute... S'il y a du bon sens d'enlever ainsi le pain de la bouche au pauvre monde !... Enfin ! l'affaire est manquée pour aujourd'hui... Il faut rentrer... Mais que dira le percepteur ?

Il mit son rouillard sur son épaule et retourna lentement vers sa demeure. Il regardait par intervalles l'unique perdreau pendu à sa ceinture, et il se demandait peut-être s'il ne pourrait enfler assez le prix de son gibier pour n'avoir rien ou du moins peu de chose à payer au représentant du fisc. Il réfléchissait gravement à ce grave sujet ; et, comme il atteignait le chemin qui conduisait à son habitation, il entendit, sur la route même, un cheval qui se dirigeait bon train de son côté. Chérou pouvait craindre la rencontre de quelque gendarme qui n'eût pas approuvé tout à fait sa manière de chasser ; aussi s'arrêta-t-il sous un arbre pour épier le cavalier au passage. Quelle fut sa surprise en reconnaissant que le cheval n'avait pas de cavalier et voyageait pour son propre compte, l'œil inquiet et la bride pendante ! Chérou, prompt à prendre un parti, se cacha derrière un buisson au bord du chemin. Lorsque l'animal fut à portée, il le saisit adroitement par la bride et n'eut pas de peine à s'en rendre maître. Alors il conduisit sa capture à une place découverte, afin de l'examiner à loisir.

— Tiens ! c'est la jument du percepteur, — dit-il avec stupéfaction.

Il n'y avait pas à s'y tromper en effet ; la vieille et pacifique monture de M. Bienassis était fort connue dans le voisinage ; d'ailleurs son harnachement, les amples bougettes de cuir, le registre enveloppé de toile cirée et attaché en croupe sur le cheval, étaient suffisamment caractéristiques. Il ne vint pas un seul instant à l'esprit de Chérou que le cavalier eût pu être victime d'un accident.

— La bête lui aura échappé, — murmura-t-il, — pendant qu'il était descendu pour conter fleurette à une jolie fille ou pour tarabuster quelque pauvre diable ; mais il ne peut être loin. Nous allons le voir accourir tout en nage pour reprendre sa jument... Ça fera bien si c'est moi qui la lui rends, et, peut-être consentira-t-il à prendre mon perdreau pour... oui, pour quarante-cinq sous... tout autant.

Dans cette pensée, l'ancien forçat ne bougea pas, tenant toujours le cheval par la bride. Mais son attente fut vaine ; personne ne venait ; et quoique le plus léger bruit fût perceptible au milieu du calme de la campagne, rien n'annonçait l'approche d'un passant. François Chérou finit par concevoir des craintes.

— Eh ! mais, — dit-il, — est-ce qu'il serait arrivé quelque chose à M. Bienassis ? Il avait joliment de l'argent, aujourd'hui à Salignac, et ça aura pu donner dans l'œil à des malheureux comme j'en ai connu plus d'un... Diable !

Pour vérifier ses soupçons, il s'empressa de porter la main sur les bougettes suspendues à l'arçon de la selle ; il reconnut, à leur poids, qu'elles contenaient encore la recette du jour. Il retira sa main comme s'il eût touché un fer rouge.

— Je me suis trompé, — reprit-il ; — si quelque luron avait fait le coup, son premier mouvement eût été de s'emparer du magot... Décidément, M. Bienassis va venir.

Et il attendit encore en regardant tantôt à droite tantôt à gauche du chemin. Cependant il n'avait plus le même calme ; une espèce de tremblement nerveux s'était emparé de lui. Après une nouvelle pause, il poursuivit avec un sourire sinistre :

— Je serais tout de même fièrement bête si je ne profitais pas de l'occasion ! Le percepteur est peut-être encore à Salignac ; le cheval va tout seul à B***, et si quelqu'un le rencontre, on le débarrassera sans doute de sa charge... Or, pourquoi pas moi aussi bien qu'un autre ? Je suis un pauvre homme ; j'achèterai de la terre, je deviendrai riche... Et puis ce n'est pas voler. Cet argent n'appartient à personne ; je ne sais pas à qui il appartient, moi ! Je le trouve là, abandonné sur une route ; pourquoi ne le prendrais-je pas ? Ce que vous trouvez n'est-il pas à vous ?

Malgré ce raisonnement, l'ancien forçat reculait instinctivement, comme pour échapper à l'attraction que le précieux métal exerçait sur lui. Cette attraction finit par être la plus forte ; sa main se posa de nouveau sur les bougettes.

— Il doit y avoir beaucoup là-dedans, — murmura-t-il.

Il tira les deux sacs de leur enveloppe de cuir et les soupesa complaisamment.

— Je gage qu'il y a de l'or mêlé aux grosses pièces ! — ajouta-t-il.

De ce moment il fut perdu. Cependant il restait au milieu du chemin, chacun de ses bras chargé d'un sac d'argent. Si le percepteur fût venu encore et eût réclamé son bien, Chérou le lui eût rendu sans hésiter ; mais le percepteur ne pouvait plus venir. Une dernière réflexion vainquit les scrupules du braconnier.

— Qui saura que c'est moi ? — reprit-il ; — il y a tant de coquins ! Si je m'y prends comme il faut, on ne me soupçonnera jamais. M. Bienassis est bon enfant, c'est vrai, et ça pourrait lui faire tort ; mais l'argent ne lui appartient pas, il appartient au gouvernement, c'est-à-dire à tout le monde, c'est-à-dire à personne ; et le percepteur s'entendra toujours avec le gouvernement. On lui enlève sa recette, à cet honnête homme, pourquoi en serait-il responsable ?... Et puis je l'avais prévenu, M. Bienassis ! Pourquoi laisse-t-il ses sacs d'écus sur la grande route, sans personne pour les garder ? Enfin, s'il tient tant à son bourrsicot, on le lui rendra... et on dira qu'on a seulement voulu empêcher les mauvaises gens de mettre la main dessus.

Cette raison parut lumineuse à François Chérou, et il n'hésita plus. Il jeta la bride sur le cou de la jument et lui appliqua une claque sur la croupe en faisant entendre une interjection excitative. Aussitôt l'animal, redevenu libre, partit au grand trot, tandis que Chérou, à la fois joyeux et terrifié, se glissait le long des buissons, et se dirigeait, chargé de son précieux fardeau, vers la maison Nicot. Il y arriva bientôt, sans avoir vu personne et sans avoir entendu d'autre bruit que les chants lointains d'un ivrogne attardé qui regagnait son village à pas chancelants.

VIII

L'ATTENTE

Le soir même, Hortense et Marion Bienassis attendaient leur frère dans cette pièce du rez-de-chaussée, qui servait à la fois de salle à manger pour la famille et de bureau pour la perception. Il était nuit close, Cernin, le commis, s'était retiré à l'heure ordinaire ; et les deux sœurs, après avoir fermé soigneusement portes et volets, se trouvaient seules au logis.

Sur une petite table, couverte d'une nappe bien blanche, était servie une collation pour le cas où le percepteur, en revenant de sa tournée, se sentirait quelques velléités d'appétit, ce qui lui arrivait parfois en pareille circonstance. Cette collation consistait en fruits de la saison, en menues pâtisseries de ménage et en confitures. Hortense, avec ses instincts ordinaires d'élégance, avait posé à chaque bout de la table deux vases de verre bleu contenant de magnifiques fleurs, ce qui donnait au couvert un air de fête. Deux bougies, soutenues par des chandeliers argentés, devaient éclairer le repas ; mais Hortense et Marion avaient pensé, par raison d'économie, que ce somptueux éclairage n'était pas fait pour elles seules. Une chandelle dans un vieux bougeoir de cuivre leur donnait une lumière triste et insuffisante ; comme disait Marion : « Il faisait toujours assez clair pour *voir* causer, » et les bougies ne devaient s'allumer qu'au moment où paraîtrait Théodore, l'unique protecteur, l'orgueil et la joie de ces pauvres filles. Alors seulement la maison devait s'animer, devenir gaie et brillante ; jusque-là, qu'importait ?

Assises l'une en face de l'autre, dans un angle obscur de la salle, elles causaient à demi-voix. L'heure à laquelle le percepteur avait l'habitude de rentrer était passée depuis assez longtemps ; mais les deux sœurs ne s'en alarmaient pas encore. Il avait pu être retenu par ses affaires ; peut-être s'était-il oublié à la table du maire de Salignac ; d'ailleurs, le cheval ne pouvait aller bien vite, le soir, par les mauvais chemins. Bref, les demoiselles Bienassis, sauf un léger tressaillement quand elles entendaient marcher dans la rue, ne manifestaient aucune inquiétude et poursuivaient tranquillement leur entretien.

Aussi bien, elles causaient en ce moment de l'accident arrivé, le jour même, à M. Armand Robertin, près de Roqueroles, et cet accident, réduit à ses proportions véritables par le docteur Simonaud, était de nature à préoccuper vivement les deux sœurs.

— Voilà encore un de tes adorateurs qui t'échappe, ma pauvre Hortense, — dit Marion tristement ; — car sans doute il va épouser mademoiselle de La Southière... Quelle chance cette demoiselle a d'être poursuivie par un taureau ! Cependant, au dernier bal, tu étais bien plus jolie qu'elle avec ta robe mauve et ta guirlande de violettes ; il m'a semblé que M. Robertin s'occupait beaucoup de toi.

— Il ne m'a fait danser qu'une fois et il a fait danser quatre fois mademoiselle Palmyre de La Southière, — répondit Hortense d'une voix altérée et en baissant les yeux ; — mais à quoi penses-tu, de mettre M. Robertin sur la liste de mes adorateurs, ma chère Marion ? Il est bien trop riche.

— Bah ! tu es si jolie !

— Je commence à croire que, Théodore et toi, vous êtes seuls de cette opinion.

— Allons donc ! comme si ce n'était pas l'opinion de tous les jeunes gens de la ville ! Tu tournes des têtes, tu fais des passions...

— Et excepté le gros huissier qui est bossu, et que mon frère a congédié en lui chantant je ne sais quelle vieille chanson populaire, nul n'a encore songé à demander ma main.

— On n'ose pas... Le premier clerc du notaire a pourtant l'air de te manger des yeux quand il te voit passer.

— Ah ! celui qui fait incessamment des calembours et des jeux de mots ?... Il ne m'a parlé qu'une fois : c'était chez le maire, M. Dumont. Quand j'arrivai, les canapés et les fauteuils étaient occupés déjà par des dames et l'on ne put m'offrir qu'un tabouret. Le premier clerc, qui se trouvait près de moi, me dit en ricanant : « Mademoiselle, quoi qu'il arrive, vous serez toujours *Bien assise*. » Depuis ce temps, il passe pour un des hommes les plus spirituels de B*** ; mais lui, comme s'il craignait de ne pouvoir se soutenir à cette hauteur, ne m'a plus adressé la parole.

— Il a vraiment beaucoup d'esprit, quoique ce soit de l'esprit méchant, — reprit Marion ; — eh bien ! et M. Crozat, le propriétaire du moulin de l'Ombrette, ce n'est pas l'esprit qui le gêne, celui-là ? Cependant, il nous a envoyé dernièrement de belles anguilles que le meunier avait prises dans son écluse.

— Les anguilles se seront trompées d'adresse. Il s'est aperçu, il y a quelques jours, que la fille de l'aubergiste devait avoir pour dot le domaine des Tuilières, qui touche le moulin de l'Ombrette, et vient de demander en mariage la fille de l'aubergiste... une paysanne stupide qui ne sait pas lire.

— Attends seulement que nous ayons achevé ta robe bleue qui t'ira si bien, — reprit Marion avec une colère naïve, — et tu verras comme les amoureux reviendront à toi... Mais que dis-tu de ce pauvre Cernin ? Celui-là t'aime, j'en suis sûre.

— C'est un honnête homme, qui a du cœur. Par malheur il est simple commis à quinze cents francs, et, selon toute apparence, il ne sera jamais rien de plus. Théodore me le disait encore, il n'y a pas longtemps... D'ailleurs, M. Cernin ne pense pas à moi.

— Si, je te dis que si, il y pense... Et comment n'y penserait-il pas, quand il a l'occasion de te voir tous les jours, à toute heure ?

Hortense fit un geste d'accablement.

— Marion, — dit-elle, — peux-tu t'illusionner à ce point sur mon compte, quand tu es si humble pour toi-même ? La vérité, ma chère, est que si l'on nous accorde ici un peu d'attention et d'égards, c'est à notre frère que nous le devons. Son humeur agréable le fait aimer de tout le monde : sa position officielle lui donne un rang dans la ville, et la considération qu'on a l'air de nous témoigner s'adresse surtout à lui. Si, par un cas impossible, Théodore venait à nous manquer, que serions-nous, je te le demande ? De pauvres filles sans fortune, à qui chacun s'empresserait de tourner le dos... Mais à propos de Théodore, — ajouta-t-elle en se redressant avec inquiétude, — sais-tu, Marion, qu'il n'est jamais rentré si tard ? Voilà bientôt neuf heures et demie !

— Est-il possible ! Je vais lui donner une verte semonce quand il arrivera. Il est si étourdi ! Et puis il s'obstine à prendre le chemin qui longe la rivière... Mais chut ! Qu'est ceci ?

Les deux sœurs prêtèrent l'oreille. On entendait un cheval à l'extrémité de la rue, du côté de la campagne ; mais ses pas, au lieu d'être fermes et précipités, comme l'étaient habituellement ceux de la monture du percepteur, paraissaient traînants, lourds et mal assurés.

— Faut-il allumer les bougies ? — demanda Hortense en se levant.

— Pas encore, — reprit Marion ; — je ne reconnais pas la marche ordinaire de notre jument. Quand Théodore est dessus, la bête a l'air d'avoir du vif-argent dans les veines.

Hortense reprit sa place ; néanmoins les deux sœurs demeurèrent attentives aux bruits du dehors. Le pas se rapprochèrent lentement et parurent enfin s'arrêter devant la maison. Mais ce que les demoiselles Bienassis attendirent les appels, d'ordinaire très-bruyants, de leur frère.

— Mon Dieu ! qu'y a-t-il ? — dit Marion en regardant Hortense.

— Bah ! rien, — répondit la cadette en affectant une indifférence qu'elle n'éprouvait pas ; — un cheval qui aura passé devant la maison... voilà tout.

— Mais non, mais non, il n'a pas passé... Il y est encore... Écoute !

On entendit, en effet, un piétinement sur le pavé, comme en fait un cheval qui s'ennuie ; puis un hennissement sourd et plaintif.

Cette fois, les deux sœurs ne purent contenir leur inquiétude ; elles se dirent rien ; mais, tandis que l'une saisissait vivement la lumière sur la table, l'autre allait déverrouiller la porte de la rue.

A peine cette porte fut-elle ouverte, qu'elles aperçurent la jument sans cavalier, qui restait immobile et les regardait d'un air triste, comme pour les préparer à une sinistre nouvelle.

— Je le disais bien, c'est Cocotte ! — s'écria Marion en pâlissant ; — mais, seigneur Dieu ! pourquoi Théodore n'est-il pas avec elle ?

— Où est mon frère ? — s'écria Hortense à son tour avec épouvante.

Cependant, plus habituée que son aînée à maîtriser ses impressions, elle reprit aussitôt :

— Ne nous alarmons pas encore, Marion; il n'y a là peut-être qu'un accident fort simple et sans gravité. Cette bête se montre parfois rétive et malicieuse; elle aura échappé à Théodore pendant un moment de distraction, et sans doute il est obligé de revenir à pied.

Hortense calomniait sciemment la bonne et pacifique jument, que son âge et son caractère bien connu eussent dû mettre à l'abri de pareilles atteintes. Aussi Marion ne s'apaisait-elle pas.

— Hortense, je te dis qu'il est arrivé malheur à notre frère! — reprit-elle en fondant en larmes; — il sera tombé de cheval, ou bien il aura été volé... assassiné...

— Réfléchis donc... Théodore est un jeune homme robuste, courageux, qui saurait se défendre... Et tiens, regarde; on n'a touché à rien de son bagage : voici son manteau, son registre à souches...

— Mais les bougettes sont vides! — s'écria Marion qui venait de s'assurer du fait; — et pourtant Théodore a dû recevoir aujourd'hui beaucoup d'argent au marché de Salignac... Sainte Vierge, ayez pitié de lui et de nous!

Hortense voulait répondre que peut-être le percepteur avait reçu la somme en or ou en billets de banque, et qu'il la portait sur lui; mais elle manqua de courage pour affirmer ce qu'elle ne croyait pas elle-même, et, se cachant le visage dans ses mains, elle donna libre cours à ses sanglots.

Cette scène avait eu lieu, comme nous l'avons dit, devant la maison. La lumière, posée sur une marche du perron, éclairait la rue d'une lueur tremblotante.

Pendant que les deux pauvres filles se lamentaient, Cocotte, toujours immobile, son œil intelligent fixé sur elles, semblait prendre part à leur douleur. La demeure du percepteur était séparée des habitations environnantes par des hangars et des murs de jardin; cependant les voisins auraient pu entendre les plaintes des demoiselles Bienassis, si, à cette heure de la soirée, la plupart des habitants de B*** n'eussent été déjà couchés et endormis.

Hortense, beaucoup plus intelligente que son aînée, ne tarda pas à recouvrer sa présence d'esprit.

— Encore une fois, Marion, — dit-elle en s'essuyant les yeux, — le mal est moins grand peut-être que nous ne l'imaginons... Au lieu de nous lamenter, il faut agir. Il serait nécessaire, je crois, qu'on se mît sur-le-champ à la recherche de Théodore; peut-être a-t-il besoin de secours, peut-être... Mais à qui nous adresser? qui nous viendra en aide?

Marion elle-même finit par comprendre que les larmes ne remédiaient à rien et que l'action était beaucoup plus nécessaire.

— Tu as raison, Hortense, — répondit-elle avec effort; — si l'on prévenait Cernin?

— Cernin, en effet, nous est dévoué; il est plein de sens et d'expérience, il pourra nous conseiller, nous diriger... Mais où le trouver à pareille heure?

— Il doit être encore au café de la Grande-Place, où il passe habituellement ses soirées.

— Au café de la Grande-Place... J'y vais.

Et Hortense s'élança de toute sa vitesse au milieu de l'obscurité, sans songer à ses cheveux épars, à ses yeux rouges et battus, à la rencontre possible d'ivrognes, aux quolibets de certains beaux fils qui couraient les rues le soir. Elle se dirigea vers le centre de la ville, tandis que Marion demeurait sur le seuil de la porte, pleurant et se tordant les bras.

Au bout de quelques minutes, la plus jeune des demoiselles Bienassis atteignit une sorte de carrefour, entouré de constructions irrégulières, que l'on décorait à B*** du titre pompeux de la *Grande-Place*. Ce carrefour était nu, raboteux et nullement éclairé; toutes les fenêtres étaient closes et ténébreuses alentour. Néanmoins, dans un enfoncement, entre deux vieilles maisons branlantes, une devanture vitrée laissait passer, à travers des rideaux de calicot, un pâle rayon lumineux qui se prolongeait sur la place déserte. Un sourd murmure, auquel se mêlait par intervalles un claquement de billes de billard, témoignait que, malgré l'heure avancée, il y avait là une réunion nombreuse. C'était en effet le café principal, nous pourrions presque dire l'unique café de la petite ville.

Hortense courut sans hésiter vers ce lieu public, devant lequel, jusqu'alors, elle n'avait passé qu'avec appréhension et en détournant les yeux. Elle poussa hardiment la porte et entra toute frémissante.

Elle se trouvait maintenant dans une vaste salle, assez obscure, en dépit de quatre ou cinq lampes munies d'énormes abat-jour. Il y régnait une atmosphère épaisse, nauséabonde, où l'odeur du rhum et de l'absinthe se mêlait à celle des pipes et des cigares. Dans le fond, du côté du billard, allaient et venaient quelques amateurs qui, pour être plus alertes, avaient quitté leurs habits. Autour de plusieurs tables de marbre, des groupes de consommateurs jouaient aux cartes et aux dominos. Près de la porte, derrière un comptoir chargé de compotiers et de carafes de cristal, trônait une vieille femme à figure éternellement souriante; c'était madame Robert, la dame du café.

Hortense vit tout cela d'un coup d'œil, mais tel était son saisissement, qu'après avoir eu le courage d'entrer, elle n'avait plus la force d'exposer le motif de sa venue. Madame Robert, en la reconnaissant et en voyant son air égaré, comprit qu'un événement grave avait pu seul décider Hortense à une pareille démarche.

— Mademoiselle Bienassis chez moi... et si tard! — s'écria-t-elle en se levant. — Entrez, mademoiselle... entrez donc!

Hortense ne bougea pas, mais elle recouvra enfin la parole.

— Monsieur Cernin, — dit-elle avec effort, — monsieur Cernin est-il ici?

— Certainement, il est ici... Où serait-il donc?... Monsieur Cernin, — poursuivit la vieille dame de comptoir en élevant la voix, — on a besoin de vous.

Cernin, qui était en train de faire un cent de piquet avec le secrétaire de la mairie, accourut, tenant à la main une grosse pipe d'écume de mer, dont on n'avait jamais soupçonné l'existence chez Bienassis.

— Est-ce vous, mademoiselle? — dit-il avec une extrême inquiétude; — que se passe-t-il? M. Bienassis ne serait-il pas rentré?

Et le brave garçon était tout pâle.

Hortense lui apprit comment la jument du percepteur venait de revenir seule à la maison et quels motifs l'on avait de redouter un grand malheur.

— Me voici, mademoiselle, — dit Cernin avec empressement en courant chercher son chapeau.

Mais au moment de partir, Hortense tomba en faiblesse; on lui apporta un siège, on la força de boire un peu d'eau sucrée. Pendant qu'elle reprenait ses sens, grâce aux soins de madame Robert, les habitués du café, dont le percepteur était bien connu, s'étaient réunis à l'écart et causaient de l'événement, parmi eux se trouvait le maréchal des logis commandant la gendarmerie de B***, gros bonhomme un peu suffisant, mais qui ne manquait pas d'expérience dans l'exercice de ses fonctions.

— Bah! bah! — disait-il d'un air capable, — M. Bienassis se retrouvera, allez! C'est un luron et un malin, M. Bienassis!... Il se trouvera, je vous le garantis, sans qu'il soit besoin de le faire tambouriner.

— C'est possible, — dit le secrétaire de la mairie, — mais peut-être devriez-vous monter à cheval avec quelques-uns de vos hommes et explorer la route de Salignac, pendant que j'irai prévenir M. le maire et M. le juge de paix.

— Mes hommes sont couchés, — répliqua l'officier de gendarmerie auquel le service de nuit inspirait une certaine répugnance; — et, à moins que je ne sois requis par l'autorité compétente!... Je vous dis que le percepteur n'est pas perdu... Vous verrez qu'il se sera égaré chez quelque jolie dame!

Et il partit d'un éclat de rire qui fit danser son gros ventre. En ce moment, Cernin, le visage bouleversé, s'approcha de lui,

— Monsieur le maréchal des logis, — dit-il avec vivacité, — je requiers votre concours et celui de vos hommes. Il paraît qu'une somme importante, que M. Bienassis avait touchée aujourd'hui à Salignac, a disparu avec lui; votre devoir est de protéger particulièrement un fonctionnaire chargé des fonds de l'État.

— Les fonds de l'État! — répliqua l'officier dont la figure changea tout à coup d'expression, — diable! ceci est une autre affaire... Vous êtes sûr que le percepteur portait des fonds de l'État lorsqu'il a dû revenir à la ville?

Cernin lui expliqua que les demoiselles Bienassis avaient trouvé les bougettes vides sur le cheval abandonné.

— En ce cas, — dit le gendarme qui s'empressa de boucler son ceinturon, — il n'y a pas à lanterner... Les fonds de l'État! Mes hommes et moi nous allons monter à cheval sur-le-champ, et nous vous rapporterons des nouvelles de la chose, je vous le promets.

Il sortit précipitamment. Quelques instants plus tard, tous les gendarmes de la brigade, dont plusieurs portaient des falots allumés, galopaient dans les rues de B*** avec un grand cliquetis de sabres et prenaient la route de Salignac.

Cependant Hortense s'était ranimée et paraissait être en état de retourner chez elle. Cernin lui offrit le bras; plusieurs autres personnes présentes insistèrent pour les escorter, autant sans doute par curiosité que par sympathie réelle pour la famille Bienassis. Madame Robert elle-même eût voulu accompagner Hortense, mais elle ne pouvait quitter ainsi son comptoir, et elle se consola en annonçant que le café ne serait pas fermé jusqu'à ce qu'elle eût des nouvelles du percepteur.

— Quand je devrais, — dit-elle, — veiller toute la nuit.

Deux heures se passèrent, et l'on était encore, à la maison Bienassis, dans les angoisses de l'attente. La porte de la rue restait ouverte à tous venants; la salle du rez-de-chaussée, maintenant éclairée par plusieurs bougies, contenait un certain nombre de personnes qui attendaient le résultat des recherches opérées par la gendarmerie. C'étaient, outre les demoiselles Bienassis qui pleuraient et se lamentaient, outre Cernin, qui n'osait leur offrir de consolations, des voisins et des amis du percepteur, parmi lesquels se trouvait le juge de paix, principal magistrat de la ville dans l'ordre judiciaire. Tout ce monde demeurait silencieux ou ne parlait qu'à voix basse. Au moindre bruit extérieur, on se levait, on courait à la porte; mais bientôt le bruit s'éteignait, et chacun revenait prendre sa place en soupirant.

Enfin, un cavalier s'arrêta devant la maison. On s'empressa encore de sortir avec des lumières; c'était le maréchal des logis. Marion et Hortense n'avaient pas la force de l'interroger, quand il s'empressa lui-même de demander :

— Eh bien! est-il revenu?

— Vous ne l'avez donc pas trouvé? — dit Hortense avec désespoir.

Le gendarme répliqua quelques mots inintelligibles, et il allait repartir, quand le juge de paix s'avança et le questionna sur le résultat de ses recherches. Le maréchal des logis, en reconnaissant le magistrat, retint son cheval.

— Rien encore, monsieur de Cursac, — lui dit-il; cependant, mes hommes et moi nous avons galopé jusqu'à Salignac, nous avons exploré les deux routes, l'ancienne et la nouvelle. A Salignac, M. le maire, que j'ai pris la liberté de faire éveiller, m'a dit que M. Bienassis avait dîné avec lui et était parti à la chute du jour avec l'argent de la recette; mais vainement avons-nous battu le pays; impossible de trouver trace du percepteur. Il est vrai que la nuit est si noire...

— Nous ne le reverrons plus! — dit Hortense en éclatant en sanglots.

— Mon frère est mort! — s'écria Marion de même.

On entoura les deux pauvres femmes, on leur exprima des espérances auxquelles on ne croyait plus guère, et on les força de rentrer. Le maréchal des logis ne tarda pas à repartir pour rejoindre ses gens.

Mais il était dit que, cette nuit-là, toutes les recherches seraient inutiles. Vers les deux heures du matin, les gendarmes rentrèrent à B.., les uns après les autres, sans avoir rien découvert. A la vérité, le succès d'une pareille entreprise semblait impossible pour le moment. Les bords de la rivière, notamment, n'étaient pas accessibles à des cavaliers pendant l'obscurité. Aussi, sur l'ordre du juge de paix, les gendarmes regagnèrent-ils leur hôtel; seulement, il fut convenu qu'aux premières lueurs de l'aurore, ils seraient de nouveau à cheval pour tâcher de retrouver le malheureux percepteur.

La plupart des personnes réunies dans la maison Bienassis se retirèrent alors; mais on essaya vainement de décider Hortense et Marion à remonter dans leur chambre. Elles restèrent obstinément dans la salle basse, avec Cernin et des voisines charitables qui ne voulaient pas les quitter pendant cette crise. Les deux sœurs, malgré tant d'apparences contraires, conservaient peut-être une vague espérance; elles pensaient encore que, d'un moment à l'autre, leur bien-aimé frère pouvait reparaître. Les heures se passaient pour elles dans des alternatives de bruyant désespoir et de confiance que rien ne justifiait.

Cependant, vers le matin, les voisines avaient fini par rentrer chez elles; Marion et Hortense, épuisées de fatigue et de douleur, s'étaient assoupies sur un petit canapé de jonc dans un coin de la salle. Elles étaient assises l'une auprès de l'autre, les bras entrelacés, la tête de la plus jeune reposait sur l'épaule de sa sœur. Leurs paupières étaient baissées, mais elles éprouvaient fréquemment des soubresauts convulsifs, et leur sommeil paraissait à peine moins douloureux que leur veille.

Cernin, qui éprouvait lui-même de mortelles inquiétudes et qui avait dû, pendant toute la soirée précédente, faire de violents efforts pour les cacher, s'applaudissait de voir le calme relatif des deux pauvres filles. Vers le matin, il quitta sa place avec précaution et sortit devant la porte, afin d'aspirer un peu d'air pur et frais, tout en se tenant à l'affût des nouvelles bonnes ou mauvaises qui pourraient arriver.

Le jour se levait en ce moment, et, quoique les habitants de la ville ne bougeassent pas encore, les campagnards vaquaient déjà sans doute aux travaux des champs. Cernin se demandait avec anxiété ce que la journée qui commençait allait apporter de joies ou de chagrins à la famille Bienassis, quand un bruit de sabots retentit sur le pavé, du côté de la campagne, et se rapprocha lentement. Le commis chercha des yeux ce premier passant, qui venait animer la solitude de la ville, et qui, à en juger par la pesanteur de sa marche, ne semblait pas attiré à B*** par une affaire bien pressante.

C'était un vieux paysan, vêtu de droguet bleu, coiffé d'un chapeau à larges bords par-dessous lequel s'échappaient de longues mèches de cheveux blancs. Sa figure froide et insignifiante n'avait rien de remarquable, et Cernin se disposait à rentrer, quand le vieux bonhomme s'arrêta devant la maison et tourna la tête à droite et à gauche, comme s'il eût craint de se tromper. Enfin il aborda le commis et lui dit en patois d'un ton traînant :

— Eh! monsieur, n'est-ce pas ici que demeure le percepteur?

Cernin essaya de deviner l'objet de cette visite matinale, mais il ne put rien lire sur la physionomie dure et sans expression du paysan.

— Oui, c'est ici, — répliqua-t-il avec impatience; — mais si vous venez pour affaires, il est trop tôt... Le bureau des contributions n'est pas encore ouvert.

Le vieillard, à son tour, regarda son interlocuteur d'un air d'inquiétude et de défiance.

— Mais j'ai payé mes impositions, — répliqua-t-il ; — voudrait-on me faire payer deux fois? Je plaiderai plutôt... Ensuite, peut-être ne me reconnaissez-vous pas, monsieur? — ajouta-t-il en se ravisant; — c'est moi qui suis le père Nicot... du gué de Chez-Nicot, vous savez? Et il doit y avoir sur le livre que j'ai payé!

— C'est possible, — répondit Cernin ; — mais alors, mon brave homme, que voulez-vous de M. le percepteur?

Le père Nicot ne se hâta pas de répondre, il avait besoin de se remettre de la chaude alerte qu'il venait d'éprouver, quand il s'était cru menacé de payer deux fois ses impositions.

— M. Bienassis est-il chez lui? — demanda-t-il enfin.

— Non, mon ami ; il est allé hier au marché de Salignac et il n'a pas reparu, ce qui cause beaucoup d'inquiétude à sa famille.

Le vieux Nicot branla la tête en silence, puis il répliqua tranquillement :

— Allons! c'est bien ça... je ne m'étais pas trompé.

— Que voulez-vous dire? — demanda Cernin en le saisissant par le bras ; — pourriez-vous me donner des nouvelles de mon cher patron, M. Bienassis?

— Oui, et de fâcheuses nouvelles, — répliqua le père Nicot avec son flegme agaçant ; — mais ne me serrez pas si fort... je ne me sauverai pas... J'avais bien reconnu le percepteur, mais il vaut mieux être sûr de ce qu'on dit.

— Enfin, qu'avez-vous vu? Où est M. Bienassis? Pourquoi ne vient-il pas? — demanda Cernin au comble de l'agitation ; — parlez... parlez donc, vieux fou!

— Bah! bah! ce que j'ai à conter se saura toujours assez tôt! — Cependant, le bonhomme, après quelques nouvelles tergiversations dont nous faisons grâce au lecteur, consentit à exposer les motifs de sa venue. On se souvient que, la veille, dans l'aventure où Robertin et mademoiselle de La Southière avaient failli périr, le taureau du père Nicot s'était échappé de l'enclos et avait gagné les bois. Or, ce matin même, le vieux paysan s'était mis à la recherche de l'animal égaré, et, en traversant un pâturage qui avoisinait le gué; il avait vu un homme étendu sans mouvement sur le gazon. Il s'en était approché, et avait reconnu que cet homme, qui lui semblait être le percepteur, ne donnait plus aucun signe de vie. — J'ai cru d'abord que c'était encore de l'ouvrage de Lébérou, notre taureau, — poursuivit le père Nicot, — mais ce cas, vous comprenez, monsieur, que je n'en aurais pas été responsable... Lébérou paissait bien tranquillement hier matin dans notre *coudéro*; pourquoi est-on venu le déranger? pourquoi l'a-t-on laissé *ensauver*? S'il y a quelqu'un de coupable, ce sont les bourgeois qui sont entrés dans l'enclos, et si Lébérou est perdu, ils me le paieront ce qu'il vaut, ou bien leur droit ici pour auverrai du papier timbré.

— Et vous êtes sûr... là, bien sûr, — interrompit Cernin d'une voix presque inintelligible, — que cette personne... morte était M. Bienassis?

— J'en mettrais ma main au feu, puisqu'il n'est pas chez lui. D'ailleurs, j'ai bien vite reconnu que Lébérou n'était pas l'auteur de la chose ; car l'*homme* avait reçu un coup de fusil dans la poitrine, à preuve que la chemise est encore noire de poudre. Cependant je n'ai pas voulu déranger le corps, de peur de me mettre dans la peine ; on m'accuserait d'avoir trempé dans cette mauvaise affaire... et je suis venu tout droit ici pour prévenir la justice.

Cernin était anéanti ; néanmoins il demanda encore au père Nicot quelques renseignements qui ne lui laissèrent aucun doute sur la réalité de la tragique nouvelle.

— Grand Dieu! que faire? — dit-il avec désespoir ; — comment annoncer à ces malheureuses sœurs?...

En ce moment la brigade de gendarmerie tout entière se dirigeait vers la maison. Cavaliers et montures, après avoir pris seulement quelques heures de repos, se remettaient en marche pour recommencer les recherches. Le maréchal des logis, pensant qu'il pourrait se procurer chez le percepteur quelque renseignement nouveau, s'approcha de Cernin qui lui apprit d'une voix éteinte la découverte du père Nicot. Le militaire, si endurci qu'il fût contre les événements de ce genre, ne put retenir un mouvement brusque.

— Fichtre! — dit-il, — voilà qui passe joliment la plaisanterie! Ah çà! et l'argent, les fonds de l'État, sait-on ce qu'ils sont devenus?... Mais nous tirerons cela au clair... L'ami, — continua-t-il en s'adressant au vieux paysan, — vous allez nous conduire à l'endroit où se trouve le corps.

Il appela un de ses hommes, et, après lui avoir expliqué brièvement de quoi il s'agissait, il lui ordonna d'aller prévenir le juge de paix et le docteur Simonaud, afin qu'ils se rendissent sans retard au gué de Chez-Nicot pour les constatations judiciaires. Puis, se tournant vers le commis :

— Entre nous, monsieur Cernin, — reprit-il, — vous feriez bien de parler aux pauvres demoiselles. On va sans doute rapporter le corps ici, et si elles n'étaient préparées à l'affaire...

— Vous avez raison, il le faut! — dit Cernin ; — mais comment m'y prendre?

— Ma foi! — répliqua l'officier en faisant la grimace, — c'est, j'en conviens, une vilaine tâche, et quant à moi, j'aimerais mieux avoir à lutter seul contre dix coquins que d'en être chargé... Allons, courage!... à chacun sa besogne!

Et il voulut partir ; mais le père Nicot, en se voyant entouré de gendarmes qui avaient l'air de veiller sur lui, manifesta quelque hésitation.

— Vous ne m'arrêtez pas, au moins? — dit-il avec une inquiétude naïve, — j'ai payé mes impositions, moi! Et puis, je n'ai pas tué le percepteur, ni Lébérou non plus... D'ailleurs, Lébérou s'est enfui, et je ne dois pas répondre...

— Marchez, marchez donc! — reprit l'officier avec impatience.

Mais, pour faire avancer d'un pas le vieux paysan, il fallut lui donner l'assurance qu'il était parfaitement libre ; que Lébérou, son taureau, n'était nullement incriminé, enfin qu'on lui demandait uniquement un acte de complaisance dont la force publique lui saurait gré d'une manière toute particulière. Alors seulement il consentit à servir de guide et l'on partit.

Au bruit qu'avait fait le peloton de cavalerie en se remettant en marche, les deux demoiselles Bienassis s'étaient réveillées en sursaut et étaient accourues sur le seuil de la porte.

— Mon bon monsieur Cernin, — demanda Hortense, — que se passe-t-il? que vous ont dit les gendarmes?

— Ont-ils enfin des nouvelles de mon frère? — ajouta Marion.

— Rentrons, mesdemoiselles, — répliqua Cernin qui s'efforçait de paraître calme, — rentrons, je vous en prie.

Et il les obligea doucement de revenir dans la salle du rez-de-chaussée. Dès qu'elles furent assises, elles l'accablèrent de questions auxquelles il ne répondait qu'avec embarras et en versant des larmes. Vainement essaya-t-il d'employer les ménagements d'usage, l'impétuosité des deux jeunes filles déconcertait toutes ses préparations. Il fallut avouer la vérité, et quoique les demoiselles Bienassis dussent s'attendre à un pareil événement, il n'en produisit pas moins sur elles l'effet d'un coup de foudre.

— Ils ont tué mon frère?... je ne le verrai plus! — s'écria Hortense qui s'évanouit.

— Théodore! mon cher Théodore! — s'écria Marion à son tour.

Et si elle ne s'évanouit pas, comme Hortense, c'est qu'elle se roidit contre sa propre faiblesse pour porter secours à sa jeune sœur.

Tirons le rideau sur cette scène de désolation.

Quelques heures plus tard, une charrette escortée par la gendarmerie s'arrêtait devant la maison du percepteur. On en descendit un objet lourd, de forme allongée, couvert d'un manteau, et on le transporta dans une chambre du premier étage. Heureusement les demoiselles Bienassis n'étaient déjà plus là ; des voisins, prévenus à temps de ce qui allait se passer, les avaient emmenées presque de force. Cernin était resté pour veiller aux intérêts de la famille et à ceux de l'administration dont le défunt était chef.

Aussi bien la maison et la rue regorgeaient de monde. Bienassis, malgré ses défauts, peut-être même à cause de ses défauts, était très-populaire à B***. Tous les habitants accouraient pour avoir des détails sur la catastrophe. Les gendarmes, chargés de maintenir l'ordre, avaient bien pu tenir à distance la plèbe des curieux, le sabre à la main. Là se trouvaient le maire de la ville, le juge de paix, le maréchal des logis de la gendarmerie, et enfin le greffier qui devait remplir les fonctions de secrétaire. On attendait le rapport du docteur Simonaud qui, assisté d'un autre médecin, procédait, dans la chambre du premier étage, à l'examen scientifique du corps, et l'on faisait des suppositions sur le funeste événement.

— M. Cernin, — dit le maire, — vient de m'assurer que, d'après le registre à souche retrouvé sur le cheval, le percepteur avait dû toucher hier plus de deux mille francs pour le fisc au marché de Salignac. D'autre part, M. le maire de Salignac affirme avoir vu M. Bienassis placer deux gros sacs d'argent dans les bougettes de sa selle. Cet argent ayant disparu, il paraît certain que la mort de M. Bienassis a été le résultat d'un crime ; mais alors comment expliquer que les malfaiteurs n'aient pas emporté la montre et la chaîne d'or de la victime, ainsi que le porte-monnaie qui est resté dans la poche de sa redingote ?

— Avec votre permission, monsieur le maire, — répliqua l'officier de gendarmerie d'un ton assuré, — l'explication de ce fait saute aux yeux ; c'est qu'une chaîne, une montre et un porte-monnaie peuvent être facilement reconnus et trahir les voleurs ; au lieu que l'argent n'a aucun signe particulier et ne compromet pas ceux qui s'en emparent. Nous savons cela, nous autres ! Mais les coquins le savent aussi, et c'est pourquoi ils sont si prudents... N'importe ! je pincerai le malin qui a manigancé ce beau coup là... Oui, je le placerai où j'y perdrai mon nom !

— Ne préjugeons rien, — dit M. de Cursac qui avait la direction de l'enquête ; — il est malheureusement probable que la mort de M. Bienassis doit être attribuée à un crime ; mais attendons des renseignements plus précis avant d'établir notre conviction.

En ce moment Simonaud entra, suivi de l'autre médecin.

— Avez-vous rempli votre mission, messieurs ? — demanda le juge de paix.

— Oui, monsieur, — répliqua le jeune docteur qui avait en ce moment un air solennel, — et voici le résultat de notre examen : le malheureux Bienassis a été tué par un coup de fusil chargé à plomb.

— Êtes-vous certain que ce n'était pas un pistolet ?

— Un pistolet, même tiré à bout portant, n'eût pu contenir autant de gros plomb que nous en avons trouvé dans la plaie et produire des désordres aussi graves. Sans aucun doute le coup a été tiré à très-courte distance, par une personne qui arrivait obliquement sur la victime ; et, les organes essentiels à la vie ayant été atteints, la mort a dû être immédiate.

— M. Bienassis se trouvait-il à cheval au moment où il a été frappé ?

— Non, monsieur ; nous avons mesuré l'angle que formait la blessure, et nous avons reconnu que cet angle était très-peu sensible ; donc, le coup a été tiré par un individu de taille ordinaire, qui se trouvait à peu près de niveau avec le percepteur...

Cette circonstance surprit les assistants, car on se demandait comment M. Bienassis avait pu se décider à descendre de cheval ; mais déjà précédemment on s'était demandé, sans trouver de réponse, comment on avait réussi à détourner le percepteur de son chemin pour l'amener à l'endroit désert où le meurtre avait été commis.

— Avez-vous retrouvé la bourre du fusil ? — reprit M. de Cursac.

— Elle n'était pas dans la plaie ; sans doute elle se composait de papier léger qui aura été complètement brûlé ou déchiré en fragments très-petits par l'explosion et dispersé par le vent.

— A moins, — dit l'officier de gendarmerie en clignant des yeux, — que le fusil n'ait été chargé de feuilles sèches, suivant l'habitude de certains braconniers... Dans ce cas, la bourre est réduite en poussière, et on n'en peut découvrir aucune trace.

— On fera de nouvelles recherches sur le théâtre du meurtre, — dit le magistrat.

M. de Cursac adressa encore quelques questions aux médecins, puis il leur dit :

— Écrivez votre rapport, messieurs, et signez-le... Votre tâche est finie, du moins pour le moment.

Pendant que Simonaud et son confrère rédigeaient cet acte important, le juge de paix reprit d'un air pensif :

— Il n'y a plus de doute, messieurs, la mort de notre malheureux ami est l'œuvre d'un malfaiteur... Maintenant qui peut être le coupable ?

Un silence complet suivit cette question ; chacun des assistants comprenait combien une parole irréfléchie pouvait avoir de gravité en ce moment, et nul n'osait exprimer les suppositions qui se présentaient à son esprit. Le maréchal des logis, qui par sa profession devait avoir plus de hardiesse, reprit bientôt :

— Voyez-vous, monsieur le juge, nous possédons, dès à présent, certaines données qui ne peuvent manquer de nous mettre sur la voie. Ainsi, *primo*, l'assassin est en même temps un voleur, puisque les fonds de l'État dont M. Bienassis était porteur ont disparu ; *secundo*, l'assassin était bien connu du percepteur, puisque M. Bienassis s'est détourné de son chemin pour se rendre au gué de Chez-Nicol, ce qu'il n'eût pas fait certainement à la demande du premier venu ; *tertio* enfin, le gredin qui est l'auteur du méfait devait se promener, bien au matin, dans le voisinage du gué, avec un fusil, et comme tout le monde n'a pas de fusil dans le pays, notre tâche devient plus aisée... Et tenez, — ajouta-t-il en se tordant la bouche d'un air narquois, — je gagerais que j'ai votre homme !

— Prenez garde de vous tromper, — dit le juge de paix ; — en se pressant trop, on accuse parfois des innocents.

— Je ne me trompe pas, — dit l'officier.

Et il parla bas à M. de Cursac ; celui-ci l'écoutait attentivement et semblait lui faire des objections auxquelles le gendarme répondait avec chaleur. Enfin le juge de paix dit à haute voix :

— Peut-être avez-vous raison ; il faut donc nous assurer sur-le-champ si vos conjectures sont fondées. La nouvelle de l'événement va se répandre dans le pays ; nous ne devons pas laisser au coupable le temps de se reconnaître.

— Je puis me mettre en route à l'instant, si vous l'ordonnez.

— Soit, et je vous accompagnerai moi-même, car je tiens à vérifier en personne si celui que vous soupçonnez est pour quelque chose dans ce crime abominable. Je vais envoyer chercher mon cheval à la maison... Il ne sera pas nécessaire que toute la brigade nous suive ; vous et un seul de vos hommes, vous me suffirez.

Le maréchal des logis s'inclina respectueusement, et M. de Cursac se leva. Toutefois, aucun des assis-

L'ASSASSIN DU PERCEPTEUR

Docteur, demanda Palmyre, comment avez-vous trouvé M. Robertin. (Page 21.)

tants ne leur adressa de questions sur leurs projets ultérieurs, car c'était le secret de la justice.

Bientôt le juge de paix, escorté du maréchal des logis et d'un autre gendarme, sortit à cheval de la ville de B***. On disait dans la foule que la force publique était déjà sur la trace de l'assassin de monsieur Bienassis.

IX

ANGOISSES

La veille au soir, après l'épouvantable événement du gué de Chez-Nicot, monsieur de la Southière, comme nous l'avons dit, était rentré à Roqueroles. Enfermé dans sa chambre, il n'avait pas demandé de lumière, et il était demeuré sur un siége sans faire un mouvement, sans prononcer une parole. Il n'avait maintenant ni pensée, ni remords, ni crainte, ni espérance, ni colère; il était incapable de prendre une résolution quelconque; toutes ses facultés fléchissaient sous le poids de l'intolérable fardeau qui venait brusquement l'accabler.

Plusieurs heures s'écoulèrent ainsi. Un calme profond régnait dans la vieille demeure, et c'était à peine si, par intervalles, quelques bruits légers s'élevaient de la chambre de Robertin. Le même silence, la même obscurité régnaient dans l'appartement de Palmyre; cependant il y avait là une jeune fille, et peut-être deux, qui devaient avoir leur part de terreurs pendant cette mémorable nuit.

Enfin monsieur de la Southière sortit de son engourdissement. La conscience de la réalité lui revenait, et avec elle le sentiment des impérieuses nécessités du moment. Parmi ces nécessités, la plus pressante était de témoigner à son hôte blessé les égards et les attentions auxquels il avait droit. L'éleveur se dirigea donc, d'un pas encore mal assuré, vers la chambre où Armand Robertin était couché, sous la garde de son domestique.

Il fut heureux pour monsieur de la Southière qu'une seule bougie, munie d'un abat-jour, éclairât cette chambre d'une manière insuffisante et ne permit pas de voir la pâleur presque cadavéreuse de son visage habituellement si coloré. D'ailleurs, Armand venait d'être pris d'une fièvre violente, et il n'avait pas les perceptions bien nettes. Son domestique, tout occupé de lui, ne songeait pas à examiner le visiteur.

Armand reconnut pourtant son ami et lui tendit la main.

— Eh bien, mon cher enfant, — demanda la Southière, d'un ton bas qui déguisait l'altération extraordinaire de sa voix, — êtes-vous mieux? Avez-vous besoin de quelque chose?

Il savait à peine ce qu'il disait et obéissait à un instinct purement machinal.

— Merci, la Southière, — répondit Armand, — je ne manque de rien ici, et mon brave Julien me soigne avec un dévouement sans bornes... Je me sens un peu agité, mais ce ne sera rien... Parlons plutôt de votre charmante fille, mademoiselle Palmyre. Ne se ressent-elle pas de la terrible secousse d'aujourd'hui? Oh! de grâce, ne me trompez pas!

— Elle est bien, fort bien, — répliqua la Southière avec effort.

— Dieu soit loué! Je craignais... Ah! mon ami, — poursuivit Armand avec une exaltation croissante, — je crois toujours la voir telle qu'elle était, quand, penchée sur moi, elle cherchait à me rappeler à la vie! Son regard semblait si doux!... et ses belles larmes tombaient sur mon visage! Elle est aimante autant que belle, n'est-ce pas?

— Oui, oui, elle est aimante, — répliqua le père avec un accent étrange; — mais calmez-vous, mon garçon... Nous causerons dans un autre moment... Allons, puisque vous n'avez besoin de rien, Armand, bonsoir.

— Bonne nuit! mon cher hôte, — murmura le malade.

Monsieur de la Southière se retira précipitamment.

— Bonne nuit... à moi! — se disait-il avec une froide poignante. — Ah! oui, je vais passer une bien bonne nuit!

Et il regagna sa chambre. Mais cette fois il ne retomba pas dans le morne abattement où il éprouvait avant sa visite à Robertin. La fièvre s'emparait de lui à son tour; ne pouvant rester en place, il allait et venait sans cesse. Heureusement un épais tapis amortissait le bruit de ses pas, et, sauf quelques mots sans suite qui lui échappaient par intervalles, il pouvait contenir l'expression de ses pensées tumultueuses. Souvent il semblait pris d'un véritable accès de rage, et il ouvrait un secrétaire où sa main caressait la crosse ciselée de deux pistolets; puis il ressentait une terreur qui approchait de la frénésie. Dans l'ombre de son alcôve apparaissait la figure pâle du percepteur; de quelque côté qu'il regardât, cette forme effrayante se plaçait obstinément devant lui. D'autres fois, il lui semblait qu'il était dans l'enceinte d'une cour d'assises, qu'il se tenait humble et tremblant devant des juges, qu'il entendait une voix austère lui jeter une épithète formidable. Puis, dans le vague, dans un brouillard glacial, il entrevoyait des êtres et des choses plus terribles encore, dont la pensée lui donnait le frisson et hérissait ses cheveux sur sa tête. Ces visions le poursuivirent longtemps; pour leur échapper, il ouvrit une fenêtre. L'air de la nuit rafraîchit son sang, dissipa ses hallucinations. Mais à peine commençait-il à recouvrer un peu de calme, qu'il aperçut des lumières courant avec rapidité sur la route voisine, tandis que le galop de plusieurs chevaux se faisait entendre au milieu du silence de la campagne.

— On le cherche! — murmura-t-il en reculant jusqu'à l'autre extrémité de la chambre.

Cependant les lumières ne tardèrent pas à disparaître, le bruit cessa, et monsieur de la Southière se retrouva aux prises avec ses terreurs et ses remords.

Plusieurs fois, pendant cette veille lugubre, il eût pu distinguer des chuchottements, de sourdes plaintes, des sanglots même qui partaient de la chambre de Palmyre; mais ses sens étaient émoussés, et le trouble de son âme l'empêchait de songer à d'autres que lui-même.

La nuit se passa dans ces alternatives de colère, de douleur et d'effroi. Vers le matin, cette tempête intérieure s'apaisa, les images sinistres s'effacèrent, et monsieur de la Southière put envisager avec un peu de sang-froid sa situation nouvelle. La réflexion prit la place du rêve, l'intelligence se dégagea du nuage obscur qui l'avait enveloppée jusque-là, et le meurtrier de Bienassis réussit enfin à se tracer un plan de conduite.

Aux premières lueurs du jour, il savait nettement ce qu'il aurait à dire si l'une ou l'autre éventualités venaient à se présenter. Cette détermination lui ayant rendu sa force et son activité, il voulut procéder sur-le-champ à l'exécution du plan qu'il avait conçu.

Il se mit à son bureau, écrivit rapidement une lettre et sortit de la chambre.

Quoique le ciel fût déjà lumineux, une demi-obscurité régnait dans la maison, où rien ne bougeait. Monsieur de la Southière longea un corridor silencieux, et vint frapper à la porte de Palmyre; cette porte était fermée en dedans.

Un léger bruit de voix se fit entendre à l'intérieur, mais comme on n'ouvrait pas, l'éleveur frappa de nouveau et avec plus de force.

Enfin, on demanda comme en tremblant :

— Qui est là?

— C'est moi, Palmyre; ouvre donc, — répondit la Southière.

Bien que sans doute on eût reconnu sa voix, on hésitait à déverrouiller la porte, et peut-être la personne qui se trouvait de l'autre côté était-elle en proie à une inexprimable épouvante.

— Ouvrira-t-on? — répéta la Southière avec impatience.

Cette fois, le verrou fut poussé comme par un mouvement convulsif, et le visiteur matinal put pénétrer dans la chambre de sa fille.

Palmyre et Jenny Meurier était là l'une et l'autre debout et haletantes comme deux coupables qui attendent leur arrêt. Le lit n'était pas défait, et elles portaient encore leurs vêtements de la veille; évidemment, elles aussi, avaient passé la nuit dans une anxiété mortelle. Palmyre semblait brisée par la souffrance; ses longs cheveux débouclés retombaient autour de son visage, et ajoutaient encore à l'expression de désolation et de désespoir empreinte sur sa physionomie. Jenny elle-même n'avait plus cet air de raillerie et de frivolité qui lui était ordinaire; elle paraissait enfin comprendre que la vie a des côtés sérieux, et que certaines jolies imprudences peuvent amener les conséquences terribles. Les agitations et l'insomnie entouraient ses yeux d'un cercle bistré qui en augmentait l'éclat; mais tandis que la figure de Palmyre avait la blancheur transparente de la cire vierge, celle de la camériste présentait des teintes fauves, basanées, qui lui donnaient un caractère dur et presque sauvage.

Au moment où monsieur de la Southière entra, il était lui-même si défait, un tel changement s'était opéré dans ses traits depuis quelques heures, que les deux jeunes filles en sentirent redoubler leur effroi. Jenny s'abrita derrière un meuble, tandis que Palmyre, tombant à genoux, disait d'une voix éteinte :

— Mon père! mon père!... Ne me tuez pas!

La Southière regarda fixement sa fille ainsi prosternée, et un sentiment étrange se peignit sur son visage, mais ce sentiment s'effaça presque aussitôt.

— Levez-vous, — dit-il d'un ton sec; — qui parle de vous tuer?

Il ajouta :

— N'est-ce pas assez?

Palmyre voulut obéir; la force lui manqua, et elle ne put parvenir à se remettre sur pied. Son père ne songea pas à lui tendre la main; peut-être même ne s'aperçut-il pas de sa faiblesse.

— Disposez-vous à partir dans dix minutes avec votre digne amie, — reprit-il d'un ton saccadé; — on va vous conduire dans la berline au couvent de Limoges, où vous avez fait votre éducation, et vous y resterez jusqu'à nouvel ordre. Je donne à madame la supérieure mes instructions dans une lettre que vous lui remettrez, et vous vous y soumettrez aveuglément... Quant à cette fille, — ajouta-t-il en foudroyant d'un regard Jenny Meurier, — cette odieuse créature dont les conseils et l'exemple vous ont perdue, elle va partir avec vous; mais vous vous séparerez à l'entrée de la ville, et qu'elle s'arrange pour que je n'entende plus parler d'elle. Si j'apprends jamais que vous avez reçu sa visite, que vous avez entretenu une correspondance avec elle, ou même qu'elle a prononcé un mot sur les affaires de ma maison, je jure de tirer d'elle une terrible vengeance!

Il s'exprimait avec une énergie tellement farouche que la jeune couturière, malgré son audace, courba la tête et fit un geste suppliant; mais elle n'osa parler, de peur que le seul son de sa voix ne fût capable de déchaîner à l'instant sur sa tête la vengeance dont on la menaçait.

Palmyre, au contraire, avait été rassurée par l'annonce de son départ immédiat. Elle réussit enfin à se relever en s'appuyant à un meuble, et elle dit humblement :

— Mon père, ayez pitié de moi! Daignez m'apprendre...

La Southière frappa du pied.

— Paix!... pas un mot! — dit-il avec violence; — qu'on m'obéisse, et que nul ne soit assez hardi pour m'interroger, ou malheur à lui!

Un silence morne suivit cet éclat de colère. La Southière, après une assez longue pause, reprit avec effort :

— Vous devez avoir certaines lettres... Il faut me les remettre à l'instant... où sont elles?

— De quelles lettres voulez-vous parler? — demanda Palmyre qui ne comprenait pas.

— Des papiers roses que vous alliez prendre dans un trou d'arbre au bout de l'avenue.

— Quoi! vous saviez donc?...

— Ces lettres, misérable fille!

Mademoiselle de la Southière s'élança vers un petit meuble fermant à clef, et en tira une liasse de papiers de couleur rose qu'elle tendit à son père. Celui-ci les prit avec rudesse, ou plutôt les lui arracha, et s'assura par une inspection rapide que la lettre écrite la veille par Bonnassis, et même le petit billet, cause de tant désastres, se trouvaient dans le paquet. Il serra le tout dans sa poche, et dit à Palmyre qui semblait souffrir les tortures de l'enfer :

— Et vous, combien de lettres lui avez-vous écrites?

— Deux... trois... je l'ignore... Mais je vous jure, mon père, que ces lettres ne contenaient rien de coupable. C'étaient simplement des réflexions générales sur l'amour, sur la poésie, sur...

— De charmants enfantillages! — dit M. de la Southière bas avec ironie; — des idylles, des madrigaux... Et toutes ces gentilles choses-là feront peut-être tomber la tête de ton père!

Palmyre poussa un cri déchirant et se jeta presque évanouie dans un fauteuil. Jenny qui n'avait rien entendu, crut que M. de la Southière avait frappé sa fille, et elle s'avança pour la soutenir; mais elle n'osa encore prononcer un mot, car ses craintes personnelles la rendaient timide jusqu'à la lâcheté. L'éleveur demeura quelques instants immobile, les yeux tournés vers la terre. Enfin, il reprit d'un ton bref :

— Soyez prêtes l'une et l'autre dans dix minutes.

Et il les quitta en courant.

Néanmoins, quand il fut au bas de l'escalier, il s'arrêta pour composer son visage. Il venait de voir ses piqueurs et ses palefreniers vaquant déjà dans la cour à leurs occupations ordinaires. Plusieurs des magnifiques chevaux que contenaient les écuries avaient été amenés devant la porte; les hommes chargés de les panser étrillaient et brossaient leur robe fine et polie en causant gaiement entre eux. Monsieur de la Southière se dirigea vers Baptiste, qui était en train de faire la toilette d'un joli poulain bai brun.

— Baptiste, — lui dit-il avec un accent qui avait toute sa sonorité, — laisse là d'*Aguesseau*, quelqu'un de tes camarades achèvera la besogne. Pour toi, tu vas atteler la vieille poulinière à la berline, puis tu conduiras ma fille et la couturière à Limoges.

— A Limoges, monsieur? vous n'avez pas parlé hier de ce voyage, et je croyais que la Jenny seule devait partir.

— Que j'en aie parlé ou non hier, il faut m'obéir ce matin.

— On y va, monsieur, on y va... C'est que d'*Aguesseau* ne veut pas qu'un autre que moi le touche... Mais voilà qui est fini.

Au moment d'exécuter les ordres de son maître, Baptiste, qui avait parfois son franc parler avec monsieur de la Southière, lui dit avec un certain embarras :

— Tenez, monsieur, j'ai tort peut-être de me mêler de vos affaires; mais si vous avez eu des *raisons* avec cette bonne mademoiselle Palmyre, à cause de la couturière, ne regretterez-vous pas de vous être montré si dur pour notre jeune maîtresse?

— Comment! drôle, te permets-tu de me donner des conseils à l'égard de ma fille? — dit monsieur de la Southière.

Cependant, au fond, il n'était pas fâché de cette observation, car il ajouta d'un ton plus doux :

— Tu es un brave garçon, Baptiste, tu es à mon service depuis ton enfance et je ne voudrais pas que tu fisses des suppositions absurdes au sujet de ce voyage. Jenny est trop peu de chose pour troubler la bonne harmonie entre ma fille et moi; et, s'il ne s'agissait que d'elle, Palmyre resterait à Roqueroles. Mais ne sais-tu pas quel bruit a causé l'aventure d'hier? On en a parlé à Salignac, à B***, et le nom d'une jeune personne de bonne famille ne peut être ainsi prononcé sans inconvénients. Or, monsieur Robertin a passé une mauvaise nuit; sa maladie menace de se prolonger; ne vois-tu pas quelles inventions ridicules pourraient avoir cours dans le voisinage si l'on apprenait que pendant huit, quinze jours, davantage, peut-être ma fille et monsieur Armand auraient vécu sous le même toit? C'est pour prévenir ces bavardages que je me suis décidé à envoyer Palmyre au couvent où elle a tant d'amies. Aussitôt que notre hôte sera guéri et sera retourné chez lui, je m'empresserai de la rappeler... Quant à la couturière, j'avais déjà l'intention de la congédier ce matin; pourquoi ne profiterais-je pas de l'occasion pour en délivrer la maison? Seulement tu n'auras pas besoin de faire beaucoup de cérémonies avec elle; tu la déposeras à l'entrée de la ville avec son bagage et elle s'arrangera comme elle pourra, car je ne me soucie pas qu'on voie ma fille en sa compagnie.

Jamais monsieur de la Southière n'avait parlé à Baptiste avec tant de complaisance et de douceur. Aussi le piqueur sembla-t-il tout fier des explications qu'on daignait lui donner.

— Ah! que vous avez bien raison, maître! — répliqua-t-il; — les gens sont si méchants! Pour sûr, on jaserait si monsieur Robertin demeurait trop longtemps à Roqueroles; car les langues vont... elles vont!... Pour ce qui est de Jenny, vous faites bien de lui donner du balai. Avec sa coquetterie enragée, elle met de la zizanie parmi nous autres... Et puis il y a l'affaire de son intrigue avec le percepteur qui n'est pas belle non plus!

— Ne parle jamais de cela, — interrompit la Southière

précipitamment; — ne dis jamais un mot à qui que ce soit du billet dont le percepteur t'avait chargé pour Jenny. De pareilles choses ne peuvent se passer dans une maison honorable sans la discréditer, et si cette intrigue était connue, je me trouverais, à mon grand regret, dans la nécessité de te renvoyer toi-même pour l'avoir favorisée.

— Il suffit, maître; n'ayez pas peur que je cause; on me couperait plutôt la langue... Mais je vais mettre ma livrée et atteler la poulinière... quand devrai-je être de retour?

— Il sera inutile de te presser; aussi bien la vieille jument ne saurait aller vite. Tu ne reviendras donc ici que demain... Encore n'auras-tu pas besoin d'arriver de bonne heure, car la pauvre bête ne pourrait supporter deux jours consécutifs de grand fatigue.

Il remit de l'argent à Baptiste pour payer la dépense du voyage, et rentra à la maison, sûr que le piqueur allait répéter à ses camarades cette explication, fort plausible en apparence, du départ précipité de Palmyre. D'ailleurs il songeait qu'en soustrayant sa fille à certaines crises possibles et peut-être prochaines, en expulsant de sa maison la dangereuse Jenny, il se débarrassait en même temps de Baptiste, dont l'indiscrétion pouvait être à craindre, surtout dans les premiers moments.

. . . .

Bientôt la berline toute attelée vint stationner devant la porte du château. Baptiste, fier de la mission de confiance dont il était chargé, se donnait beaucoup d'importance en attachant sur la voiture les bagages des voyageuses. Palmyre et Jenny ne tardèrent pas à descendre avec monsieur de la Southière. Elle paraissaient tristes et souffrantes; mais leur abattement pouvait être attribué aux regrets de quitter Roqueroles. En revanche, monsieur de la Southière se montrait calme, affectueux, presque souriant avec sa fille :

— Allons! mon enfant, — lui disait-il à haute voix pendant que les gens de la maison s'approchaient pour le saluer, — les convenances, de ton propre aveu, ne rendent-elles pas ce voyage indispensable? N'est-ce pas toi qui la première en as eu l'idée? Ton absence ne saurait être longue; d'ici à quelques jours, sans doute, je t'enverrai chercher. Jusque-là, courage! et amuse-toi bien avec les amies du couvent... Je me charge de transmettre les compliments à ton brave libérateur, monsieur Robertin... N'oublie pas ma lettre pour la supérieure... Ah! ça, on a mis, j'espère, quelques provisions dans la voiture? Tu n'as rien voulu manger tout à l'heure, et certainement tu auras faim et soif pendant le voyage.

Palmyre ne comprenait rien à cette sollicitude, à ces recommandations amicales. Elle balbutia en réponse quelques paroles sans suite, elle parut toute troublée, elle allait monter en voiture, quand son père lui dit d'un ton de reproche :

— A quoi penses-tu donc, ma chère? Tu pars et tu oublies de m'embrasser... Voilà une singulière distraction!

La jeune fille s'empressa de lui présenter ses joues sur lesquelles la Southière appliqua deux baisers; mais elle avoua plus tard que les lèvres de son père avaient produit comme l'impression d'un fer rouge sur son visage. Jenny monta en voiture à son tour, après avoir adressé des adieux embarrassés aux personnes présentes, et jusqu'au moment du départ, monsieur de la Southière ne cessa de parler, de donner des ordres en apparence avec une entière liberté d'esprit. Comme la voiture allait s'ébranler, il dit tout à coup :

— La matinée est charmante, pourquoi n'accompagnerai-je pas, jusqu'à la route ma chère voyageuse?... Baptiste, tu n'iras qu'au pas jusqu'au bout de l'avenue... Je veux rester le plus longtemps possible auprès de ma fille.

On partit donc, mais selon l'ordre du maître, la berline n'allait qu'au pas, et monsieur de la Southière, la suivit à pied en causant par la portière avec Palmyre. Quand on fut sous les arbres de la solitaire avenue, il changea de ton tout à coup et dit avec un sourire amer :

— N'est-il pas vrai que je suis un excellent comédien?

— Oh! mon père, mon père! — murmura Palmyre en fondant en larmes.

Un léger brouillard couvrait encore la campagne; mais le soleil, en acquérant de la force, ne pouvait manquer de dissiper bientôt ces vapeurs transparentes. La rosée tombait goutte à goutte sur les larges feuilles des châtaigniers; les oiseaux chantaient dans les haies; une brise vivifiante courait sur les hautes herbes. Enfin, un beau jour s'annonçait, quoique, hélas! le calme et l'harmonie de la nature ne dussent exercer aucune influence sur l'esprit de ceux qui contemplaient en riant tableau.

Comme l'on arrivait sur la route, Baptiste, du haut de son siège, aperçut un groupe d'hommes, les uns à pied, les autres à cheval, arrêtés devant le défilé de rochers qui conduisait au gué de Chez-Nicot. La brume et l'éloignement empêchaient de distinguer ces individus; cependant les faibles rayons du soleil levant se reflétaient sur des armes polies, et on entrevoyait des uniformes à revers rouges qui se détachaient sur les teintes grises des rochers.

Baptiste avait remarqué cette circonstance peu ordinaire, et, au moment de prendre une direction opposée, il retournait fréquemment la tête vers ces gens avec une ardente curiosité. Monsieur de la Southière, lui aussi, avait remarqué ce rassemblement dont la position était de nature à lui donner tant à penser.

— Allons, Baptiste, — reprit-il tout à coup, — je ne saurais aller plus loin. Tu peux trotter à présent... Adieu, ma fille.

— Monsieur, — demanda Baptiste, — ne sont-ce pas des gendarmes que j'aperçois là-bas? Que diable peuvent-ils faire à cette place?

— Eh! que m'importe? On ne voit plus qu'eux sur les chemins... Tu peux trotter, te dis-je!... Adieu, Palmyre; il sera inutile de m'écrire, car je te le rappellerai bientôt où j'irai te voir.

Et, au moment où le cocher se disposait à lancer la jument au trot, la Southière, se penchant dans la voiture, dit d'une voix sourde :

— Prenez garde l'une et l'autre... Vous surtout, Jenny Meurier! — ajouta-t-il en fixant sur la couturière un regard haineux.

Palmyre et Jenny ne répondirent pas et la voiture s'éloigna, non sans que Baptiste se retournât encore pour regarder du côté du défilé.

Monsieur de la Southière la suivait des yeux avec anxiété, comme s'il eût craint qu'un événement imprévu ne l'obligeât de revenir en arrière. Quand elle eut disparu, au détour de la route, il poussa un soupir de soulagement et passa la main sur son front baigné de sueur.

Le groupe d'inconnus continuait de rester à la même place et semblait attendre quelque chose. La Southière, reconnaissant qu'il était lui-même l'objet de l'attention de ces hommes, s'empressa de rentrer dans le parc; mais il se posta derrière la haie qui longeait la route, et, écartant le feuillage, il darda de nouveau les yeux sur les gens dont la présence le préoccupait si vivement.

Ils manifestaient en ce moment une certaine agitation et causaient avec chaleur, le visage tourné vers le gué de Chez-Nicot. Au milieu d'eux était une charrette découverte, attelée d'un cheval, dont on ne pouvait deviner la destination.

Enfin un nouveau groupe d'hommes, parmi lesquels on reconnaissait encore plusieurs gendarmes, débouchèrent du défilé, portant avec précaution un objet lourd, qu'ils se mirent en devoir de charger dans le charriot. La Southière comprit alors de quoi il s'agissait et le sang se glaça dans ses veines. Une dernière et cruelle épreuve lui était réservée : comme les porteurs élevaient leur fardeau pour le placer dans la charrette, le manteau dont il était couvert s'écarta par hasard, et l'on put voir au soleil une tête livide, aux yeux éteints, du plus sinistre aspect.

Le malheureux la Southière n'y tint plus; il poussa un gémissement, et, se couvrant le visage de ses deux mains crispées, il se laissa tomber sur le gazon.

Quand, après une assez longue pause, il eut la force de

regarder de nouveau, le charriot s'était mis en marche vers B***, suivi des cavaliers et des piétons qui l'entouraient tout à l'heure. Un seul gendarme s'était détaché de la bande et s'avançait bon train vers le château de Roqueroles.

Dans la situation terrible où se trouvait M. de la Southière, tout devait être motif de crainte ; il eut la pensée que l'on venait pour l'arrêter. La réflexion lui fit sentir que cette supposition était au moins prématurée, que l'on ne pouvait encore avoir conçu aucun soupçon contre lui, et qu'une imprudence de sa part serait seule capable d'en donner. Aussi ne tarda-t-il pas à se rassurer et il gagna l'avenue, où il fut bientôt rejoint par le maréchal des logis.

Celui-ci, en l'apercevant, ralentit l'allure de son cheval et fit le salut militaire.

— Mes respects, monsieur de la Southière ! — dit-il brièvement ; — vous savez sans doute qu'un crime a été commis hier au soir tout près de votre habitation ?

— Quel crime ? — demanda la Southière en baissant les yeux ; — nous avons un malade ici, M. Robertin, qui a failli périr hier par accident ; et, tout occupé de lui, je ne me suis pas informé de ce qui se passait dans le voisinage.

— M. Robertin... un jeune homme très-*comme il faut*. Oui, oui, je connais cette affaire... Eh bien ! sacrebleu ! il paraît que le gué de Chez-Nicot est un endroit peu favorable aux jeunes bourgeois, car deux accidents y sont arrivés hier en quelques heures.

Et le gendarme raconta comment M. Bienassis, le percepteur de B***, avait été volé et assassiné dans le voisinage du gué.

— Volé... assassiné ? — répéta la Southière avec un trouble bien naturel.

— On vient de retrouver le corps. Sans doute le pauvre percepteur a trop laissé voir les sacs d'argent appartenant à l'État, et cette imprudence aura monté les têtes.

— Quoi donc ! — dit M. de la Southière en exprimant tout haut la pensée qui le frappait le plus, — a-t-on volé les sommes qu'il rapportait de Salignac ?

— Pourquoi l'aurait-on assassiné, si ce n'eût été pour le voler ? Le cheval du percepteur est revenu seul à la maison, et les sacoches étaient vides.

Cette particularité, nouvelle pour lui, renversait toutes les idées de M. de la Southière. Le gendarme attribua son silence à l'effroi légitime que devait lui causer un événement de cette espèce.

— Cela vous étonne, n'est-ce pas ? — reprit-il ; — depuis longtemps, en effet, il n'y avait eu dans le pays de crime aussi hardi ; et si je peux poser la main sur le *farceur* qui a fait ce bel ouvrage-là... Toujours est-il, monsieur, que je viens vous demander si vous, ou les personnes de votre maison, vous n'auriez pas vu ou entendu quelque chose qui pourrait éclairer la justice ?

— Rien du tout en ce qui me concerne, — répliqua la Southière d'un ton lent et posé. — Nous sommes ici à plus d'une lieue du gué de Chez-Nicot, et nous n'avons rien su de ce qui se passait là-bas. Hier matin, il est vrai, le percepteur a passé ma porte et m'a dit quelques mots au sujet de mes contributions en retard...

— Bah ! il a dit la même chose à cinquante personnes dans la journée d'hier, — interrompit le maréchal de logis avec un peu d'impatience ; — mais peut-être serais-je plus heureux avec vos gens.

— Les voici et vous êtes libre de les interroger.

Pendant cette conversation, ils avaient descendu l'avenue et étaient arrivés dans la cour du château. Les palefreniers se trouvaient encore là, occupés de leurs divers travaux ; mais peut-être n'auraient-ils pas osé s'approcher si M. de la Southière ne les eût appelés par leurs noms, et ne leur eût commandé de répondre aux questions du maréchal des logis.

Ce ne fut pas sans une certaine appréhension qu'il donna cet ordre ; sa conscience troublée lui faisait craindre la révélation de quelque particularité qui eût mis sur la voie des découvertes. En revanche, il s'applaudissait au fond du cœur de la sage précaution qu'il avait prise d'éloigner Baptiste, le seul de ses serviteurs dont les aveux, à sa connaissance, pouvaient présenter quelque gravité.

Ses inquiétudes étaient vaines. Les gens du château ignoraient encore la fin tragique du percepteur, et ce fut le maréchal des logis qui la leur annonça. Aucun d'eux ne put fournir le moindre éclaircissement sur le crime ; ils ne se souvenaient même pas d'avoir entendu tirer des coups de fusil pendant la soirée précédente. Plusieurs de ceux qui étaient allés à la foire de Salignac avaient bien vu le percepteur et avaient même causé avec lui ; mais ils ne savaient absolument rien au sujet de la catastrophe qui avait coûté la vie à Bienassis.

L'officier de gendarmerie, après cet interrogatoire infructueux, ne songea plus qu'à se retirer. Il adressa quelques excuses au maître du château pour l'embarras qu'il lui avait causé, et dit brièvement :

— Je crois qu'il n'y a rien à faire ici ; mais j'ai mon idée ! patience !... Au revoir donc, monsieur de la Southière... vous entendrez parler de moi !

Et il piqua son cheval afin de rejoindre sa troupe qui escortait le funèbre charriot.

Monsieur de La Southière laissa ses gens faire des suppositions à perte de vue sur l'évènement qu'ils venaient d'apprendre.

— Je n'y comprends rien, — disait-il tout rêveur. — N'importe ! le danger est évité pour le moment... attendons !

X

FRANÇOIS CHÉROU

Si la nuit précédente avait été cruelle pour la famille de La Southière et la famille Bienassis, en revanche elle avait été pleine de délices pour maître François Chérou, ex-forçat, et présentement sabotier, braconnier et propriétaire. Chargé des deux sacs d'argent qu'il avait retirés des sacoches du percepteur, il était rentré chez lui, avait refermé sa porte et gagné un siège à tâtons. Il n'osait allumer de lumière, de peur d'attirer l'attention des passants sur sa demeure par le luxe insolite ; immobile dans l'ombre, il employait le temps à caresser les volumineuses pièces de cinq francs, à travers la grosse toile des sacs qu'il tenait dans ses bras.

D'abord il ne pouvait croire que ce trésor fût réellement à sa disposition ; peut-être l'avait-on épié pendant qu'il dépouillait le cheval de son précieux fardeau ; Bienassis ne pouvait être loin, et sans doute il allait venir pour réclamer sa propriété ; il était impossible qu'il ne vînt pas. Cependant nul ne frappait à la porte, fermée seulement par un loquet de bois ; aucun bruit ne s'élevait autour de la maison Verte ; les heures s'écoulaient et le songe éblouissant ne se dissipait pas.

Chérou finit donc par se rassurer, et une joie indicible, la joie de l'avarice satisfaite, envahit son cœur. Comme il n'osait toujours éclairer la cabane, il se jeta sur son lit, mais sans lâcher les bienheureux sacs. A défaut de la vue, il voulut par le toucher prendre connaissance de sa trouvaille. Il défit les cordons, plongea ses mains dans les écus, et les fit tinter doucement en essayant de les compter.

La première partie de la nuit s'écoula de cette manière. Chérou se livrait sans remords à ses plaisirs d'avare. D'abord, il ignorait de quel terrible évènement l'ancien possesseur de ces richesses avait été victime ; puis elles appartenaient à l'État, c'est-à-dire, suivant ses idées, à personne, et il avait fini par se persuader que ses droits sur elles étaient incontestables. Aucun scrupule de conscience ne venait donc troubler sa béatitude. Il ne cessait de manier son trésor avec amour, et il n'avait plus d'autre préoccupation que de reconnaître si certaines pièces, plus petites et mêlées aux grandes, n'étaient pas par hasard des pièces d'or. Absorbé par ce grave problème, il n'entendit pas les gendarmes passer sur la route à la recherche du pauvre Bienassis, ou du moins s'il les entendit, il supposa sans doute qu'il s'agissait de fermiers revenant du marché, et il n'on conçut aucune inquiétude. Enfin, comme le sommeil le gagnait en dépit de lui-même, il s'endormit sur ses précieux sacs et en rêva encore.

Toutefois, fidèle à ses habitudes matinales, il s'éveilla dès les premières lueurs du jour. Ce réveil fut encore délicieux ; les chimères du sommeil étaient à peine plus brillantes que la réalité. Son premier mouvement fut de palper de nouveau son trésor ; et pour en examiner le contenu, il s'approcha d'une étroite lucarne servant de fenêtre. Bonheur ineffable! c'était bien des pièces d'or qui étaient mélangées avec les gros écus ; enveloppées d'abord dans un papier qui s'était déchiré, elles avaient glissé parmi les pièces d'argent. Il les retourna, les flaira, les porta à ses lèvres. Il ne pouvait se rassasier de les voir, de les faire sonner, de les compter. Harpagon était dépassé, car François Chérou n'avait pas eu aussi souvent qu'Harpagon l'occasion de manier de l'or.

Il fallut pourtant couper court à cet agréable divertissement ; le jour se faisait, quelqu'un pouvait venir. Chérou se résigna donc à cacher les sacs dans un endroit où il s'imaginait que nul n'irait les chercher ; puis il rangea son misérable ménage et prépara son déjeuner.

Comme il entendait parler et marcher sur la route, il se mit sur le seuil de sa porte en observation. Il aperçut alors le groupe qui stationnait à l'entrée du défilé, mais la vue des gendarmes, pour lesquels il éprouvait une horreur instinctive, l'empêcha d'approcher. Un de ses voisins qui, en se rendant à ses travaux, avait causé avec les gens de justice, vint à passer, et Chérou lui demanda la cause de ce rassemblement. L'autre lui apprit d'un air embarrassé et sans le regarder, que l'on venait de trouver au gué de Chez-Nicot le percepteur assassiné ; puis, comme s'il eût voulu éviter une plus longue conversation avec le braconnier, il continua son chemin.

Chérou ne remarqua pas ce signe de réprobation et rentra chez lui pour réfléchir à la situation nouvelle qui lui était faite par la mort tragique du percepteur. Il médita longuement, et après avoir ruminé le cas à loisir, il résuma ainsi ses réflexions :

— C'est bien désagréable pour le pauvre monsieur Bienassis d'avoir attrapé ce mauvais coup ; mais, toi, tu serais bien bête de ne pas en profiter! L'argent était sans maître, après tout ; tu l'as trouvé sur la grande route ; à quoi te servirait de le restituer au gouvernement?... Tiens-toi donc tranquille ; il sera toujours temps de rendre gorge si l'on t'y oblige.

Là-dessus il dépêcha son frugal déjeûner ; et, posant un morceau de bois sur son établi, il ébaucha une paire de sabots.

Il ne paraissait plus songer qu'à sa besogne, quand quelque chose remua devant sa maison dont la porte était toujours béante. Chérou, levant les yeux, vit le juge de paix, monsieur de Cursac, et deux gendarmes, dont l'un était le maréchal des logis, mettre pied à terre comme pour entrer chez lui. Ils s'étaient approchés avec tant de précautions qu'il ne les avait pas entendus venir.

Peut-être l'ancien forçat éprouva-t-il une certaine émotion à la vue de ces visiteurs ; mais persuadé qu'il s'agissait seulement du meurtre de Bienassis, et fort de son innocence sur ce point, il fit bonne contenance et porta respectueusement la main à son bonnet de laine grise.

Le simple gendarme resta dehors pour garder les chevaux ; M. de Cursac et le maréchal des logis entrèrent dans la maison. Tandis que le juge de paix prenait familièrement place sur un escabeau, l'officier, appuyé sur son sabre, promenait autour de lui un regard inquisiteur.

— Eh bien! Chérou, — dit M. de Cursac en patois avec une apparente simplicité, — vous voilà de bien bonne heure à l'ouvrage!... Il s'est passé pourtant, la nuit dernière, de fort vilaines choses pas bien loin d'ici, et il faut que vous ne soyez pas curieux pour n'être pas allé tout à l'heure au gué de Chez-Nicot.

— Les pauvres gens ont besoin de travailler, monsieur, — répliqua Chérou dans la même langue ; — j'ai perdu ma journée hier à la foire de Salignac, et aujourd'hui je regagne le temps perdu... Ensuite je viens d'apprendre de mon voisin Jean Michaud l'accident de M. Bienassis, et c'est très-malheureux, on peut le dire.

— Mais, vous personnellement, savez-vous quelque chose sur ce qui est arrivé près d'ici hier au soir ?

— Moi, monsieur? Que saurais-je? je n'ai rien vu, rien entendu.

M. de Cursac échangea un clignement d'yeux avec le sous-officier, tandis que Chérou se remettait à dégrossir son sabot. Après un moment de silence, le juge de paix reprit :

— Y a-t-il longtemps, Chérou, que vous n'êtes allé à la chasse ?

Cette question parut embarrasser beaucoup le braconnier ; comme il hésitait à répondre, le maréchal des logis dit d'un ton goguenard, en décrochant un perdreau qui était suspendu au plafond :

— Il n'y a pas longtemps, car voici de son gibier... Et certainement cette bête-là volait encore dans les champs hier à midi.

Le malaise de Chérou allait croissant ; néanmoins il finit par prendre son parti.

— Eh bien! quoi? — reprit-il résolûment ; — est-on un coquin pour avoir fait un tour en plaine? Le gibier n'est-il pas à tout le monde? Ne faut-il pas que les pauvres le tuent afin que les riches le mangent? Je devais de l'argent au percepteur et je lui avais promis de le payer en perdreaux... Voilà!... Monsieur le gendarme ne me mettra pas dans la peine pour si peu de chose!

Le maréchal des logis poussa un petit sifflement ironique ; mais il ne dit rien, voulant laisser au magistrat la direction de cet interrogatoire. M. de Cursac reprit :

— Ainsi, Chérou, vous deviez de l'argent à la caisse du fisc, et peut-être M. Bienassis vous avait-il menacé de vous poursuivre ?

— C'est vrai ; mais il était brave homme, et il ne fallait pas le prendre au mot. Je lui avais donc promis de lui apporter aujourd'hui des perdreaux au lieu d'argent ; mais la chance ne m'a pas favorisé hier au soir, et j'ai tué seulement le méchant pouillard que vous voyez là.

— Comme cela, Chérou, vous avez hier au soir ?

— Peut-être bien que oui... En revenant de Salignac, j'ai mis mon âne sous le hangar, puis j'ai pris mon fusil et je suis allé rôder dans les environs.

— Y avait-il d'autres chasseurs en plaine ?

— Je n'ai vu personne... mais vous m'y faites penser : on a tiré un coup de fusil du côté du gué, et, supposant qu'un de mes voisins allait sur mes brisées, je suis rentré chez moi.

— Ah! ah! vous avez entendu un coup de fusil dans la direction du gué de Chez-Nicot!... Quelle heure était-il à ce moment-là ?

— On commençait à n'y plus voir... Et tout de même, maintenant que j'y réfléchis, ce coup de fusil-là pourrait bien avoir tué le pauvre percepteur ; je dois convenir pourtant que je n'ai pas entendu le moindre cri.

Monsieur de Cursac et le sous-officier échangèrent encore un regard furtif.

— Chérou, — reprit le juge de paix, montrez-moi votre fusil.

L'ancien forçat alla chercher dans un coin l'arme dont il se servait pour accomplir ses exploits de braconnage ; c'était un vieux fusil simple, à pierre, tout rongé de rouille et qu'un homme prudent n'eût pas voulu tirer pour tous les trésors de l'univers. M. de Cursac s'assura pourtant que ce rouillard avait fait feu récemment, puis il voulut voir le plomb dont Chérou se servait à la chasse.

— Inutile ! monsieur le juge, — dit le gendarme, qui, pendant cette conversation, avait retiré plusieurs plombs du corps du perdreau, — en voici déjà... C'est du numéro *cinq* !

— Du *cinq* ? — répéta Cursac ; mais alors ce serait du même numéro...

Pour toute réponse, le maréchal des logis tira de sa poche un petit papier contenant du plomb extrait des blessures de Bienassis ; les deux espèces furent reconnues identiques.

Les soupçons du magistrat et de l'officier de gendarmerie acquéraient de moment en moment plus de force. M. de Cursac reprit :

— Chérou, avez-vous de l'argent ?

Un étonnement stupide se peignit sur les traits du paysan.

— Y a-t-il du bon sens, monsieur, d'adresser à un pauvre homme et à propos de rien une pareille demande ?... Ah ! ça, que me voulez-vous donc ? Vous me mangez des yeux, vous et monsieur le gendarme. Auriez-vous une idée sur moi, par hasard ? Me soupçonneriez-vous d'avoir pris les deux sacs de monsieur Bienassis ?

— Et d'où savez-vous que M. Bienassis avait deux sacs d'argent lorsqu'il a été assassiné ?

Chérou sentit qu'il venait de lâcher une parole imprudente. Il eut un moment la pensée de tout avouer et de rendre sa trouvaille ; mais il reconnut aussitôt que ce serait se perdre inutilement, car sans aucun doute le magistrat le ferait arrêter comme coupable à la fois du vol et de l'assassinat. D'ailleurs, même en ce moment où un aveu franc pouvait encore atténuer sa faute, les sacs d'argent du fisc exerçaient sur l'avare leur fascination irrésistible ; il voyait toujours par les yeux de l'imagination ces monceaux de pièces blanches et sonores, émaillées de pièces jaunes et brillantes ; il se disait que personne ne pouvait le convaincre de mensonge, que le trésor était introuvable, et qu'avec un peu de fermeté il s'en assurerait à jamais la possession. Il persista donc dans ses mauvais sentiments et reprit avec une naïveté affectée :

— Bon ! est-ce que le voisin Michaud ne m'a pas dit qu'il y avait deux sacs ? Et puis, je les ai vus hier, pendant que le percepteur traversait la place, et beaucoup de personnes ont pu les voir comme moi.

— Soit ; mais je reviens à ma question ; vous, Chérou, n'avez-vous pas des économies ?

— Et quand cela serait ? — répliqua le braconnier avec une vive anxiété ; — il ne faut-il pas conserver quelques sous pour le cas où l'on tomberait malade, où il viendrait une mauvaise année, où l'on trouverait à acheter un lopin de terre ?... Mais on ne s'en vante pas ; sans cela tout le monde se tournerait contre vous ; on ne voudrait plus vous payer votre dû, on vous chercherait mille chicanes.

— Je dois conclure de vos paroles, Chérou, que vous êtes quelque peu à l'aise ; montrez-moi donc tout ce que vous avez d'argent ici en ce moment.

— Quoi ! vous voulez...

— J'ai mes raisons pour agir ainsi ; au nom de la loi, obéissez.

Cette sommation, faite d'un ton ferme, donna enfin à l'ex-forçat la mesure exacte du péril auquel il était exposé. Une légère pâleur apparut sous les teintes bistrées de son visage, et il dit d'une voix sourde :

— Ah ! on en sommes-nous là ? On me soupçonne à cause de l'ancienne affaire... Cependant, mon bon monsieur, qui paye ses dettes ne doit rien, tout le monde pourra vous le dire. Enfin, puisqu'il le faut... Mais, du moins, personne ne saura que j'ai un petit magot, n'est-il pas vrai ? Vous me le promettez ? n'est-ce pas ? vous me le jurez ?

— Tout en parlant, il s'était acheminé avec lenteur vers une vieille armoire en chêne, noircie par le temps, mais solide et munie d'une forte serrure. Il l'ouvrit, non sans grommeler encore, il finit par tirer d'un amas de loques immondes un bas de laine, usé par le haut, qui lui servait de bourse. Il tendit cet objet au juge de paix en lui disant, d'un ton où la défiance s'alliait à la tristesse : « Je me suis bien privé pour m'économiser ce peu d'argent, et je n'en ai parlé à âme qui vive... Si ce n'était pas vous, je me laisserais couper en morceaux plutôt que de montrer cela ! »

Monsieur de Cursac ouvrit l'escarcelle du braconnier ; elle contenait trois ou quatre cents francs en toutes sortes de monnaies, depuis des pièces d'or jusqu'à de simples gros sous. Chérou suivait des yeux chaque mouvement du magistrat, comme s'il eût craint que monsieur de Cursac ne détournât quelque chose à son profit. Celui-ci, du reste, ne prolongea pas son examen ; il était évident que c'était bien là le produit des économies de Chérou, que cet argent n'avait aucune provenance suspecte, et il rendit le bas au paysan, qui s'empressa de le faire disparaître dans ses vastes poches.

— Décidément, Chérou, — reprit le juge de paix, — vous n'êtes pas aussi pauvre que vous voulez le paraître. Cependant, est-ce bien là tout l'argent qui se trouve dans votre maison ?

— Par mon âme ! monsieur, — reprit le braconnier avec une sorte d'impatience, — me prenez-vous donc pour un millionnaire ? N'est-ce pas beaucoup d'argent pour un pauvre journalier tel que moi ?... Enfin vous ne me trahirez pas, car personne ne voudrait plus rien me donner !

Le maréchal des logis hocha la tête.

— Il y a autre chose, — dit-il à monsieur de Cursac ; — je vais chercher moi-même.

— Cherchez donc.

Le gendarme, à son tour, s'approcha de la vieille armoire, dont il bouscula le contenu avec fort peu d'égards pour la garde-robe de Chérou ; puis il examina si elle ne contenait pas une cache secrète, et en inspecta le dessus et le dessous. Certain que ce qu'il cherchait ne se trouvait pas là, il se mit à rôder dans la pièce, ouvrant les autres meubles, sondant les murailles et les poutres saillantes du plafond. En un instant, le misérable lit du braconnier fut éloigné de sa place ; paillasse et matelas furent palpés, tâtés, éventrés. Comme il ne découvrait rien, le sous-officier tourna son attention vers la pierre du foyer, puis vers la cheminée elle-même. L'instinct de sa profession lui disait que sa constance serait récompensée, et il ne se décourageait pas. Chérou, de son côté, n'avait pas cru sans doute que ces perquisitions dussent être si âpres et si habiles. Il observait avec anxiété les allées et les venues du gendarme, et, malgré son pouvoir sur lui-même, il ne parvenait pas à cacher tout à fait son trouble. Monsieur de Cursac finit par perdre patience.

— Vous vous serez trompé, — dit-il au sous-officier ; — si cet homme avait fait ce que vous supposez, il n'eût pas été assez imprudent pour garder dans sa maison le produit de son crime.

— Et moi, monsieur le juge, je vous affirme que je *sens* ici les fonds de l'État... Ce gaillard aime trop l'argent pour être allé cacher au loin son butin. Les sacs sont dans cette bicoque, et, quand je devrais la démolir pierre à pierre, je les trouverai !

Quoique cette conversation eût lieu en français, l'ex-forçat paraissait la comprendre très-bien, et son trouble ne diminuait pas. Il ne prononçait pas une parole, mais son regard était inquiet, sa poitrine oppressée. L'officier, tout en feignant de l'oublier, ne le perdait pas de vue ; comme il s'approchait d'un coin obscur de la cabane, il surprit un tressaillement très-sensible de François Chérou.

— C'est par là, — pensa-t-il.

Et il dirigea ses recherches de ce côté ; mais ce fut en vain qu'il écarta les meubles et sonda les murailles. Quant au plancher, il consistait en un sol battu, sur lequel la moindre fouille récente eût laissé des traces, et on pouvait s'assurer d'un coup d'œil qu'il ne recélait aucun dépôt.

Le maréchal des logis commençait donc à s'impatienter, quand il avisa un tas de copeaux provenant de l'industrie de Chérou, et qui semblait destiné à alimenter le feu du foyer. Du bout de sa botte il éparpilla les parcelles de menu bois; un tressaillement plus fort que le premier échappa encore au maître de la maison.

— J'y suis! — pensa le gendarme.

Les copeaux ayant été dispersés, il ne s'y trouva rien de suspect. Le sous-officier faillit pousser un juron de désappointement, mais il s'aperçut qu'à la place où avait été le tas de bois, la terre semblait molle et d'une couleur plus foncée. Ce signe suffisait pour éveiller ses soupçons; avec l'extrémité de son grand sabre de cavalerie, il gratta le sol, qui en effet était friable et ne présentait aucune résistance. Après une minute de travail, il se baissa et retira de l'excavation deux sacs pleins d'argent.

— Quand je disais! — s'écria-t-il d'un ton triomphant; — vous voyez bien, monsieur le juge, que j'avais raison? Voilà les sacs du percepteur.

Et il cria à l'autre gendarme qui était en faction au dehors :

— Eh! camarade, gardez bien la porte... Nous tenons l'oiseau!

On entendit un cliquetis d'acier, et le gendarme apparut sur le seuil, le sabre nu à la main.

Chérou était comme foudroyé; malgré la lourdeur de son esprit, il sentait maintenant toute l'horreur de sa position. M. de Cursac qui, jeune encore, n'était pas endurci contre les émotions de sa charge, lui demanda d'une voix très-altérée et presque éteinte :

— Niez-vous, François Chérou, que ces sacs soient ceux du percepteur?

A vrai dire, une négation sur ce point était impossible, car le nom de Bienassis était écrit en toutes lettres sur la toile.

— Non, non, monsieur le juge, — répliqua Chérou avec effort : — ce sont eux, je le reconnais. Je vais vous dire comment ils sont venus en ma possession... Mais ce n'est pas moi qui ai tué le percepteur; non, ce n'est pas moi, je le jure devant le bon Dieu, la bonne Vierge et tous les saints du Paradis!

M. de Cursac secoua la tête.

— Je désire que vous parveniez à vous justifier, — dit-il en soupirant; — mais comment dois-je interpréter les circonstances qui vous accusent? Vous reconnaissez vous-même que, hier dans la journée, vous avez eu quelques discussions avec M. Bienassis au sujet de vos contributions; que vous l'avez rencontré sur la place de Salignac, portant ces sacs d'argent; que le soir vous avez chassé à l'affût près de l'endroit où Bienassis a été assassiné. De plus on trouve dans la perdrix que vous avez tuée du plomb numéro cinq, semblable à celui qui a été retiré des blessures du percepteur. Enfin voilà que maintenant, malgré vos dénégations, on découvre chez vous l'argent dérobé... Que voulez-vous que l'on conclue de tout ceci, sinon que vous êtes et l'auteur du vol et de l'assassinat? Voyons, Chérou, ne feriez-vous pas bien de confesser franchement votre crime? Un repentir sincère, l'aveu de vos fautes, serait la meilleure recommandation auprès de vos juges.

L'ancien forçat était plongé dans un morne accablement.

— Ah! monsieur, — reprit-il d'une voix rauque, — je suis perdu si le vrai coupable ne consent pas à se déclarer... Vous ne me croirez pas, je le vois bien; cependant je vais vous dire la vérité.

Il se mit à conter en détail les événements de la journée et de la soirée précédentes. Il n'omit rien, et son accent avait un caractère de sincérité; malheureusement les apparences lui étaient trop contraires; les préventions contre lui trop fortes pour qu'on pût, comme il l'avait prévu lui-même, ajouter foi à son récit. En l'écoutant, M. de Cursac semblait très-attentif, mais sa physionomie restait froide et sévère. Quand Chérou eut fini, il lui dit avec gravité :

— Vos explications seront consignées dans le procès verbal que nous dresserons plus tard ; néanmoins je ne dois pas vous cacher que la plupart de vos assertions me paraissent incroyables, impossibles, contraires aux circonstances connues de cette lugubre affaire. En présence des charges accablantes qui s'élèvent contre vous, mon devoir... un devoir rigoureux... est tout tracé.

— Oui, oui, — dit le maréchal des logis dont les yeux ne quittaient pas ceux du magistrat, — la chose est claire comme de l'eau de roche ou comme un verre de kirsch. Ainsi donc...

M. de Cursac fit un signe presque imperceptible. Aussitôt le sous-officier se jeta sur Chérou, qui ne s'attendait pas à cette attaque, en lui disant :

— Je vous arrête au nom de la loi.

L'ex-forçat ne songeait pas à résister sérieusement, mais par l'instinct naturel à tout homme qui sent des mains étrangères se porter sur lui, il fit quelques mouvements convulsifs. Aussitôt le second gendarme accourut au secours de son chef; en un instant Chérou eut les mains emprisonnées dans des menottes, et une corde, passée lestement, lui assujettit les coudes au corps.

— Pardon! l'homme, si je prends ces petites précautions avec vous, — dit le sous-officier par forme de consolation, — mais vous devez connaître la chose puisque vous êtes un *ancien* et que vous avez déjà été *là-bas*... Et puis ce n'est pas précisément d'une drôlerie que vous avez à répondre!

Le malheureux ne bougea plus et se tut. Il demeura sous la garde du gendarme, tandis que M. de Cursac et le maréchal des logis procédaient à la saisie du fusil, du sac à plomb et des autres objets qui devaient servir plus tard de pièces à conviction. Ces formalités remplies le juge de paix dit à Chérou :

— Nous allons partir, ne désirez-vous pas emporter avec vous quelques effets?

— Où me conduisez-vous? — demanda le prisonnier d'un air abattu.

— A B*** d'abord; puis, selon toute apparence, à Limoges, où s'instruira votre procès.

Chérou poussa un profond soupir, puis il désigna le linge et les vêtements qui pouvaient lui être nécessaires; on en fit un paquet que l'on attacha sur la croupe d'un cheval.

— Monsieur le juge de paix, — dit Chérou au moment de partir, en promenant un regard d'angoisse autour de son humble demeure, — est-ce que vous allez laisser ma maison livrée à elle-même?

— Non, elle sera fermée et l'on veillera à ce que nul ne puisse y pénétrer pendant votre absence.

— Merci... Mon pauvre âne, qui est là sous le hangar, que va-t-il devenir? Ne pourrait-on l'envoyer chez mon voisin Nicol, qui m'a proposé de me l'acheter trois écus, il y a peu de jours?

M. de Cursac donna satisfaction à Chérou sur ce point important, et lui promit que l'âne serait conduit chez le père Nicol quelques heures plus tard. Le prisonnier sembla débarrassé d'un grand poids; cependant une pensée l'obsédait encore.

— Monsieur le juge, — demanda-t-il timidement, — et mon argent... celui qui est bien à moi et que j'ai là dans ma poche, est-ce qu'on me le laissera?

— Si, comme je le présume, cet argent ne provient pas du vol de la nuit dernière, il restera certainement en votre possession.

Ces assurances semblèrent rendre tout à fait courage au paysan.

— Partons, donc, — reprit-il; — aussi bien, puisque l'on va m'enfermer, il faudra bien qu'on me nourrisse et ça ne me coûtera rien.

Le magistrat, accompagné des gendarmes et du prisonnier, reprit avec lenteur la route de B***. Chérou marchait à pied entre ses deux gardiens. Personne ne se montra sur la grande route au moment où ils quittèrent la maison

L'ASSASSIN
DU PERCEPTEUR

BAPTISTE

piqueur de M. de la Southière.

Verte ; cependant, à peine avaient-ils faits cent pas, que des curieux, sans que nous puissions dire comment, apparurent de tous côtés. Il se forma rapidement un groupe d'hommes, de femmes et d'enfants qui se mirent à la suite de l'escorte. On s'interrogeait, on se communiquait ses suppositions, que, selon l'usage, on donnait pour des réalités, et la foule devenait de minute en minute plus nombreuse et plus bruyante.

Ce fut bien pis quand on atteignit la ville. Là encore, l'arrestation de l'assassin du percepteur était déjà connue ; aussi tous les habitants de B*** se trouvaient-ils dans les rues ou aux fenêtres. On observait de loin avec une anxiété fiévreuse ce groupe noir qui approchait. Tout à coup une voix s'écria :

— C'est Chérou ; c'est le sabotier de la maison Verte !
— Oui, oui, c'est Chérou, le forçat libéré, — disait un autre ; — qui a bu boira !
— C'est Chérou qui a tué le percepteur ! — répéta-t-on de toutes parts.

L'aspect sombre du prisonnier, ses vêtements sordides, ses traits durs, son œil défiant exaltèrent la haine publique. A mesure que Chérou avançait, les groupes devenaient plus hostiles et plus menaçants sur son passage. On commença par murmurer, puis on l'injuria ; enfin, quelques-uns des plus acharnés firent mine de s'élancer sur lui. Il y eut un commencement d'émeute, et nul doute que si la loi du *lynch* eût été en usage à B***, l'assassin supposé de Bienassis n'eût été *lynché* sur l'heure. Mais le magistrat exhorta les habitants à la modération ; les gendarmes tirèrent leurs sabres, et l'ordre ne tarda pas à se rétablir. Chérou fut conduit sans difficultés à la prison, où il n'avait plus à redouter les violences de la foule.

XI

LA CHAMBRE D'ARMAND

Le même jour, dans la matinée, monsieur de la Southière qui, vaincu par la fatigue, avait dormi quelques heures sur un canapé, était venu visiter Armand Robertin. Armand, à la suite de la fièvre de la nuit précédente, avait goûté lui-même un sommeil réparateur, et s'était trouvé si bien à son réveil qu'il avait parlé de s'habiller et de descendre au salon ; mais le vieux domestique qui lui servait de garde malade n'avait pas voulu y consentir, du moins jusqu'à ce que le docteur Simonaud, que l'on attendait, en eût donné la permission. Le domestique étant sorti pour un moment, Robertin dit à son hôte, d'un ton dégagé :

— Je vous assure, mon cher la Southière, que je suis à merveille... qu'ai-je besoin du médecin pour savoir si je dois me lever ou non ? Cinq minutes passées au salon en compagnie de mademoiselle Palmyre, me feront plus de bien que tous les médicaments et toutes les prescriptions de la Faculté.

— On se croit fort quand on est couché, mon pauvre Armand, — répondit La Southière en éludant la question ; — mais si seulement vous essayiez de vous mettre debout...

— Faudra-t-il de si grands efforts pour descendre au salon ? Là, je m'installerai sur le canapé, et mademoiselle Palmyre daignera peut-être venir s'établir avec son ouvrage à côté de moi. Elle ne pourra refuser cette faveur à son malencontreux chevalier... et pourtant, — ajouta-t-il avec un peu d'amertume, — elle n'a pas fait une seule fois demander de mes nouvelles depuis hier au soir !

La Southière prit brusquement son parti.

— Tenez, mon cher Armand, — reprit-il, — je dois vous avouer la vérité : si c'est pour voir ma fille que vous désirez tant descendre au salon, demeurez bien tranquillement où vous êtes, car vous ne la verriez pas.

— Et pourquoi cela... Bon Dieu ! serait-elle malade ?

— Non, mais elle est partie ce matin pour Limoges.

— Partie ?... allons ! La Southière, vous voulez rire.

— Je n'en ai pas envie, Armand, je vous l'assure.

— Qu'est-il arrivé ? Il n'était nullement question hier de ce voyage... Y aurait-il donc encore quelque mésintelligence entre mademoiselle Palmyre et vous, au sujet de cette fille que vous avez congédiée ?

— Pouvez-vous penser que pour une cause aussi frivole... Ce n'est pas cela, mon garçon ; mais l'événement d'hier a changé nos positions respectives, et j'ai voulu agir pour le mieux.

Il exposa comment, par mesure de convenance, il avait cru devoir envoyer Palmyre au couvent pendant tout le temps que Robertin demeurerait à Roqueroles. Quelque soin que l'éleveur eût pris pour présenter le fait sous le jour le plus simple et le plus naturel, Armand ne tarda pas à prendre feu.

— Il faut que je parte ! Je veux partir à l'instant même ! — s'écria-t-il impétueusement. — Un père envoyer sa fille parce qu'un maladroit a jugé à propos de tomber malade chez lui ! Ce n'était pas à mademoiselle Palmyre de sortir d'ici, mais à moi !... Je vous en conjure, monsieur, expédiez sur-le-champ un de vos gens pour ramener mademoiselle Palmyre à Roqueroles, et veuillez sonner afin que Julien m'apprête mon cheval.

Il fit un effort pour se lever sur son séant ; La Southière le contint moitié riant, moitié sérieux.

— Armand !... étourdi ! fou que vous êtes ! — dit-il ; —

cela a-t-il le sens commun ? Ma fille est déjà sans doute à Limoges, et vous ne sauriez vous tenir cinq minutes en selle... Voyons, calmez-vous ; peut-être ai-je écouté des scrupules exagérés ; mais soyez indulgent, mon ami, pour un père que ses devoirs embarrassent souvent beaucoup... Palmyre n'a pas de mère, ajouta-t-il d'un ton sombre, — et je sens parfois mon insuffisance à la préserver des dangers qu'une mère sait si bien prévoir.

Armand cessa de s'agiter et se recueillit un moment.

— Eh bien ! je reste, — reprit-il ; — mais permettez-moi, mon cher La Southière, d'aborder avec vous un sujet délicat...

— Un sujet délicat, Armand ! Où voulez-vous en venir ?

— Écoutez-moi, — reprit Robertin avec un mélange de timidité et de hardiesse ; — vos scrupules résultent peut-être de ce que notre situation réciproque n'est pas complétement franche. Quelques mots ont été dits entre nous, à l'égard d'un projet de mariage qui comblerait tous mes vœux et pour lequel vous n'avez manifesté aucun éloignement. Toutefois, nous en sommes restés aux généralités vagues, et jusqu'à ce jour nous avons pu croire que nous n'étions réellement pas engagés l'un envers l'autre. Il s'agit de faire cesser cet état de choses, et puisque aussi bien une occasion se présente, j'irai droit au but.

M. de La Southière se demandait, non sans une appréhension secrète, où aboutiraient ces ouvertures ; Armand poursuivit :

— Depuis longtemps déjà j'avais remarqué votre charmante fille, et certaines considérations de famille et de position m'avaient seules empêché d'aspirer à sa main. Quand j'ai accepté votre obligeante invitation de venir passer quelques jours à Roqueroles, je n'avais encore pour mademoiselle de La Southière qu'une affection calme et raisonnée ; mais depuis que je l'ai revue, depuis surtout que j'ai eu le bonheur d'exposer ma vie pour sauver la sienne, cette affection est devenue de l'adoration ; je sens que je ne saurais vivre désormais sans elle... Pourquoi donc attendre davantage ? Aussi bien dois-je profiter du moment où mademoiselle Palmyre est encore sous l'impression du service que le hasard m'a permis de lui rendre ? Pardonnez donc, monsieur, ce qu'il y a d'insolite et de précipité dans ma demande... Mais je sollicite avec instance la main de mademoiselle Palmyre de la Southière !

Et il attachait un regard anxieux sur son hôte en joignant les mains. L'éleveur était mortellement embarrassé ; cette demande officielle, qui la veille encore l'eût comblé de joie, éveillait en lui toutes sortes d'idées poignantes et terribles.

— Armand, — dit-il en détournant la tête, avez-vous bien réfléchi ? Vous êtes jeune, passionné ; vous devez vous défier de tout entraînement dont vous auriez à vous repentir plus tard.

— Qu'ai-je besoin de réfléchir ? — reprit Robertin avec feu ; — je vous le répète, j'aime mademoiselle Palmyre. Je n'ai pas de famille ; je suis riche, indépendant... oh ! je vous en conjure, ne vous refusez pas à mon bonheur ! Si vous daignez agréer ma demande, vous pourrez rappeler sur-le-champ mademoiselle de la Southière à Roqueroles. Nul ne songera plus à trouver mauvais que je vive sous le même toit, quand je serai reconnu pour son fiancé.

M. de la Southière ne se hâtait pas de répondre ; cette proposition le prenait à l'improviste, en raison de circonstances récentes auxquelles il ne lui était permis pourtant de faire aucune allusion.

— M. Robertin, — dit-il enfin d'un air de malaise, — si de votre côté vous n'avez pas besoin de réflexion, vous ne serez pas surpris que du mien je ne veuille rien précipiter... Et, tenez, Armand, — ajouta-t-il avec un éclat de désespoir qu'il ne fut pas maître de contenir, — vous ne savez pas quelles conséquences pourrait avoir un engagement imprudent et prématuré !

Une larme brilla dans ses yeux et fut aussitôt desséchée au contact de ses joues brûlantes. Le malade se souleva de nouveau :

— Quoi! qu'y a-t-il, la Soutihère? — demanda-t-il avec émotion ; vous me cachez quelque chose... Je vous en conjure, apprenez-moi la cause de votre refus !

— Je ne refuse pas encore, Armand, — répliqua l'éleveur d'un ton plus calme ; — je peux même vous dire que ce projet d'union ne rencontrerait aucun obstacle de ma part. Mais, outre que je dois d'abord consulter ma fille, j'ai beaucoup de raisons pour vous prier de ne pas me reparler de cette affaire avant six mois d'ici.

— Six mois ! — s'écria le jeune homme avec chaleur.

— A quoi bon six mois, quand vous pouvez dans quelques heures connaître la décision de mademoiselle Palmyre?... La Southière, ne m'imposez pas une si longue et si pénible attente! Je n'aurai jamais la force de la supporter.

— Eh bien! mettons trois mois, — répliqua l'éleveur de plus en plus troublé ; — en effet, trois mois doivent sans doute suffire pour... Jusque-là, Armand, je vous en conjure, pas un mot sur ce projet... Et qui sait si vous-même, avant l'expiration du terme, vous ne regretterez pas de vous être tant avancé?

— Pourquoi cela, mon ami? Encore une fois, quels motifs avez-vous de faire une pareille supposition?

— Mon seul motif est celui-ci : à votre âge, Armand, on change bien vite; on envisage un jour avec déplaisir ce que l'on souhaitait le plus ardemment la veille... Aussi un homme mûr doit-il toujours se défier d'un premier mouvement, et peut-être vous-même reconnaîtrez-vous plus tard que ma réserve était sagesse.

Robertin voulut protester, mais la résolution de son hôte semblait irrévocable, et il finit par comprendre que ce qu'il avait de mieux à faire était de s'y soumettre. M. de la Southière acheva de l'apaiser, en lui promettant que ces trois mois ne se passeraient pas sans qu'il pût voir Palmyre, si toutefois on trouvait moyen de concilier les plus rigoureuses convenances avec le désir d'Armand.

Cet entretien s'achevait lorsque l'on annonça le docteur Simonaud. Le jeune médecin n'avait plus cet air joyeux et même un peu frivole de la veille. Après avoir salué avec gravité, il s'occupa de son malade, lui tâta le pouls, le palpa, lui adressa quelques questions :

— Allons ! — continua-t-il — vous en serez décidément quitte pour la peur. Encore deux ou trois jours de repos et de régime, puis je vous permettrai un tour de promenade... Peut-être, — continua-t-il d'un ton différent, — trouvez-vous que je viens tard aujourd'hui ? L'ouvrage, en effet, ne m'a pas manqué ce matin, et l'ouvrage fort triste. Vous connaissez certainement le crime abominable qu'on a commis la nuit dernière à ce gué fatal où vous avez vous-même failli périr, monsieur Robertin ?

La Southière se détourna brusquement; Armand manifesta une vive surprise.

— Un crime, docteur? — demanda-t-il, — un crime dans ce pays habituellement si tranquille ?

— Quoi! vous ne savez pas...

— Armand ne sait rien encore, — balbutia La Southière, — comme son état de souffrance doit le rendre très-impressionnable, je ne lui ai rien dit de ce malheureux événement.

— Voilà qui est d'un hôte délicat et d'un bon ami, reprit Simonaud ; — mais M. Robertin est parfaitement en état d'apprendre une nouvelle qui va occuper le département tout entier... Vous connaissez le percepteur de B***, monsieur Robertin?

— Fort peu, — répondit Armand avec froideur ; — il a une sœur charmante ; mais le ton railleur de M. Bienassis ne me convient guère, et ses plaisanteries ne sont pas toujours du meilleur ton.

— Qu'elles soient bonnes ou mauvaises, le pauvre diable n'en fera plus, — dit le docteur.

Il se mit à raconter la découverte du corps de Bienassis au gué de Chez-Nicol; il exposa comment lui, Simonaud, avait été chargé, avec un autre médecin, de faire l'autopsie, et il entra dans des explications beaucoup trop circonstanciées sur les découvertes que cette opération avait amenées.

On peut croire que La Southière était au supplice ; assis dans un coin, le dos tourné à la fenêtre, il s'efforçait de cacher son émotion. Mais Simonaud, qui avait eu pour la première fois l'occasion d'exercer ses connaissances en médecine légale, se montrait impitoyable dans ses explications. Heureusement Armand interrompit le trop enthousiaste praticien.

— Grâce ! grâce! cher docteur, — dit-il d'un air de malaise; — je n'aimais pas beaucoup M. Bienassis, mais vous me faites frissonner de tous mes membres avec ces affreux détails... Ah çà ! a-t-on découvert le misérable auteur de ce crime inouï?

— Certainement, — répliqua Simonaud.

— On l'a découvert? — demanda l'éleveur à son tour.

— Parbleu! C'est l'un de vos voisins, c'est François Chérou; l'ancien forçat, aujourd'hui sabotier à la maison Verte.

— Cet homme?... Allons donc! la chose est impossible! — s'écria La Southière sans presque savoir qu'il exprimait tout haut sa pensée.

— La chose est si possible que François Chérou vient d'être arrêté par la gendarmerie et conduit sous bonne escorte à la prison de B***.

Rien ne pourrait donner une idée du sentiment horrible qui étreignit le cœur de La Southière à cette nouvelle. Il croyait rêver et il resta un moment incapable de parler, tandis que le docteur continuait de s'entretenir avec Robertin. Cependant la force et l'énergie ne tardèrent pas à lui revenir.

— Je vous le répète, Simonaud, — reprit-il avec chaleur, — la justice s'est trompée à l'égard de Chérou. C'est un forçat libéré, je le sais; c'est un braconnier, il ne s'en cache guère; mais depuis dix ans il habite le voisinage, et il n'a donné à personne le droit de suspecter sa conduite. Aussi ne croirais-je jamais que cet homme ait pu tout à coup et sans cause apparente commettre un pareil crime. Pourquoi eût-il assassiné le percepteur ?

— Belle demande! Pour le voler.

— Le voler?... Il ne l'a pas volé.

— Pardon, monsieur; l'on a retrouvé chez lui les deux sacs d'argent que M. Bienassis rapportait hier du marché de Salignac.

— En est-on sûr? — demanda La Southière stupéfait.

— Très-sûr, car j'ai vu moi-même, ce matin, les deux sacs encore couverts de terre, et l'officier de gendarmerie m'a dit les avoir retirés d'un trou que le sabotier avait creusé chez lui.

M. de La Southière était plongé dans une mer d'incertitudes, et certaines circonstances de ce récit lui semblaient inconciliables avec ce qu'il savait être la vérité. Néanmoins, un sentiment dominait tous les autres, c'était la conscience de l'innocence de Chérou quant au meurtre de Bienassis.

— Le vol de l'argent, — reprit-il, — ne prouve pas que le sabotier soit nécessairement l'auteur de l'homicide.

— C'est en effet ce que dit Chérou; il reconnaît le vol, mais il nie énergiquement l'assassinat. Par malheur pour lui, à qui persuadera-t-il que l'auteur de l'un n'est pas l'auteur de l'autre? J'en appelle à M. Robertin!... Quant à nous autres, là-bas, M. de Cursac, le maire de B***, le sous-officier de gendarmerie, nous avons tous reconnu que l'affaire ne présentait aucune obscurité, et, selon toute apparence, la cour d'assises sera de notre avis. Enfin, monsieur de La Southière, c'est généreux à vous de défendre ce vaurien sur lequel tout le monde accable, c'est d'un bon voisin... à supposer que la cabane du sabotier et le château du gentilhomme puissent constituer un voisinage... Cependant, si vous aviez vu comme moi la douleur des demoiselles Bienassis quand on a rapporté à la maison le corps de leur frère, vous eussiez de préférence accordé votre sympathie à ces malheureuses créatures.

— Pauvre Hortense ! — murmura Robertin.

Les traits de La Southière exprimèrent de nouveau une extrême altération.

— Je ne défends pas Chérou, — balbutia-t-il, — et puisqu'il a été capable de voler... Mais ces jeunes filles, les sœurs du percepteur, ne peuvent manquer de consolations dans leur infortune.

— Je voudrais que vous eussiez entendu leurs lamentations, leurs cris déchirants... C'était à fendre le cœur, et moi qui, vous le savez, me roidis assez volontiers contre les sensibleries, j'en serai triste et maussade pendant une semaine. J'étais navré, surtout quand mademoiselle Hortense s'écriait : « Théodore! mon pauvre Théodore!... » Enfin, à quoi bon revenir là-dessus? Il est vrai pourtant que ces demoiselles ne perdent pas seulement un frère, mais encore leur unique protecteur et leur seul appui... Que vont-elles devenir?

La Southière ne put en écouter davantage; il se laissa aller dans son fauteuil et ferma les yeux. Par bonheur nul ne s'aperçut de sa faiblesse, et la conversation continua entre le docteur et Armand. Quand l'éleveur reprit connaissance, Simonaud se disposait à partir et disait, de ce ton léger qui lui était habituel :

— Eh bien! qu'ai-je appris en arrivant ici? Mademoiselle de La Southière n'est plus au château? Le devoir d'une héroïne sauvée d'un grand péril n'était-il pas de rester au chevet de son libérateur? Je ferai des reproches à mademoiselle Palmyre la première fois que nous danserons ensemble... si nous dansons ensemble désormais... Allons, — poursuivit-il d'un ton différent, — j'oublie que je suis en retard aujourd'hui pour ma tournée, et que mes autres malades m'attendent.

Il donna une poignée de main à Armand, puis à La Southière, et quitta la chambre. Le maître de la maison crut devoir l'accompagner jusque dans la cour, et pendant que le docteur montait à cheval, il lui dit avec embarras :

— Ah! ça, Simonaud, n'allez pas vous imaginer que j'aie la moindre sympathie pour ce Chérou; je le connais à peine, je ne lui ai pas parlé deux fois en ma vie; et puis s'il est vraiment un voleur de grand chemin...

— Bah ! — répliqua le petit docteur en souriant, — on sait bien que vous ne pouvez porter aucun intérêt à un pareil coquin. D'ailleurs votre intérêt ou celui de toute autre personne ne lui serait guère utile, car rien ne le sauvera.

— Quoi ! — demanda La Southière, — vous pensez que ce malheureux...

— Ce ne sera ni long ni difficile à juger. Tout le monde croit qu'il est coupable, et vous aussi, deux mois d'ici... vous comprenez?

Il fit un geste horrible, se mit à rire et partit, sans s'apercevoir que l'éleveur, tout blême et frémissant, s'était appuyé contre le montant de la porte pour ne pas tomber.

XII

LE PROTECTEUR

Un mois et demi environ s'était écoulé depuis les événements que nous venons de raconter. Au chef-lieu du département se poursuivait l'instruction de l'affaire de François Chérou, affaire qui, disait-on, prenait une tournure de plus en plus menaçante pour l'accusé. Pendant ce temps le château de Roquerolles était resté presque désert. D'abord Armand Robertin, après cinq ou six jours de convalescence, était retourné parfaitement guéri dans la magnifique propriété qu'il possédait à quelques lieues de là. Puis M. de La Southière était parti lui-même, avec ses deux jockeys et quelques chevaux de choix, pour prendre part aux courses d'automne, et les journaux avaient annoncé les succès de plusieurs de ses élèves dans force steeples-chases, handicaps et courses plates. On comprenait donc facilement que, pendant l'absence de son père, Palmyre, qui était toujours dans son couvent à Limoges, n'eût pas été pressée de rentrer au vieil et ennuyeux manoir.

A B***, chez le défunt percepteur, régnait encore une profonde tristesse. Les demoiselles Bienassis, craignant d'être à charge à leurs voisines et pénétrées de tout l'orgueil de leur pauvreté, étaient revenues habiter la maison, malgré les poignants souvenirs que cette maison leur rappelait. Elles occupaient toutes les deux une petite chambre au premier étage, du côté du jardin, et descendaient rarement dans la salle du rez-de-chaussée, affectée désormais au service exclusif de la perception. C'était là que se tenait Cernin pendant la plus grande partie du jour. Le lendemain de la mort de Bienassis, un inspecteur des finances était arrivé à B*** et avait pris une connaissance exacte des livres et de la caisse. Tout s'étant trouvé en règle, car l'argent découvert chez Chérou avait été restitué, et le commis étant parvenu à relever sa fameuse erreur de deux centimes, on avait invité Cernin à remplir les fonctions de percepteur jusqu'à ce que le ministre eût pourvu au remplacement de feu Bienassis.

Tel était donc l'état des choses quand, un matin, Hortense et Marion se mirent en devoir d'accomplir une résolution pour laquelle la force et le courage leur avaient manqué jusque-là. Il s'agissait d'entrer dans la chambre de leur frère. Cette chambre, depuis le tragique événement, était demeurée close, et ni l'une ni l'autre n'avait osé en franchir le seuil. Il importait cependant que les deux sœurs, uniques héritières de Théodore Bienassis, fissent l'examen de certaines reliques de famille enfermées dans cette pièce, et elles auraient considéré comme un sacrilège qu'un étranger s'occupât de ce soin.

Elles étaient debout devant la porte depuis quelques instants, et elles se disaient l'une à l'autre :

— Allons! Hortense...

— Allons! Marion!

Mais elles ne bougeaient pas, et une terreur invincible semblait s'être emparée d'elles au moment de tenter cette épreuve.

Enfin Hortense, plus forte contre elle-même, eut un de ces accès de courage convulsifs particuliers aux poltrons et aux femmes. Elle saisit brusquement la clef, ouvrit la porte sans hésiter et entra dans la chambre funèbre, suivie de Marion, qui obéissait machinalement à l'impulsion reçue.

Personne, comme nous l'avons dit, n'avait visité cette chambre depuis le moment où l'on avait emporté le corps du percepteur. Les persiennes étaient baissées, et à la lueur d'un jour faible et douteux, on entrevoyait, outre certains objets qui rappelaient trop vivement le défunt aux pauvres filles, des traces de la sinistre opération accomplie en dernier lieu dans cette pièce. Le lit était défait, marqué de taches noirâtres; des vêtements déchirés, encore poudreux, étaient épars sur les meubles. A l'odeur nauséabonde qui règne dans les appartements longtemps fermés se joignait une odeur balsamique, sans doute celle de quelque drogue dont les médecins avaient fait usage en procédant aux constatations judiciaires.

Les deux sœurs tombèrent spontanément à genoux, le visage contre terre, et elles se mirent à prier en poussant des sanglots qui s'entendaient dans toute la maison.

A ce bruit, quelqu'un s'agita au rez-de-chaussée, on vint même jusqu'au pied de l'escalier, mais on devina sans doute de quoi il s'agissait, et on n'essaya pas de monter par respect pour cette légitime douleur.

Bientôt pourtant les demoiselles Bienassis se relevèrent et osèrent jeter un frémissant un regard autour d'elles ; puis, tandis que l'une allait ouvrir les fenêtres pour donner un peu d'air et de lumière à la chambre, l'autre s'empressait de faire disparaître les objets qui eussent pu produire sur sa sœur un effet trop cruel.

D'abord elles ne parlaient pas ; elles avaient ce recueillement muet que les personnes pieuses éprouvent dans un sanctuaire. Peu à peu elles s'enhardirent et commencèrent leur pénible besogne. A chaque instant, c'étaient de nouveaux éclats de douleur, de nouvelles larmes. Elles finirent néanmoins par se calmer et procédèrent avec plus d'ordre à l'examen qu'elles avaient entrepris.

Au fond du secrétaire, elles découvrirent une cassette de palissandre dont l'usage leur paraissait bien connu. Marion, qui n'y mettait aucune malice, tourna la clef et allait visiter l'intérieur de la cassette, quand Hortense l'arrêta :

— Ma sœur, — dit-elle à demi-voix, — sais-tu ce que contient cette boîte?

— Certainement; ce sont les lettres d'amour adressées à notre cher Théodore... Toutes les femmes raffolaient de lui... Il était si beau, si spirituel, si bon !

Et les larmes de la pauvre fille coulèrent de nouveau.

— Quoi ! Marion, — reprit Hortense, — tu sais ce qu'il y a dans cette cassette et tu oserais violer les secrets de notre frère! ce serait une profanation!

— Je ne vois pas là de profanation, Hortense; pour ma part, je serai très-désireuse de connaître les femmes qui aimaient Théodore et qui peut-être le pleurent comme nous. Il n'y aurait aucun mal à cela, j'espère.

— Non, non, Marion, — répliqua Hortense avec une certaine exaltation, — ne cherchons pas à pénétrer ces secrets qui ne nous appartiennent pas... Écoute, ma sœur : les femmes qui ont écrit ces lettres étaient peut-être de pauvres créatures destinées à devenir des épouses honnêtes, de bonnes mères de famille, et un sentiment de découragement et d'aigreur, un moment de faiblesse irréfléchie les auront rendues coupables... Théodore avait bien des torts de cette nature à se reprocher, je le sais... Pourquoi apprendrions-nous le nom de ces malheureuses déchues? Pourquoi nous exposerions-nous au risque de les faire rougir plus tard par quelque allusion involontaire? N'ont-elles rien perdu elles-mêmes quand nous avons perdu ce frère, notre orgueil et notre joie? Ah! Marion, soyons indulgentes pour ces femmes tombées dont Théodore a fait ses victimes et dont plusieurs méritaient sans doute un meilleur sort !

Marion n'avait pas l'air de comprendre grand'chose à ces scrupules; néanmoins, montrant le coffret ouvert et plein jusqu'au comble d'une liasse de lettres, elle dit doucement :

— Alors, Hortense, que ferons-nous de ces paperasses?

— Il faut les brûler, ma chère, les brûler sans les lire, et en agissant ainsi nous satisferons, j'imagine, aux vœux de Théodore qui peut-être nous voit et nous entend.

— Soit donc, ma chère Hortense, — dit Marion; brûlons ces papiers sans les lire.

Le contenu de la cassette fut vidé dans la cheminée, et une allumette suffit pour enflammer tous ces paquets plus ou moins parfumés, ainsi que les rubans verts, bleus ou roses qui servaient à les distinguer. Les deux sœurs regardèrent se consumer lentement, et elles repoussèrent du pied dans le feu ceux qui ne la flamme avait épargnés. Comme elles allaient s'éloigner de la cheminée, pour reprendre leur inventaire, elles s'aperçurent qu'une liasse, composée de trois ou quatre lettres au plus, sur papier soyeux et musqué, était restée à l'écart et avait échappé à l'auto-da-fé général.

— Qu'est-ce que ceci, Hortense? — demanda Marion en la tenant.

— Rien, un paquet qu'il faut brûler comme les autres.

Elle enflamma une nouvelle allumette pour achever l'œuvre de destruction.

— Regarde, ma sœur, — reprit Marion, — ne semble-t-il pas que le chiffre empreint sur le papier et un P. et une S, avec une couronne de noble?

— C'est possible, mais qu'importe? Ah! Marion, il y a des jeunes filles faibles et imprudentes dans toutes les conditions!

Et la dernière liasse devint, à son tour, la proie des flammes.

. . . .

Les demoiselles Bienassis étaient absorbées par leur généreuse occupation, quand elles entendirent Cernin qui, ne pouvant quitter le bureau, les appelait d'en bas. Elles s'empressèrent de descendre et trouvèrent le commis de la perception très-agité. Il tenait à la main deux lettres de grand format que le facteur venait d'apporter. L'une, qu'il avait ouverte, lui était destinée, l'autre, encore intacte, semblait être adressée à l'une des demoiselles Bienassis.

— Bon Dieu! qu'y a-t-il donc, monsieur Cernin? — demanda Hortense; — quelque nouveau malheur sans doute? Nous ne pouvons plus nous attendre qu'à de mauvaises nouvelles.

— Celles que je reçois ne sont pas précisément mauvaises pour moi, mademoiselle, — répliqua Cernin, — quoique je n'y comprenne rien encore. L'inspecteur des finances m'écrit que l'administration serait disposée à me nommer percepteur définitif à B***, à la place de mon cher patron défunt, si je consentais à accepter certaines conditions qui me seront transmises verbalement plus tard.

— Voilà une proposition, — dit Hortense, — qui n'est guère dans les usages d'une administration publique... Et vous n'avez aucune idée, monsieur Cernin, de la nature des conditions qui pourront vous être imposées?

— Aucune, mademoiselle.

— Dieu veuille pourtant que vous puissiez les accepter, car personne n'est plus digne que vous, par la capacité, la loyauté du caractère, la générosité des sentiments, de remplacer notre cher Théodore... Mais qu'est-ce que cette autre lettre que vous tenez à la main?

— Ah! pardon, mademoiselle, celle-ci est adressée à mademoiselle Marion Bienassis.

— A moi? — répliqua Marion avec étonnement; — qui peut donc m'écrire sur ce grand papier? Je ne connais personne hors de la ville de B***.

— Permettez-moi de vous faire remarquer, mademoiselle, que cette lettre porte le timbre de la préfecture, qu'elle paraît être encore une dépêche officielle, et enfin qu'elle est réellement adressée à mademoiselle Bienassis aînée.

— C'est vrai... vois donc, Hortense, ce que l'on me veut. Pour moi, cette lettre me fait peur !

Hortense rompit le cachet et plusieurs papiers s'échappèrent de la volumineuse enveloppe. Elle les lut rapidement, et un sourire de satisfaction s'épanouit sur ses lèvres.

— Marion, — reprit-elle, — M. le préfet a pris la peine de l'écrire lui-même pour l'annoncer, avec beaucoup de bienveillance, que le gouvernement, en raison du malheur arrivé à notre frère dans l'exercice de ses fonctions et sur la recommandation instante de personnes honorables de ce pays, m'accorde un bureau de tabac et un bureau de papier timbré à exploiter dans la ville de B***. Laisse-moi la première te féliciter, ma bonne sœur, — poursuivit-elle en embrassant Marion avec attendrissement; — c'est presque une fortune qu'on t'accorde-là !

— Et bien ! et toi, Hortense, — demanda Marion ; — qu'y a-t-il pour toi?

— Rien; tu es l'aînée et c'est à toi surtout que l'on devait songer.

— Mais nous partagerons ce ce que l'on me donne. Il y aura de l'ouvrage pour deux, j'imagine, dans ce *bureau* et ce qui m'appartient lui appartient aussi... Que Dieu soit loué ! Il ne nous abandonne pas complètement dans notre infortune !

Cernin, à son tour, félicita les demoiselles Bienassis de ces faveurs administratives et on tomba d'accord qu'un personnage important avait dû s'intéresser à Hortense et à Marion, d'autant plus que la missive officielle était très-précise sur ce point. On passa en revue tous les habitants notables du voisinage, mais on n'en trouvait aucun assez en crédit pour que sa protection eût pu avoir une pareille efficacité.

— J'y suis, mesdemoiselles, — dit Cernin tout à coup; — votre protecteur ne peut être que M. de La Southière. Il a des rapports continuels avec les « autorités » du département, il est l'ami du préfet, qui, à chacune de ses tournées, s'arrête au moins quelques heures à Roqueroles; il est lié avec les propriétaires les plus influents. J'en ai presque la certitude, vous devez les grâces qu'on vous accorde à M. de La Southière.

— Le fait n'est pas impossible, — répondit Hortense d'un air de réflexion ; — M. de La Southière, je crois, connaissait fort peu mon frère ; mais peut-être quelque personne de sa maison aura-t-elle plaidé notre cause... Oui, oui, plus j'y songe, plus je suis convaincue que notre protecteur est bien M. de la Southière.

— Dans ce cas, ma sœur, — demanda timidement Marion, — notre devoir ne serait-il pas d'aller sur-le-champ le remercier ?

— Sans doute, Marion, mais il est en voyage, je crois.

— Il est revenu dernièrement à Roqueroles, — dit Cernin, — car il a envoyé hier un de ses gens pour payer l'arriéré de ses impositions.

— Eh bien ! Hortense, pourquoi n'irions-nous pas à l'instant même lui faire une visite de remerciement ? Il n'y a guère qu'une demi-lieue d'ici au château et ce sera pour nous une promenade.

— Volontiers, Marion ; nous avons si peu d'amis que nous ne saurions nous montrer trop reconnaissantes envers ceux qui nous restent !

— Si vous en avez peu, mademoiselle, — dit Cernin avec émotion, — il en est un du moins qui vous est dévoué jusqu'à la mort.

— Ma sœur et moi, nous le savons, monsieur Cernin, — répliqua Hortense en lui tendant la main, — et nous n'oublierons jamais les preuves que vous nous avez données de ce dévouement.

Il y eut un moment de silence ; Cernin reprit enfin :

— Vous voulez aller à Roqueroles, mesdemoiselles, et je ne saurais désapprouver cette démarche qui vous est inspirée par la reconnaissance ; mais oserez-vous faire, seules et à pied, ce long trajet, surtout quand vous devez passer dans un endroit si plein pour vous de douloureux souvenirs ?

— Il faut avoir le courage d'affronter ces souvenirs, — dit Hortense avec fermeté ; — il y a lâcheté à reculer devant des impressions pénibles, quand le devoir commande de les braver. D'ailleurs, que pourrions-nous craindre en allant à Roqueroles ? Tout le monde ici nous plaint et nous aime, nous trouverons partout assistance et protection !

Cernin n'éleva aucune objection nouvelle, et les deux sœurs, après avoir opéré rapidement quelques changements à leur toilette, se dirigèrent vers Roqueroles par la route qui longeait la petite rivière.

C'était une sombre journée de novembre. Des nuages noirs se traînaient lourdement dans le ciel, en attendant qu'ils versassent la pluie sur la campagne dénudée. Une brise froide soulevait des tourbillons de feuilles sèches. Les oiseaux de l'été avaient quitté nos climats ; les oiseaux d'hiver se taisaient, attristés par ce temps morne et sans soleil. Les travaux de la campagne n'ayant pas une grande activité à cette époque de l'année, c'était à peine si, de loin en loin, on apercevait dans les champs un laboureur pressant le travail de ses bœufs et traçant péniblement un sillon.

Les demoiselles Bienassis cheminaient en silence à travers cette campagne solitaire. Toutes les deux étaient enveloppées de mantes de deuil ; mais, quand le vent soulevait un peu ces vêtements de dessus, on pouvait remarquer une grande différence dans la mise des deux sœurs. Tandis que Marion avait l'air d'une religieuse, avec sa robe de laine teinte en noir, Hortense conservait, dans son costume sombre, la grâce et l'élégance qui semblaient lui être naturelles. Sa taille souple se détachait sous la robe lugubre dont les plis, sans ornements, flottaient au souffle de la brise ; ses traits pâles ne ressortaient que mieux, encadrés par son chapeau de crêpe noir. La pauvre Hortense n'était pas moins affligée que son aînée ; mais elle obéissait, sans le savoir, à cette innocente coquetterie qui donne tant de charme à la femme, et qui ne saurait l'abandonner complètement dans aucune circonstance de la vie.

Comme nous l'avons dit, les deux sœurs gardaient le silence tout en marchant ; mais leur tranquillité apparente ne persista pas quand elles passèrent devant la misérable habitation de François Chérou. Les portes et les fenêtres en étaient closes ; l'herbe croissait déjà sur le seuil ; elle avait un aspect plus pauvre, plus refrogné que jamais. À sa vue, Hortense tourna la tête et voulut continuer son chemin ; Marion, au contraire, dit en étendant son poing fermé vers la maison Verte :

— Ma sœur, c'est là que demeurait cet infâme assassin... Que la justice nous vengera et le coupable expiera bientôt son crime si Dieu exauce mes prières !

— Tu ne sais pas ce que tu demandes, Marion, — répliqua Hortense ; — tu ne réfléchis pas... Cela nous rendra-t-il le frère chéri que nous avons perdu ?

Marion, qui s'était laissé emporter à un sentiment d'impitoyable rancune, poussa un profond soupir.

— C'est vrai, — répliqua-t-elle ; — que la volonté de Dieu s'accomplisse !

Elles passèrent avec non moins d'émotion devant l'étroit défilé qui conduisait au gué, et enfin elles entrevirent, à travers les arbres dépouillés du parc, les blanches écuries et les toits aigus du château de Roqueroles. Quelques instants plus tard, elles s'engageaient dans l'avenue de châtaigniers.

A mesure qu'elles s'approchaient du château, le bruit et le mouvement succédaient à la morne solitude de la campagne. Des jeunes et beaux poulains à la longue queue, à la crinière flottante, s'ébattaient, comme à l'ordinaire, dans les enclos. Du côté de la cour, c'étaient des hennissements de chevaux, des cris et des chants de palefreniers, des allées et venues continuelles des gens de service ; et, sous cette impression nouvelle, les demoiselles Bienassis secouèrent la torpeur qui les avait dominées pendant leur longue promenade.

Quand elles entrèrent dans la cour, elles ne surent d'abord de quel côté se diriger ; elles étaient venues une seule fois avec leur frère au château de Roqueroles, et ne connaissaient pas les êtres de la maison. Pendant qu'elles hésitaient, le piqueur Baptiste, revêtu de son gilet orange et portant sur l'épaule une selle élégante, s'approcha d'elles et les salua d'un air de curiosité.

— Les demoiselles Bienassis, je crois, — dit-il ; — les sœurs du défunt percepteur ?... C'est sans doute mademoiselle Palmyre que vous venez voir ? Mais elle est encore à la ville ; il paraît qu'elle se plaît beaucoup au couvent, à ce dit mon maître, et elle n'est pas pressée de revenir.

— Nous aurions eu grand plaisir à voir mademoiselle Palmyre si elle eût été au château, — répliqua Hortense qui, dans les circonstances graves, portait toujours la parole ; — mais c'est à monsieur de la Southière lui-même que nous désirons parler.

— Monsieur doit être dans la grande écurie, — répliqua Baptiste ; — adressez-vous à Marianne, la cuisinière, là... au rez-de-chaussée de la maison ; moi je vais chercher mon maître et le prévenir.

— Les deux sœurs allaient se rendre à cette invitation, quand le piqueur ajouta :

— Pardon, mesdemoiselles ; j'ai causé plus d'une fois avec votre frère, qui était un joyeux monsieur ; et, la dernière fois, ce n'était pas longtemps avant le mauvais coup qu'il a reçu. Aussi voudrais-je vous demander...

— Baptiste ! — s'écria derrière lui une voix irritée, — pourquoi te permets-tu de retenir ainsi ces dames au milieu de la cour ?

Le piqueur reconnut son maître et se hâta de s'esquiver. Alors monsieur de La Southière s'avança vers les demoiselles Bienassis, et, après les avoir saluées cérémonieusement, les engagea à le suivre dans le salon du château.

. . . .

Monsieur de La Southière était bien changé depuis les derniers événements. Ses yeux étaient caves, son vigoureux embonpoint avait disparu ; son visage, autrefois si rubicond, était livide et des marbrures brunes remplaçaient le vermillon de ses joues. En revanche, ses traits présentaient maintenant la rigidité, l'immobilité du marbre. Il ne souriait plus ; aucun sentiment ne se reflétait plus sur cette physionomie pétrifiée.

Mais les demoiselles Bienassis avaient eu trop rarement l'occasion de voir le célèbre éleveur de chevaux pour remarquer cette transformation. D'ailleurs, elles osaient à peine lever les yeux sur lui. Quand il les eut introduites dans le salon, il leur offrit des sièges, et, s'asseyant lui-même, il leur dit avec froideur :

— Puis-je savoir, mesdemoiselles, ce qui me procure l'honneur de votre visite ?

Les pauvres filles étaient de plus en plus déconcertées. Hortense, faisant effort sur elle-même, se nomma et balbutia que monsieur de La Southière pouvait aisément deviner le motif de sa visite et celle de sa sœur. La Southière demeura impassible en apparence, quoique peut-être une angoisse mortelle lui serrât le cœur. Il répondit d'une voix ferme :

— Je ne vous comprends pas, mademoiselle ; veuillez vous expliquer.

— Hortense finit par reprendre courage. Elle exposa ses raisons de penser que les faveurs administratives accordées à sa sœur aînée étaient dues à la puissante intervention de monsieur de La Southière, et elle ajouta que Marion et elle n'avaient pu résister au désir de venir remercier en personne leur généreux protecteur. La Southière avait écouté attentivement ces explications, et il se relâcha un peu de sa roideur automatique. Cependant, aussitôt que la jeune fille, avec autant de grâce que de chaleur, voulut exprimer sa gratitude, il l'interrompit.

— Vous ne me devez pas de remerciements, mademoiselle, — dit-il d'un ton sec ; — je ne suis pour rien dans les faveurs dont vous parlez. Je n'ai aucun crédit et mon intervention en pareille affaire eût été sans résultat.

Cette âpreté de langage blessa la pauvre Hortense ; cependant elle reprit avec des larmes dans la voix, et en cherchant à saisir la main de l'éleveur qui la retira vivement :

— Ah ! monsieur, vous voulez vous dérober à l'expression de notre reconnaissance ; vous joignez la modestie à la bonté ; vous espérez nous donner le change, quand vous, vous seul...

— Encore une fois, mademoiselle, — interrompit de nouveau La Southière plus que cette visite et ces paroles mettaient au supplice, — je suis tout à fait étranger à l'événement dont il s'agit... je vous prie donc de m'épargner des remerciements qu'en conscience je n'ai pas mérités.

— Mais alors, — demanda Hortense à demi-convaincue, — quel est l'ami puissant dont la bienveillance s'est ainsi manifestée pour nous ?

— Cherchez bien... vous devez savoir mieux que personne qui vous a rendu ce service. Quant à moi, absent du pays près de deux mois pour mes affaires, je n'ai eu ni le loisir, ni la pensée, ni le pouvoir d'intervenir en votre faveur.

Les demoiselles Bienassis se levèrent.

— Pardonnez-nous donc ce dérangement, — reprit Hortense, — et vous ne pourriez nous fournir aucune indication au sujet de notre protecteur inconnu ?

— Que sais-je ?... Peut-être monsieur Armand Robertin a-t-il eu la fantaisie de jouer un semblable rôle. Je n'affirme rien : c'est une simple supposition que je fais ; mais monsieur Robertin, qui vous a rencontrées plusieurs fois dans le monde, est le plus *imposé* des propriétaires du pays ; son influence a été assez grande aux dernières élections pour décider la nomination du candidat ministériel ; enfin, il jouit d'un grand crédit auprès du préfet et des députés du département. A ma connaissance donc, Armand seul peut être votre bienfaiteur anonyme... Cependant, prenez des informations ; car ce n'est là, je vous le répète, qu'une supposition de ma part.

Monsieur de La Southière demeurait debout, et son ton comme son attitude ne trahissaient aucun désir de prolonger l'entretien. Les demoiselles Bienassis comprirent cela, et après avoir balbutié de nouvelles excuses, elles sortirent. Le maître de logis les accompagna poliment jusqu'à la porte extérieure ; là, il les salua de nouveau, et tandis que les deux sœurs traversaient la cour, il se tint sur le perron, afin de s'assurer que ni Baptiste ni les autres domestiques ne leur adresseraient la parole.

Hortense et Marion s'éloignaient à grands pas, mais leurs pensées étaient bien différentes. Quand elles purent causer en liberté, Hortense dit à sa sœur avec une animation extrême :

— As-tu entendu, Marion ? C'est à M. Robertin que tu dois ta position nouvelle !...

Le bon et brave jeune homme ! Il m'a toujours témoigné en effet une attention particulière ; et je commence à croire qu'il ne serait pas impossible...

Elle se tut et se mit à rêver. Marion attendait qu'elle achevât sa pensée ; comme la cadette continuait de garder le silence, elle lui dit d'un ton d'humeur :

— Vraiment, Hortense, j'aime mieux avoir des obligations à M. Robertin qu'à ce M. de La Southière. Quel homme froid et dur ! Quel mauvais accueil il nous a fait ! Il ne nous a pas adressé un mot de sympathie pour nos malheurs... Sur ma foi ! j'ai cru un moment qu'il allait nous battre, parce que nous nous obstinions à le remercier d'un service qu'il ne nous avait pas rendu !

Hortense ne paraissait pas entendre ces doléances, et elle resta pensive jusqu'à B***, où elles arrivèrent sans accident.

Toutefois si Marion et sa sœur avaient pu voir M. de La Southière, cinq minutes après leur départ du château, elles eussent certainement modifié leur opinion sur le propriétaire de Roqueroles. Dès qu'elles eurent disparu, il rentra précipitamment dans son cabinet, et se cachant le visage dans ses mains, il versa d'abondantes larmes.

C'est qu'en effet le masque de glace dont il s'était couvert, la rudesse de manières et de paroles qu'il avait affectée devant les demoiselles Bienassis, cachaient une émotion profonde. Cette visite avait réveillé toutes ses angoisses, toutes ses terreurs. Recevoir dans sa maison ces deux pauvres orphelines en deuil qu'il avait privées de leur unique soutien, les entendre lui adresser d'affectueux remerciements et lui demander comme une faveur de presser sa main encore humide du sang de leur frère, c'était là une épreuve à laquelle son stoïcisme étudié ne pouvait résister longtemps ; et, l'épreuve finie, la faiblesse humaine reprenait ses droits.

Il avait pourtant réussi à rasséréner un peu ses idées et son visage, quand surgit un nouvel événement, plus alarmant encore que la visite des demoiselles Bienassis.

Il entendit un cheval s'arrêter devant la porte, puis une voix mâle prononça son nom. Comme l'on répondait que M. de La Southière se trouvait au château, le cavalier mit pied à terre, avec un cliquetis de sabre et d'éperons.

Le maître du logis, toujours en alerte depuis son crime, souleva furtivement le rideau de la fenêtre pour reconnaître le nouveau venu ; c'était le maréchal des logis de gendarmerie qui montait le perron, un papier à la main.

La Southière reçut une nouvelle et horrible secousse.

— Ah ! ah ! — murmura-t-il, — aurait-on découvert quelque chose ?

Il courut à son secrétaire et en tira un pistolet qu'il cacha dans son sein ; au même instant des pas pesants résonnèrent dans le corridor voisin, et Marianne introduisit le gendarme.

Celui-ci avait un air grave et embarrassé. Cependant il ôta son chapeau, et avec la concision militaire :

— J'ai peur de ne pas être le bienvenu chez vous, monsieur de La Southière, mais, vous savez, le service avant tout !... J'ai reçu des ordres qui vous concernent.

Et il montrait le papier qu'il tenait à la main, papier où l'impression, l'écriture et les timbres formaient une bigarrure de mauvais présage.

— De quoi... s'agit-il? — demanda l'éleveur d'une voix étranglée.

Sa main chercha sous ses vêtements la crosse du pistolet, afin de se faire sauter la cervelle dès qu'on tenterait de l'arrêter.

— Il s'agit, — répliqua le gendarme, — d'une corvée qui sans doute vous sera fort désagréable... Je suis chargé de vous notifier que vous êtes juré pour les assises qui s'ouvriront à Limoges dans quinze jours d'ici... Voici l'ordre.

Et il déposa le papier sur la table. La Southière n'osa le prendre d'abord, de peur que le tremblement de sa main ne trahît son trouble. Il demanda enfin :

— Ah!... je suis donc... juré?

— Oui, monsieur, — répliqua le sous-officier; — et quand on me charge de faire de pareilles notifications aux bourgeois du pays, je suis rarement bien accueilli chez eux. Ensuite vous aurez, selon toute apparence, une belle affaire à juger dans la prochaine session, celle de Chérou, l'assassin du percepteur.

— L'assassin! — dit M. de La Southière avec vivacité; — pourquoi l'appelez-vous assassin? Il n'est pas condamné encore.

— C'est juste, mais tout le monde assure qu'il le sera... Enfin, cela regarde ses juges et non pas moi... Eh bien! êtes-vous disposé à vous rendre aux ordres de M. le président de la cour d'assises?

— Il le faut bien; car comment refuser.

— Suffit; je vais donc, avec votre permission, rédiger mon procès-verbal.

Il s'assit devant le bureau, griffonna quelques mots sur un papier imprimé, puis salua respectueusement et se retira.

Demeuré seul, La Southière se redressa; son œil brillait, son visage s'était transfiguré, et pour la première fois depuis longtemps le sourire reparaissait sur ses lèvres.

— Il y a vraiment un Dieu là-haut! — dit-il avec exaltation, — et la Providence m'offre un moyen sûr de sortir de l'abîme où je suis tombé. Je serai juré dans cette funeste affaire, et je ne peux manquer d'exercer une certaine influence sur mes collègues; d'ailleurs, la conscience de la vérité me rendra éloquent en leur présence. Je les convaincrai; je sauverai ce malheureux... Oui, je le sauverai, et je garderai mon secret... Mon Dieu! je te remercie!

XIII

JENNY MEURIER.

Mademoiselle de La Southière était, depuis deux mois environ, au couvent de Limoges où elle avait été élevée, mais elle n'y retrouvait pas les jours heureux et paisibles de sa première jeunesse. Ses amies d'autrefois avaient quitté le couvent; les religieuses qu'elle avait connues à une autre époque n'étaient plus là. Elle demeurait donc comme une étrangère dans cette pieuse maison d'où elle ne sortait jamais, où personne ne venait la voir, et l'état de son esprit rendait plus douloureux encore l'abandon où elle vivait.

Palmyre n'ignorait plus, en effet, les suites terribles de l'évènement accompli au gué de Chez-Nicot. Par bonheur, elle n'avait pas appris tout d'un coup la lugubre vérité; c'était seulement quelques jours après son arrivée au couvent qu'elle avait été informée par la rumeur publique de la mort du percepteur et de l'arrestation de François Chérou. Il y avait dans ces récits bien des circonstances mystérieuses pour elle; mais certains faits restaient indubitables, à savoir qu'elle, Palmyre, était l'unique cause du crime, que son père en était l'auteur et que François Chérou, accusé pourtant devant la justice, était innocent.

Cette triple conviction l'avait jetée dans une profonde mélancolie et, elle renchérissait encore sur la solitude que lui imposaient les règlements de la communauté. Aux heures des récréations, elle ne descendait pas au jardin et restait obstinément enfermée dans sa cellule; elle ne fréquentait ni les autres pensionnaires ni les religieuses. En revanche, elle ne manquait jamais d'assister aux offices, et les yeux pleins de larmes, elles priait avec une ferveur qui avait frappé les novices et les professes. On disait dans le couvent que Dieu *avait touché le cœur* de mademoiselle de La Southière, et peut-être calculait-on déjà la dot que pourrait payer la fille unique de l'éleveur quand elle prendrait le voile.

En réalité, Palmyre avait le cœur brisé, et elle éprouvait une mortelle tristesse. Mais cette tristesse n'était plus la molle langueur, l'inquiétude vague de la jeune fille désœuvrée qui s'abandonne aux caprices d'une imagination malade; c'était une douleur nettement définie, poignante, qui ne lui laissait aucun repos. Non pas que Palmyre eût aimé sérieusement le malheureux Bienassis; cette prétendue passion ne lui paraissait maintenant qu'un ridicule enfantillage. Elle regrettait le cruel évènement par cela surtout qu'elle en avait été la cause; elle se reprochait ses propres fautes qui avaient coûté si cher à Bienassis, qui pouvaient encore coûter si cher à son père. Son imagination ardente lui représentait incessamment des tableaux lugubres. La nuit elle s'éveillait en poussant des cris de terreur; le jour, elle se levait parfois brusquement de son siège, allait çà et là, l'air égaré, la poitrine haletante, et elle ne retrouvait un peu de calme qu'après être restée longtemps prosternée dans la chapelle du couvent.

Ces accès, en se multipliant, altéraient la santé de la pauvre Palmyre; néanmoins M. de La Southière ne paraissait en prendre aucun souci. Pendant la période qui venait de s'écouler, il ne lui avait écrit que deux ou trois lettres brèves et obscures pour lui recommander *la prudence et le repentir* et lui annoncer les divers voyages qu'il allait entreprendre. Grâce à ces voyages, Palmyre, de son côté, n'avait pu lui répondre, si bien que, depuis la catastrophe, aucune explication écrite ou verbale n'avait eu lieu entre la fille et le père.

Un jour, Palmyre, morne et abattue, les vêtements en désordre, était assise dans sa cellule, quand une sœur vint l'avertir qu'elle était attendue au parloir. Mademoiselle de La Southière demanda sans se déranger :

— Serait-ce encore, chère sœur, cette couturière que je ne veux pas voir et qui assiège obstinément la porte de la communauté? Si c'est elle, dites-lui que je ne reçois personne.

— Et vous avez bien raison, mademoiselle — répondit la religieuse, — car cette fille, votre ancienne femme de chambre, n'a pas une bonne réputation dans la ville; mais aujourd'hui ce n'est pas elle qui vous demande; ce sont deux messieurs, dont l'un paraît assez âgé et que je crois être...

— Mon père! — s'écria Palmyre en se levant d'un bond.

La sœur fit un signe affirmatif.

— Mon père! — s'écria mademoiselle de La Southière hors d'elle-même; — il est donc enfin de retour? Il s'est donc souvenu de moi? Venez, ma sœur, venez vite.

Elle voulait sortir; la religieuse l'arrêta.

— Y pensez-vous, mademoiselle? — dit-elle; — oseriez-vous paraître au parloir dans ce costume?

— C'est juste, ma sœur; mon Dieu! où donc ai-je la tête?

Elle répara précipitamment le désordre de sa toilette et s'empressa de descendre avec sa compagne.

Le parloir était plein de gens qui venaient visiter les pensionnaires ou les professes sous la surveillance de *la sœur écoute*; et il s'y faisait un murmure confus, causé par les conversations à voix basse d'un si grand nombre de personnes. Palmyre, en entrant, oublia de plonger l'extrémité de ses doigts dans le bénitier placé auprès de la porte, ce qui lui valut un signe réprobateur de sa con-

L'ASSASSIN DU PERCEPTEUR

Chéron tendit au juge de paix un bas de laine qui lui servait de bourse. (Page 39.)

ductrice ; et elle parcourut d'un coup d'œil rapide toute l'étendue du parloir. Dans un coin se tenait M. de La Southière, accompagné d'un jeune homme qui avait donné déjà certaines distractions à de gentilles recluses : c'était Armand Robertin.

Mais Palmyre ne songea pas d'abord à son jeune prétendant ; ce fut à peine si une légère rougeur passa sur ses joues pâles. Toute son attention était pour son père et pour les changements effrayants accomplis dans sa personne en quelques semaines. Ces changements étaient tels que La Southière, avec ses joues creuses, ses yeux caves, son teint jaune, était presque méconnaissable. Aussi faillit-elle pousser un cri d'effroi ; elle se contint pourtant et s'avança en fondant en larmes.

L'éleveur ne devait pas être moins agité en revoyant sa fille ; mais sans doute il s'était longuement préparé à cette entrevue, et il s'était cuirassé contre ses propres émotions, car il demeura impassible. Le sourire sur les lèvres, il ouvrit les bras à Palmyre qui s'y précipita.

Elle serrait son père contre sa poitrine, mais il lui sembla que son père répondait faiblement à son étreinte. Bientôt il se dégagea en disant d'une voix calme et assez haut pour être entendu de ses voisins :

— Allons ! petite, voilà bien des larmes parce que nous ne nous sommes pas vus depuis deux mois ! J'ai toujours été en voyage pendant ce temps-là, tu le sais... Enfin me voici de retour, et j'espère te ramener à Roqueroles dès que j'aurai terminé mes affaires de la ville.

Palmyre avait toutes les peines du monde à exprimer les idées confuses qui se heurtaient dans son cerveau ; cependant elle demanda :

— Cher père, avez-vous donc été malade ?

— Ah ! tu me trouves changé, n'est-ce pas ? Ce n'est rien ; l'effet de ces voyages continuels... on est si mal dans les auberges !... Mais, Palmyre, n'aurais-tu pas un mot pour ce pauvre Armand ?

Et il désignait Robertin qui, pendant ce court épanchement de la fille et du père, s'était tenu un peu à l'écart par discrétion.

Palmyre tendit alors sa main au jeune homme qui la serra doucement.

— Vous aussi, mademoiselle, — dit-il avec intérêt, — vous paraissez bien souffrante ! Évidemment le genre de vie qu'on mène ici ne vous convient pas. Ces couvents sont la ruine de la santé, et ces maudites béguines...

— De la prudence, Armand, mon garçon ! — interrompit La Southière à demi-voix ; — toutes les vérités ne sont pas bonnes à dire. Si vous continuez sur ce ton, vous allez nous faire mettre honteusement à la porte.

Et il fredonna sur l'air de *la Dame blanche* :

La sœur écoute vous regarde,
La sœur écoute vous entend.

Cette gaieté, réelle ou feinte, parut enfin triompher de l'émotion et de l'embarras de Palmyre. On s'assit, on se mit à causer. M. de La Southière raconta les exploits de ses chevaux sur les divers hippodromes qu'il venait de visiter. Il exposa comment la pouliche *Zulubé*, fille de *Guillaume-le-Taciturne* et de la *Reine-Pomaré*, avait gagné une coupe de vermeil, battant d'une tête *Cochinchine*, à M. le comte de Z*** ; comment John, son jockey anglais, montant *Sans-Souci* dans le steeple-chase, avait pris un bain avec son cheval au passage de la rivière, ce qui ne l'avait pas empêché d'arriver premier au poteau et de gagner un prix de six mille francs. Sans doute, ce sujet de conversation n'était pas celui que Palmyre eût choisi, mais elle éprouvait une joie douce à voir son père si calme, et c'était la première satisfaction qu'elle eût ressentie depuis sa rentrée au couvent.

. . . .

Bientôt M. de La Southière se leva.

— Armand, — dit-il, — je vous laisse avec ma fille. J'ai à voir madame la supérieure, afin de régler mes comptes avec elle... Je ne tarderai pas à vous rejoindre.

Et il sortit, précédé d'une religieuse qui devait le conduire à l'appartement de la supérieure.

Robertin se rapprocha de mademoiselle de La Southière et se mit à lui parler bas avec chaleur. D'abord, elle l'écoutait avec distraction ; peu à peu elle devint plus attentive. Enfin, elle interrompit Armand :

— Monsieur, de grâce, — balbutia-t-elle, — je ne sais si je dois souffrir, en l'absence de mon père...

— Chère Palmyre, — répondit Armand avec feu, — c'est de l'aveu de votre père lui-même que j'ose vous exprimer de pareils sentiments.

Et il lui apprit comment M. de La Southière ne s'opposait pas à un projet de mariage dont lui, Armand, appelait la réalisation de tous ses vœux et auquel il suppliait Palmyre de donner sa sanction.

— Monsieur Armand, — reprit-elle avec agitation, — ne parlez pas de cela, c'est impossible !... Si vous saviez... c'est impossible, vous dis-je !... Oh ! je suis bien malheureuse !

Ses larmes recommencèrent à couler avec abondance, et elle s'efforçait d'étouffer dans son mouchoir les sanglots qui s'échappaient de sa poitrine. Armand se pencha vers elle et continua de lui parler bas avec volubilité ; plusieurs fois elle voulut encore l'interrompre, mais il ne se décourageait pas. Que disait-il ? Peu importe ; toujours est-il que Palmyre avait fini par l'écouter avec attention, quand une jeune femme, d'une mise très-élégante, entra dans le parloir. La sœur gardait la porte voulait lui barrer le passage, mais la nouvelle venue la repoussa sans cérémonie, et, courant vers Palmyre, elle lui dit avec un respect ironique :

— Ah ! mademoiselle de La Southière, ma bonne maîtresse, je puis donc enfin arriver jusqu'à vous ?... Je suis bien contente de vous revoir !

On a deviné Jenny Meurier.

Jenny, comme nous l'avons dit, était vêtue avec une élégance qui, chez une simple ouvrière, n'annonçait rien de bon, et Palmyre eût pu reconnaître sur son ancienne camériste plusieurs ajustements dont elle s'était jadis parée elle-même. Les usages du pays ne permettaient pas à Jenny de porter un chapeau ; mais elle était coiffée, selon son habitude, d'un charmant petit bonnet, qui faisait merveilleusement ressortir ses bandeaux de jais et sa piquante figure.

Mademoiselle de La Southière, à la vue de cette intrusion audacieuse, éprouva un sentiment de colère. Toutefois elle se souvint que ses plus chers intérêts lui obligeaient de ménager Jenny, et elle lui dit avec une politesse contrainte :

— Merci de votre visite, mademoiselle ; mais, vous le voyez, j'ai du monde, et je vous serai fort obligée de revenir à un autre moment.

— Oui, pour trouver la porte close, comme je l'ai trouvée jusqu'ici ! Je n'ai pu vous rencontrer depuis le jour où Baptiste m'a déposée à l'entrée de la ville avec mes paquets, sans s'inquiéter de ce que je deviendrais. J'étais pourtant bien impatiente de causer un peu avec vous, et, puisque vous voici, je demande la permission de rester... Si vous voulez dire à M. Robertin des choses que je ne dois pas entendre, je vous promets de ne pas écouter. Ne vous gênez donc pas pour moi ; j'ai de la patience, j'attendrai.

Et elle s'assit sur une chaise, en face de Palmyre, qui paraissait interdite de cette effronterie.

Armand crut devoir intervenir.

— Ah çà ! petite, — demanda-t-il avec hauteur, — prétendez-vous rester ici malgré mademoiselle de La Southière ? Je ne suis pas disposé à le souffrir, entendez-vous ?

— Monsieur Robertin s'imagine sans doute être encore dans un de ses châteaux, — répondit Jenny avec une douceur venimeuse ; — il a pris tout à fait l'habitude du commandement avec ses nombreux laquais... A la vérité, il est si riche qu'on pourrait croire qu'il a de la corde de pendu !

En entendant cette allusion brutale et cruelle, Armand allait éclater ; Palmyre le calma d'un signe.

— N'écoutez pas ce qu'elle dit, monsieur Robertin, — reprit-elle ; — cette fille n'a jamais su retenir sa langue, et peut-être moi-même l'ai-je beaucoup gâtée à cet égard ; mais ses insolences ne sauraient vous atteindre... Jenny, — poursuivit-elle en s'adressant à son ancienne camériste, — vous allez savoir pourquoi tout à l'heure j'ai essayé de vous éloigner. Mon père est en ce moment chez madame la supérieure ; il va revenir, et si par malheur il vous rencontrait...

— Ah ! M. de La Southière est de retour de ses voyages ? — dit Jenny tranquillement ; — tant mieux ; je ne serai pas fâchée de le voir aussi.

— Hein ! qu'y a-t-il ? — demanda-t-on derrière elle.

Et M. de La Southière, qui venait de rentrer, s'approcha brusquement. Palmyre trembla que son père ne donnât cours à sa fureur, et elle lui jeta un regard suppliant. L'éleveur n'eût peut-être tenu aucun compte de cette prière muette ; la grisette eût conservé son attitude provocante ; mais Jenny, soit calcul, soit respect involontaire en présence d'un des hommes les plus considérables du pays, s'empressa de se lever et fit une humble révérence. M. de La Southière, désarmé, modéra l'expression de son mécontentement.

— Encore vous, mademoiselle ? — demanda-t-il avec froideur ; — est-ce que ma fille vous a autorisée à venir la visiter ?

Palmyre s'empressa de faire un signe négatif.

— En ce cas-là, — poursuivit-il, — je ne m'explique pas...

« Vous avez reçu sans doute l'argent qui vous était dû pour vos services à Roqueroles ?

— Parfaitement, monsieur, — répliqua Jenny ; — je n'ai rien à réclamer.

— Alors, puis-je savoir le motif de votre présence ici ?

— Le plaisir de vous voir, monsieur, et de voir mademoiselle Palmyre.

— Grand merci, — répliqua l'éleveur dont le sang commençait à s'échauffer ; — je vous ai pourtant dit déjà que, pour des motifs particuliers, toutes relations devaient finir entre ma fille et vous... Quant à moi, je ne savais pas que nous fussions si bons amis !

— Il est pourtant certains sujets sur lesquels il est à souhaiter que nous nous entendions le plus tôt possible, — dit Jenny en fixant ses yeux noirs et perçants sur son interlocuteur.

La Southière eut peine à cacher un léger mouvement.

— Eh bien ! mademoiselle, — répliqua-t-il avec moins d'aigreur, — si vous avez à me parler, je ne refuserai pas de vous écouter... mais pas ici. Je dois séjourner à Limoges; il vous sera facile de me trouver à mon hôtel.

— Oui, oui, vous ne partirez pas de sitôt, car vous êtes juré pour les assises qui vont s'ouvrir demain, et, selon toute apparence, vous aurez à juger François Chérou, l'assassin du percepteur.

La Southière tressaillit de nouveau.

— Mon père, que dit-elle ? — demanda Palmyre d'une voix frémissante, — vous allez avoir à juger...

— C'est bon, — interrompit sèchement l'éleveur.

Puis se tournant vers Jenny :

— Ah çà ! mademoiselle, finissons-en, — poursuivit-il ; — vous voyez que je suis en affaires... Je vous le répète donc, si vous avez quelque chose à me communiquer, vous êtes libre de venir chez moi.

— Une honnête fille ne va pas ainsi chez un homme, — dit Jenny avec une pruderie ironique en se levant.

Elle fit une révérence à Palmyre, puis à Robertin, et marcha vers la porte ; mais, en même temps, elle invita La Southière par un signe à l'accompagner pendant quelques pas. La Southière ne put résister à l'ascendant que cette créature audacieuse prenait sur lui ; et quand Armand et Palmyre ne furent plus à portée d'entendre, elle lui dit bas avec un accent d'autorité :

— Vous me trouverez ce soir, à huit heures, sur la place des Arbres.

Sans attendre de réponse, comme si elle était sûre qu'on ne manquerait pas d'obéir, elle sortit, le sourire sur les lèvres et le front levé.

La Southière s'empressa de rejoindre sa fille et Armand qui lui dit d'un ton d'humeur :

— Voilà, mon cher, une jeune gaillarde passablement impertinente ; et je me demande comment vous et moi nous avons pu résister à la tentation de la faire sauter par la fenêtre.

— Cela est vrai, mon garçon, — répliqua La Southière avec une indifférence affectée, — mais il est prudent de ménager d'anciens serviteurs. On a beau faire, ces gens-là s'initient toujours plus ou moins aux particularités de votre intérieur, et ils ont des moyens faciles de dénigrement. Tel est le secret de ma mansuétude... Et puis c'est une femme après tout !

Armand n'insista pas sur ce point et la conversation reprit sur nouveaux frais. Bientôt La Southière se retira avec son compagnon en annonçant à sa fille une nouvelle et prochaine visite, et il déposa sur le front de Palmyre un baiser qui avait toutes les apparences de l'affection.

Cependant Palmyre, rentrée dans sa cellule, n'était ni plus heureuse ni plus calme qu'avant cette entrevue tant désirée avec son père. A la suite d'une méditation longue et douloureuse, elle se mit à prier ; la prière était son unique consolation.

. . . .

Le même soir, vers huit heures, une petite place, plantée de tilleuls, qui sert d'annexe à la place principale de Limoges, était plongée dans une obscurité à peu près complète, et quelques becs de gaz éloignés jetaient à peine de pâles reflets sous les arbres touffus qui lui donnent son nom.

Les tambours de la garnison battaient la retraite, et la fraîcheur de la nuit avait chassé, depuis longtemps, les promeneurs paisibles. Cependant on entendait encore des chuchotements sous les tilleuls et on voyait des formes légères se glisser dans les ténèbres ; mais les murmures étaient si faibles, les mouvements si furtifs que la place semblait vraiment déserte aux rares passants qui la côtoyaient en regagnant leur logis.

A l'heure dont nous parlons, un homme vêtu d'un ample paletot et coiffé d'un chapeau à larges bords qui cachait la partie supérieure de son visage, s'approcha de la place des Arbres et s'engagea, non sans hésitation, sous ses berceaux alors dépouillés de leurs feuilles.

— Quelle honte ! — murmurait La Southière ; — me voilà obligé, à mon âge, de venir ici, en manteau couleur de muraille, comme un céladon de carrefour, pour avoir une conférence avec cette endiablée grisette ? Que me veut-elle ? Je dois m'attendre à quelque infamie, car cette fille, malgré sa jeunesse, est bien la créature la plus vicieuse et la plus perverse.. Enfin nous allons voir... On ne me croquera pas, j'espère !

Pendant qu'il parlait ou plutôt qu'il pensait ainsi, La Southière aperçut en face de lui un groupe de trois personnes qui semblaient l'observer. Il craignait déjà d'être tombé dans quelque guet-apens, mais un de ces personnages s'approcha de lui et Jenny Meurier lui dit assez haut :

— Merci d'être venu, monsieur de La Southière ; ah ! j'étais bien sûre que vous viendriez !

L'éleveur ne répondit pas ; deux hommes s'étaient postés à sa droite et à sa gauche, comme pour être témoins de ce qui allait se dire entre lui et la couturière. Jenny devina sa défiance et reprit d'un air de fausse modestie :

— Ne vous étonnez pas de voir ces messieurs avec moi. J'appartiens à une honnête famille et vous comprenez qu'on ne m'eût pas permis de sortir ainsi seule le soir. L'un est mon père, un brave homme qui m'a soigneusement élevée ; l'autre est mon... ami, mon fiancé, si vous voulez, un ancien employé de commerce qui a obtenu le consentement de mes parents pour me faire la cour et qui désire m'épouser. Ainsi accompagnée, je n'ai pas à craindre d'insultes.

La Southière essaya d'entrevoir les deux gardes du corps de la vertueuse et timorée grisette. Le « brave homme » de père était un petit vieux, maigre, chétif, aux vêtements délabrés, dont le visage pâle avait une expression idiote et dont le nez rouge et bourgeonné attestait des habitudes d'ivrognerie. Le « fiancé » au contraire était un vigoureux gaillard, vêtu avec prétention, le chapeau sur l'oreille et un gourdin à la main ; à ses longues moustaches brunes, on l'eût pris plutôt pour un tambour-major en bourgeois que pour un pacifique employé de commerce. Le voisinage de ces gens n'était pas du goût de M. de La Southière, qui reprit avec humeur :

— Eh ! morbleu ! mademoiselle, vous auriez pu vous épargner la peine de vous faire si bien accompagner ; vous n'aviez qu'à venir chez moi en plein jour et je vous y aurais reçue sans tous ces mystères... Mais voyons, qu'avez-vous à me dire ? un mot suffira, je pense... Je n'ai pas l'habitude de ces rendez-vous et j'ai hâte de retourner à mes affaires.

Cette âpreté de langage déconcerta Jenny qui peut-être s'était vantée, devant son père et son fiancé (puisque fiancé il y a), de mener à sa guise le fier et brusque gentilhomme. Elle reprit d'un ton presque gémissant :

— Si j'ai voulu avoir cet entretien, monsieur, c'est que vous me devez une réparation pour le tort que vous m'avez causé en me renvoyant ignominieusement de Roqueroles. Quand je suis rentrée seule à la maison, portant mes paquets, et quand j'ai annoncé que je n'étais plus à votre service, mon père a pensé que j'avais commis quelque mauvaise action et il a voulu me battre ; mon prétendu a parlé de me quitter... Une pauvre fille comme moi n'a que sa bonne renommée, et j'ai employé tous les moyens pour obtenir le redressement d'une pareille injustice. Mais mademoiselle Palmyre refuse de me recevoir ; vous-même aujourd'hui, dans le parloir du couvent, vous m'avez repoussée avec dureté... Puisque vous voici, je vous conjure de dire devant les personnes dont l'estime et l'affection me sont précieuses, si pendant mon séjour à Roqueroles je n'ai pas été une personne réservée et sage, pleine de zèle à vous servir, vous et mademoiselle de La Southière, et si vous avez eu d'autres motifs de me chasser qu'un caprice... dont vous ne devez compte à personne, je le reconnais ?

La vertu la plus pure n'aurait pu trouver des accents plus nobles ; et si M. de La Southière n'eût su pertinemment à quoi s'en tenir, il s'y fût laissé prendre lui-même. Il répondit pourtant avec impatience :

— Est-ce pour cela, mademoiselle, que vous m'avez fait venir dans ce lieu désert, par cette soirée glaciale?... Mais, allons! — poursuivit-il d'un ton différent, — vous attendez de moi ce qu'on appelle un *certificat de complaisance*; je ne le refuserai pas. Je déclare donc (et peu m'importe qui l'entende), que vous n'avez quitté ma maison pour aucun des motifs ordinaires. Je n'ai à vous reprocher ni paresse, ni gourmandise, ni détournement quelconque, et, si je vous ai congédiée, c'est qu'apparemment j'ai cédé à *un caprice*, comme vous disiez tout à l'heure... Êtes-vous contente, maintenant, et me sera-t-il permis de rompre une conférence qui a si peu d'intérêt pour moi?

Peut-être, au fond, Jenny n'était-elle pas satisfaite de cette réparation ambiguë; cependant elle ne réclama pas et lança des regards à droite et à gauche, comme pour prendre ses compagnons silencieux à témoin de sa douteuse victoire.

— Je vous remercie, monsieur de La Southière, — reprit-elle. — Je n'attendais pas moins de votre loyauté... Mais j'aurais à vous dire encore quelques mots... à vous seul. Me permettez-vous de prendre votre bras?

— Mon bras, mademoiselle? — répliqua La Southière en reculant d'un air irrité.

Si hardie que fût la couturière elle baissa les yeux.

— Je voulais seulement être sûre que personne ne pourrait nous écouter! — balbutia-t-elle avec embarras.

Elle fit quelques pas dans l'obscurité et, en dépit de lui-même, La Southière la suivit, laissant ensemble le père Meurier et l'homme aux grosses moustaches. Quand ils furent dans l'endroit le plus solitaire de la place, l'éleveur s'arrêta.

— Mademoiselle, — dit-il avec impatience, — il me semble que nous serons fort bien ici; que voulez-vous encore de moi?

Jenny reprit la parole, mais cette fois sa voix était ferme, sèche, presque insultante :

— Écoutez! — dit-elle; — tout à l'heure je vous ai donné l'occasion de reconnaître vos torts, et c'est à peine si j'ai pu tirer de vous quelques mots d'excuse pour l'insulte que j'ai reçue. A nous deux, maintenant! Oubliez-vous que je possède certains secrets qui rendraient ma vengeance facile?

— Des secrets, mademoiselle?

— Allez-vous feindre de ne pas me comprendre? Croyez-vous que j'ignore ce qui s'est passé au gué de Chez-Nicot et comment est mort le percepteur? N'étais-je pas au courant de l'intrigue de votre fille avec M. Bienassis? Enfin ne sais-je pas que vous êtes ici, pour la session de la cour d'assises qui commence demain, et que par conséquent vous allez avoir à juger un malheureux innocent, vous, l'unique auteur du crime? Si frivole et mauvaise que vous me supposiez, je voulais garder le silence, non à cause de vous, dont je connais l'orgueil et la brutalité, mais à cause de mademoiselle Palmyre, crédule et simple enfant, qui jusqu'ici n'avait jamais été fière avec moi. Mais aujourd'hui, Palmyre et vous-même, vous m'avez repoussée avec un mépris que je ne saurais souffrir; ne soyez donc pas surpris l'un et l'autre si j'obéis désormais aux inspirations de ma conscience en disant hautement la vérité.

La Southière crut voir un précipice s'ouvrir tout à coup sous ses pas. Il n'ignorait pas que Jenny connaissait certaines circonstances qu'il avait intérêt à cacher; mais il n'avait pu la supposer si bien instruite, et il s'épouvantait en se trouvant à la merci d'une semblable créature. Cependant il répondit avec effort :

— Quoi que vous en disiez, mademoiselle, je ne saurais vous comprendre...

— Je vous répète que vous me comprenez très-bien, au contraire, — répondit Jenny avec force; — la preuve est que vous êtes venu ici ce soir, sur mon ordre, et que vous n'osez ni me tuer ni me battre... N'essayez pas de nier, monsieur, j'ai vu, j'ai entendu... et, un mot de moi peut vous perdre, vous le savez bien.

La Southière n'avait, hélas! plus de doute à cet égard et il sentait qu'il serait dangereux de pousser Jenny à bout. Aussi, malgré sa répugnance, n'hésita-t-il pas à descendre aux supplications :

— Mademoiselle, — reprit-il, — je ne peux croire que vous songiez d'une manière sérieuse à profiter de quelque événement qui serait venu par hasard à votre connaissance, pour causer du scandale dans une maison où vous avez passé des jours si tranquilles. Je dédaigne de rien demander pour moi-même, mais oseriez-vous désespérer ma pauvre Palmyre? Elle a été votre compagne, presque votre amie, et elle ne s'est détournée de vous que sur mon ordre exprès!

En l'écoutant, Jenny Meurier avait retrouvé son sourire.

— A la bonne heure! — reprit-elle; — voilà le langage que vous auriez dû prendre avec moi tout d'abord. Je puis donc en convenir maintenant : je n'ai nullement l'intention d'abuser du secret dont il s'agit. En revanche, M. de La Southière et sa fille voudront bien, je l'espère, se relâcher de leur rigueur envers moi et reconnaître amicalement mes services.

— Qu'attendez-vous de nous? — dit l'éleveur d'un air de malaise; — prétendriez-vous rentrer à Roqueroles? Lors même que je serais capable d'y consentir, votre présence dans ma maison n'aurait plus d'objet; ma fille ne l'habitera plus guère; car, s'il faut l'avouer, elle ne tardera pas à se marier.

— Et avec M. Robertin, sans doute? Comme l'on oublie vite!... Mais je ne souhaite point de retourner chez vous, puisque je suis sur le point de me marier moi-même.

— Ah! — fit M. de La Southière.

Ce simple monosyllabe contenait plus de mépris qu'il n'était prudent d'en montrer. L'ex-camériste se redressa.

— Qu'y a-t-il là d'étonnant? — reprit-elle avec aigreur; — pourquoi ne deviendrais-je pas la femme d'un honnête garçon tout comme une autre?... Oui, je vais épouser M. Bourichon, le jeune homme que vous avez vu tout à l'heure avec mon père; il est sans place pour le moment, mais il a hérité depuis peu d'un de ses oncles, et, comme il sait que je ne suis pas sortie de chez vous pour une mauvaise cause, rien ne s'opposera désormais à notre mariage... Rien, excepté pourtant une considération qui a bien sa valeur.

— Et quelle est-elle? — demanda La Southière avec une patience angélique.

— Mon Dieu! on a besoin de quelques avances pour entrer en ménage. Or, Bourichon verra bien vite la fin de son héritage, s'il reste encore quelque temps sans trouver un emploi avantageux. D'un autre côté, mon père est trop pauvre pour me donner une dot, et, malgré tout mon travail, je n'ai pu m'en amasser une... Nous marier dans de telles conditions, ne serait-ce pas associer deux misères?

— Il est vrai; mais que voulez-vous que j'y fasse?

— Ce que je veux que vous y fassiez, monsieur de La Southière, — répliqua Jenny en coupant court à tous ménagements, — ne le devinez-vous pas? Je vous ai servi fidèlement pendant près de deux années; j'ai rempli dans votre maison un poste de confiance, et ma famille a toujours pensé que vous consentiriez un jour à quelques sacrifices pour m'établir d'une manière convenable. On assure que vos chevaux viennent de reporter beaucoup de prix et de vous gagner des sommes énormes; n'est-ce pas une occasion favorable pour assurer le bonheur d'une personne qui a été admise si longtemps dans l'intimité de mademoiselle de La Southière? Ce procédé semblera tout naturel de votre part... Et puis l'argent vous coûte si peu! Vous l'avez trouvé, comme on dit, sous les pas de vos chevaux anglais.

— Anglais! — interrompit distraitement l'éleveur; — mes chevaux ne sont pas anglais : ils sont limousins... limousins, entendez-vous?

Mais aussitôt M. de La Southière, honteux de s'être laissé entraîner à cette boutade intempestive, demanda d'un ton calme :

— Et à combien pensez-vous, mademoiselle, que devra se monter la dot en question ?

— Il y vient ! — pensa Jenny au comble de la joie. — Que puis-je répondre, mon bon monsieur ? — répliquat-elle ; — je n'entends rien à de semblables choses. Cependant, il me semble que deux... trois mille francs satisferaient ce pauvre Bourichon... Quant à moi, je tiendrais moins à l'argent qu'à de bons procédés de votre part et de la part de mademoiselle Palmyre. Ainsi, par exemple, je vous serai infiniment reconnaissante si vous consentez à servir de témoin pour le mariage et si vous daignez assister à la noce avec votre fille...

— Je comprends ; et sans doute aussi je payerai la carte ? Voyons, ma chère, ne vous gênez pas ; est-ce bien tout ce que vous avez à me demander ? nous disons : mille écus de dot et les frais de la noce ; ensuite, j'endosserai mon plus bel habit noir et je vous conduirai majestueusement à l'autel ; enfin, Palmyre et moi, nous prendrons place au festin dans la gracieuse compagnie de vos amis et connaissances... N'oubliez-vous rien ? Pourquoi, tandis que nous y sommes, ne stipulons-nous pas que je devrai être le parrain de votre premier enfant, et lui constituer une rente viagère le jour de sa naissance ?

Jenny Meurier, qui s'était rapprochée peu à peu de son ancien maître, s'en éloigna brusquement.

— Monsieur, — dit-elle d'une voix tremblante de colère, — ce que j'exige n'est rien auprès de ce que je serais peut-être en droit d'exiger ; et, si vous vouliez bien réfléchir aux conséquences possibles de certaines révélations...

— Assez, — interrompit M. de La Southière.

L'éleveur, en effet, n'était pas de ces natures fines et délicates sur lesquelles la *sentimentalité* a toujours une large prise, et qui apprécient les plus légères nuances d'un fait ou d'une idée ; il avait, au contraire, un esprit simple, rude, presque grossier. En revanche, il possédait une droiture instinctive qui, avec le respect de lui-même, l'avait préservé de bien des fautes dans les luttes de la vie. De plus, l'outrecuidance de cette jeune fille, son ancienne servante, irritait sa fierté, excitait son indignation. Il ne se contint plus.

— Ah çà ! petite insolente, — reprit-il sans s'inquiéter d'être entendu, — avez-vous pu penser un instant que j'accepterais un pareil marché ? Parce que j'ai consenti à venir ici ce soir, dans le but de prévenir un scandale, avez-vous cru vraiment que vous me teniez en votre pouvoir, et qu'il ne me restait plus qu'à tomber à vos pieds en demandant grâce ? De par tous les diables ! savez-vous à quel jeu vous jouez, la belle ? Au jeu de vous faire rompre les os, si vous aviez seulement un poil de barbe au menton !

Jenny Meurier paraissait fort effrayée de ces éclats de fureur auxquels le commencement de l'entretien ne l'avait pas préparée, et elle regardait par-dessus son épaule pour s'assurer si ses protecteurs étaient à portée de lui venir en aide.

— Prenez garde à ce que vous dites, monsieur, — reprit-elle en essayant de raffermir sa voix ; — vous aurez à regretter votre imprudence, tant pour vous-même que pour votre fille...

— Ma fille et moi nous ne te craignons pas, infâme créature, — répliqua La Southière au comble de la rage ; — dis ce que tu sais, ce que tu as vu, ce que tu as inventé, peu m'importe !... Espionne, va trahir les secrets que tu as pu voler dans ma maison ; va traîner dans la boue, si tu l'oses, les noms de ceux qui t'ont nourrie... Va donc ; mais pars, à l'instant, sauve-toi, ou je t'écrase comme un ver de terre !

Et, joignant l'action à la parole, il leva la main ; Jenny s'enfuit en poussant un cri de terreur et disparut. La Southière ne tenta pas de la poursuivre ; le premier moment passé, il se souvint des dangers auxquels sa précipitation pouvait l'exposer, et il se dit d'un air confus :

— J'ai parbleu fait là de la jolie besogne ! Mais on a voulu m'exploiter, peut-être même me tendre un piège, et ma raison est allée à tous les diables... Ma foi ! ce qui est fait est fait... advienne que pourra !

Comme il allait quitter la place des Arbres, il entendit le murmure d'une conversation animée à quelque distance : c'étaient sans doute Jenny et ses associés qui se concertaient sur les moyens de se venger de leur échec. Dédaignant leur colère et leur haine, il s'éloigna et rentra chez lui.

XIV

LA COUR D'ASSISES.

Une foule considérable se pressait dans l'enceinte et aux abords du palais de justice de Limoges. On allait juger François Chérou, ou, comme l'on disait, « l'assassin du percepteur, » et un grand nombre de personnes de la ville et des environs avaient voulu assister aux débats de cette importante affaire.

Pendant que les sentinelles luttaient aux portes contre l'empressement tumultueux de la foule, l'intérieur de la salle des assises était envahi déjà par un public d'élite. Des dames en toilette de gala, des fonctionnaires éminents de divers ordres, de jeunes avocats qui n'étaient pas fâchés de se montrer dans tout l'éclat de leur robe neuve et de leur rabat blanc, à certaines personnes de leur connaissance, s'étalaient, selon l'ordinaire, aux places réservées du prétoire. On se saluait de loin, on se souriait ; néanmoins, la curiosité de tous paraissait violemment surexcitée. Quoique les fauteuils des conseillers et les bancs des jurés fussent encore vides ; quoique la fausse porte, par laquelle devait entrer l'accusé, ne fit pas mine de s'ouvrir de sitôt, on tressaillait au moindre bruit extraordinaire, on retournait la tête au moindre mouvement qui se produisait dans la foule ; une impatience fiévreuse se peignait sur tous les visages.

Pendant que l'auditoire était ainsi dans l'attente, on se préparait au tirage des jurés, dans la chambre du conseil contiguë à la salle d'audience. Le président de la cour d'assises et l'avocat général, tous deux en grande robe rouge et coiffés du mortier à galons d'or, avaient pris place devant une table couverte d'un tapis vert. Alentour se tenaient les membres du jury, se disposant à écouter avec attention les noms que le président devait tirer successivement de l'urne. Debout entre deux gendarmes, l'accusé François Chérou, assisté de son avocat, était présent pour exercer son droit de récusation contre ceux des jurés qu'il ne lui conviendrait pas d'avoir pour juges.

Chérou avait pris un certain embonpoint dans la prison, l'ordinaire des détenus étant de beaucoup plus succulent que les galettes de sarrasin et les pommes de terre dont il avait fait autrefois sa nourriture habituelle. D'ailleurs, la placidité de sa physionomie, même dans ce moment de crise, témoignait que l'inquiétude n'avait pu nuire en rien à l'action de l'oisiveté et d'une meilleure nourriture sur sa grossière organisation. Il avait mis une blouse neuve, des souliers et une chemise blanche ; enfin il était rasé de frais et s'était fait beau pour la circonstance. Il regardait toutes choses avec plus de curiosité que de crainte et semblait se demander comment tant de personnages importants pouvaient s'occuper d'aussi peu que lui.

Parmi les jurés qui se pressaient autour de la table, se trouvait M. de La Southière. Il était vêtu avec beaucoup plus de soin qu'à l'ordinaire ; ses grandes bottes, son habit à boutons de métal avaient été remplacés par une redingote et un pantalon noirs. Ce costume sévère faisait ressortir son extrême pâleur et l'altération profonde de ses traits, altération qui n'avait jamais été aussi visible qu'en ce moment. Il évitait de parler et ne paraissait pas entendre les observations oiseuses de certains de ses collègues. Un d'eux l'ayant en quelque sorte obligé de répondre, avait été frappé du timbre particulier de sa voix. La

Southière, après s'être débarrassé de l'importun, attendit, avec d'horribles battements de cœur les noms que le président allait appeler à mesure qu'ils sortiraient de l'urne.

Son nom sortit le premier. Par ce seul fait, M. de La Southière se trouvait chef du jury et ne pouvait manquer d'exercer une grande influence sur ses collègues.

Toutefois il n'eut pas le temps de se réjouir de cette chance heureuse, car aussitôt il éprouva une nouvelle et poignante inquiétude. Le ministère public ou l'avocat de Chérou n'allait-il pas le récuser? Ni l'un ni l'autre ne manquait de motifs pour exercer son droit. D'abord La Southière avait eu de fréquents rapports avec feu Bienassis; puis il était voisin de l'accusé et avait pu concevoir à son égard des préventions favorables ou défavorables. L'éleveur se disait tout cela, et, à peine son nom avait-il été prononcé, qu'il s'attendait à entendre l'avocat général ou le défenseur de Chérou prononcer ces paroles si terribles pour lui :

— Je le récuse.

Il n'en fut rien. Déjà, le matin, l'avocat de l'accusé avait demandé à son client s'il ne se défiait pas de quelqu'un des jurés, et Chérou avait répondu dans son patois, avec une sorte de bonhomie :

— Ma foi! non, monsieur l'avocat; ces gros bourgeois ne peuvent rien avoir contre un pauvre homme tel que je suis; je ne vois donc pas pourquoi je leur ferais des misères. Je n'ai pas tué le percepteur, c'est sûr, et des malins comme eux n'auront pas de peine à découvrir la chose... Partez de là et ne choquons personne.

Aussi le défenseur n'exerça-t-il aucune récusation.

D'autre part, le ministère public n'était pas disposé à user, contre un homme du monde de la faculté que la loi lui laissait. Comme on avait fait quelques observations en sa présence au sujet des habitants du canton de B*** qui pouvaient se trouver dans le jury, il avait répondu :

— Qu'ils appartiennent à ce canton ou à d'autres, l'important est que nous ayons des jurés intelligents!

A cette époque, en effet, les jurés étaient pris exclusivement parmi un petit nombre d'électeurs riches; il n'arrivait pas toujours qu'ils fussent très-lettrés et doués d'une expérience suffisante pour bien apprécier les faits d'une cause, en dépit des subtilités de la défense. Ainsi, dans le jury de cette session, on comptait cinq ou six campagnards, marchands de blé ou de bestiaux, à peine capables de lire dans leur barême et de signer leur nom; mais ils étaient propriétaires et payaient le cens, ils se trouvaient donc électeurs de plein droit. C'était sur quelques-uns de ceux-là que l'avocat général avait particulièrement exercé ses récusations. Quant à M. de La Southière, on ne songeait pas à l'éliminer, et l'on avait trop bonne opinion de sa probité et de ses lumières pour manifester contre lui la moindre défiance.

Le nom de l'éleveur passa donc sans conteste, et La Southière se trouva définitivement faire partie des juges de Chérou.

Il n'avait pas osé espérer un semblable succès; aussi sa respiration était-elle plus facile et son pas plus léger, quand, le jury étant constitué, il rentra avec ses collègues dans la salle des séances.

— Tout va bien! — pensa-t-il.

Les jurés prirent place sur leurs banquettes; l'accusé fut conduit à son siège par les gendarmes qui le gardaient. Alors un huissier annonça, de cette voix aigre et fausse qui semble être l'accent commun des huissiers de tribunaux :

— La cour! — Puis d'un ton plus aigre encore : — Chapeau bas!

Les conseillers s'installèrent dans leurs fauteuils et la séance s'ouvrit.

M. de La Southière en ce moment solennel, ne put s'empêcher de promener un regard distrait sur l'assistance. Le prétoire et la partie de la salle abandonnée au public étaient aussi pleins de monde qu'ils en pouvaient contenir. Les spectateurs, serrés les uns contre les autres, avaient à peine la liberté de faire quelques mouvements.

Tous les cous étaient tendus, toutes les poitrines étaient haletantes.

Soudain M. de La Southière ressentit comme une commotion électrique. Il venait de remarquer à quelques pas de lui, juste au-dessus de la balustrade qui séparait le prétoire de la foule, une figure malicieuse, encadrée de cheveux noirs et surmontée d'un petit bonnet à rubans de couleur éclatante.

La présence du spectre de Bienassis lui-même n'eût pu inspirer au chef du jury une plus profonde terreur. C'était Jenny Meurier, la ci-devant camériste de sa fille, qui s'était établie là, sur le premier rang, et elle se disposait sans doute à suivre toutes les péripéties du drame judiciaire, dont elle connaissait mieux que personne le nœud véritable. A ses côtés se tenaient, pour la protéger, peut-être pour la conseiller au besoin, les deux hommes que l'éleveur avait entrevus déjà sur la place des Arbres, le vieux père, à figure chétive et bourgeonnée, le fiancé, avec sa barbe épaisse et sa physionomie brutale. Aussitôt que Jenny s'aperçut qu'elle avait été remarquée de M. de La Southière, elle dit en souriant quelques mots bas à ses acolytes, et leurs yeux se fixèrent avec acharnement sur le chef du jury, qui détourna les siens en frémissant.

Certainement François Chérou, sur le banc des accusés, ne pouvait souffrir la centième partie de ce que souffrait en ce moment le principal de ses juges. La Southière se disait que Jenny était venue avec l'intention de se venger de lui, qu'elle allait d'un moment à l'autre, interrompre les débats, protester en faveur de l'accusé, nommer hautement le meurtrier véritable. Cette pensée lui donnait le vertige; des nuages passaient devant ses yeux. Il voulait se lever, s'enfuir à travers la foule, et si une impossibilité matérielle ne s'y fût opposée, peut-être eût-il cédé à cette tentation.

Son émotion était si forte, qu'un de ses voisins le remarqua, et lui demanda s'il se trouvait incommodé. D'abord La Southière ne pouvait répondre, mais l'autre ayant répété sa question, il répliqua péniblement :

— Rien... ce n'est rien... Il fait si chaud dans cette salle!

Il parvint à recouvrer un peu de sang-froid; mais il n'avait pas encore l'esprit assez libre pour écouter et comprendre l'acte d'accusation dont le greffier venait de commencer la lecture. Du reste, cette pièce ne faisait que reproduire les charges déjà connues du lecteur contre le malencontreux accusé, charges que M. de La Southière ignorait moins que personne, et ce fut seulement lorsque le président procéda à l'interrogatoire de Chérou que toute sa raison et toute sa lucidité lui revinrent.

Chérou conservait cette merveilleuse impassibilité qu'il devait, soit à sa grossièreté naturelle, soit au sentiment de son innocence sur le fait principal de l'accusation. Quand on lui demanda s'il reconnaissait avoir subi une condamnation précédente aux travaux forcés à temps, il répondit :

— C'est bien vrai, cela, monsieur; je ne peux pas dire le contraire. Mais celui qui a payé sa dette ne doit rien, n'est-ce pas? Ils m'ont tenu là-bas tant qu'ils ont voulu; puis ils m'ont renvoyé parce que je me conduisais bien. Pourquoi donc revenir sur cette vieille histoire? D'ailleurs, je n'avais pas plus tué l'*autre* que je n'ai tué *celui-ci*... Non, ce n'est pas moi qui ai fait le coup,... Que jamais plus je ne *la* baisse si c'est moi!

Et il leva la main en prononçant ces paroles, qui sont la formule du serment des paysans limousins.

— Alors, — demanda le président, — comment expliquez-vous que les sacs d'argent appartenant au percepteur aient été découverts dans votre maison?

— Mais je me tue à le répéter : je les ai trouvés. Ils étaient sans maître, abandonnés sur le grand chemin. Je passais, je les ai pris. Autant moi qu'un autre, n'est-il pas vrai? On dit que c'est mal; mais, voyons! la main sur la conscience, n'auriez-vous pas fait comme moi?

On rit dans l'auditoire, et le président dut élever la voix pour rétablir le silence.

L'accusé, qui ne comprenait rien à l'hilarité des assistants, se mit à raconter dans le plus grand détail et avec naïveté toutes ses actions pendant la soirée du meurtre. Il ne dit pas un mot qui ne fût l'exacte vérité ; mais sa justification ne produisit aucune impression favorable sur le jury et sur l'assemblée. Les jurés conservaient leur circonspection obligée ; le public, moins réservé, ne se gêna pas pour manifester assez nettement son improbation ; un murmure moqueur courut dans la foule ; on souriait, on haussait les épaules. Évidemment les explications invraisemblables du pauvre Chérou n'inspiraient que mépris et pitié.

En ce moment La Southière, qui pendant cet interrogatoire s'était plusieurs fois essuyé le front, voulut connaître l'effet que les réponses de l'accusé avaient pu produire sur Jenny. Il se hasarda donc à lancer un regard furtif du côté de la jeune couturière. Le coude appuyé sur la balustrade, elle le regardait elle-même d'un air narquois qui semblait dire : Pauvre justice humaine ! Nous savons, vous et moi, dans quelle erreur elle tombe !

Mais La Southière vit encore dans cette expression railleuse une menace contre lui et se retourna précipitamment.

Après l'interrogatoire de l'accusé, on entendit les témoins. Nul ne pouvait articuler un fait coupable contre Chérou, depuis que l'ex-forçat était établi dans le canton de B*** ; mais plusieurs déposèrent de sa mauvaise réputation et de la répulsion qu'il inspirait. Puis vint un homme du pays qui, en se rendant à la foire de Salignac, le jour du meurtre, avait entendu le percepteur menacer Chérou de le poursuivre rigoureusement s'il ne payait pas ses contributions. Le maire de Salignac, chez lequel M. Bienassis avait dîné, exposa comment le percepteur, en traversant la place principale du bourg, après le marché, avait encore causé avec le sabotier, qui paraissait regarder avec convoitise les sacs d'argent dont Bienassis était porteur. Le père Nicol raconta la découverte du corps de la victime, et surtout entra dans de grands détails sur son taureau qui avait disparu pendant trois ou quatre jours. Le docteur Simonaud et son collègue, à leur tour, rendirent compte de l'expertise qu'ils avaient faite sur le corps du percepteur, et reconnurent que le plomb retiré de la blessure était exactement du même calibre que celui contenu dans la plombière de Chérou. Enfin, quoique l'on eût voulu épargner aux demoiselles Bienassis la douleur de paraître à l'audience, il se trouva un témoin pour relever une parole prononcée par Marion en apprenant que Chérou était l'assassin de son frère : « Ah ! je m'en doutais ! »

Et ce mot, qui fit frémir l'auditoire, acheva de porter la conviction dans tous les esprits sur la culpabilité de l'ancien forçat.

Aussi, avant même le réquisitoire de l'avocat général, pouvait-on dire que Chérou était à moitié condamné. Les faits semblaient clairs, significatifs, et le crime avait été exécuté sous l'inspiration des plus détestables sentiments. L'organe du ministère public sut grouper avec tant d'habileté les charges de l'accusation, il expliqua d'une manière si claire comment Chérou seul avait pu et voulu commettre le meurtre, que les doutes, s'il en restait encore aux assistants, furent bientôt dissipés, et ce fut à peine si, à l'issue de ce brillant discours, le président parvint à réprimer les applaudissements dans l'assemblée.

La mission du défenseur de l'accusé paraissait donc extrêmement difficile ; aussi bien ce défenseur était un jeune avocat qui avait été désigné d'office par le président, aucun avocat en renom n'ayant voulu se charger d'une aussi mauvaise cause que celle de François Chérou. Le débutant sut néanmoins tirer le meilleur parti possible de cette tâche ingrate ; ne pouvant exciter la sympathie en faveur d'un ancien forçat, célibataire et sans famille, aux instincts avides, aux manières grossières, il se rejeta sur l'obscurité que présentaient certaines circonstances du crime prétendu. Il insista sur ce point que le corps de Bienassis avait été trouvé au gué de Chez-Nicol, c'est-à-dire à trois ou quatre cents pas du grand chemin ; or, il était absolument impossible d'expliquer comment Chérou avait décidé le percepteur à s'écarter ainsi de la voie publique. On ne pouvait supposer, en effet, que l'accusé eût employé la force pour entraîner jusque-là son adversaire ; Bienassis, grand et vigoureux, eût rendu l'entreprise impossible, et d'autre part il ne se fût pas laissé prendre à un mensonge qui aurait eu pour but de l'attirer dans ce lieu écarté. Cependant le percepteur avait été frappé précisément à la place où on n'avait retrouvé le corps, et l'accusation se taisait sur cette circonstance si importante. L'avocat partit de là pour développer le système de défense adopté par son client. Il s'appuya sur la bonne foi, la franchise apparente des aveux de Chérou. Il supplia le jury de réfléchir aux incertitudes que présentait la cause, et finit en demandant l'acquittement de l'accusé.

Cette plaidoirie parut lumineuse à M. de La Southière, et elle devait certainement, à son avis, produire une impression semblable sur l'assistance. Cependant les jurés ne se départirent pas de leur impassibilité ; les conseillers ne trahirent par aucun signe leur opinion, sauf toutefois un léger sourire de félicitation adressé par le président au jeune défenseur, qui était son protégé. Quant au public, toujours si mobile et si changeant dans ses idées, il demeura morne et silencieux. Un faible chuchotement avait bien couru dans l'assemblée quand l'avocat s'était rassis, mais cette rumeur s'était éteinte aussitôt.

Le président, après avoir déclaré les débats clos, commença son résumé.

Ce résumé fut ce qu'il devait être dans la bouche d'un magistrat expérimenté, c'est-à-dire, complet et impartial. Le président énuméra consciencieusement les charges de l'accusation et les arguments de la défense ; puis, sa tâche terminée, il fit remettre par un huissier à M. de La Southière la feuille sur laquelle devaient être inscrites les réponses du jury.

La Southière prit le papier d'une main tremblante, mais avant de se retirer avec ses collègues dans la salle des délibérations, il regarda de nouveau Jenny, comme pour s'assurer si elle lui permettrait d'accomplir son office. Pendant l'audience, chaque fois qu'une assertion contraire à la vérité avait été produite par la défense ou par l'accusation, il s'était attendu à entendre la couturière s'écrier tout à coup : Cela est faux ! Voici la vérité.

Mais Jenny avait gardé le silence. Qu'attendait-elle donc ? Pourquoi avait-elle voulu assister à ces débats ? Le moment n'était-il pas enfin arrivé d'élever la voix, si elle en avait l'intention, et de changer brusquement les rôles du juge et de l'accusé ?

Il lui sembla que Jenny était très-agitée ; elle avait les sourcils froncés et ses joues étaient colorées d'un rouge ardent qui ne provenait pas seulement de la chaleur de la salle. Peut-être en effet l'ex-camériste avait-elle un autre but que la simple curiosité en assistant aux débats de la cour d'assises ; peut-être le courage lui manquait-il au dernier moment pour exécuter un projet conçu d'avance. Si hardie que fût d'ordinaire mademoiselle Jenny Meurier, il y a dans l'appareil de la justice, dans ses formes méthodiques et solennelles, une majesté qui impose aux plus frivoles. Il se pouvait donc qu'en présence de cette nombreuse assemblée, de ce tribunal investi d'une autorité formidable, la jeune fille n'eût pas eu l'énergie nécessaire pour interrompre l'audience, affronter tous les regards, et assumer sur elle-même une responsabilité terrible, en révélant un crime auquel elle n'avait pas été étrangère.

Du moins telle fut la pensée de La Southière, quand il vit Jenny se tourner à droite et à gauche d'un air de malaise. Son père et Bourichon lui parlaient, mais elle ne répondait pas, et son anxiété évidente pouvait seulement s'interpréter dans le sens que lui donnait M. de La Southière. Aussi le chef du jury éprouva-t-il un sentiment d'espérance et de joie.

— Elle n'a pas osé, — murmura-t-il, — et elle commence à s'apercevoir qu'il est trop tard... Eh bien ! qu'elle me laisse sauver ce malheureux et ensuite je braverai ses menaces.

Déjà les spectateurs étaient debout dans le prétoire et les conversations particulières s'établissaient, car le président et les conseillers venaient de se retirer dans la salle affectée à leur usage : il n'y avait donc pas à craindre pour le moment que Jenny fît quelque tentative de scandale.

— C'est bon !... j'aurai le temps, — pensa La Southière.

Il entra, suivi de ses collègues, dans la salle des délibérations ; aussitôt une sentinelle, placée à la porte, reçut la consigne d'empêcher toute communication des jurés avec le dehors.

. . . .

On se trouvait alors au commencement de l'hiver et la nuit était venue. Une seule lampe, couverte d'un abat-jour épais, éclairait la table autour de laquelle prirent place les jurés ; le reste de la salle demeurait dans l'ombre. Aussi la plupart des assistants étaient-ils à peine visibles et l'on reconnaissait seulement leur présence à leurs mouvements et au murmure de leurs voix. Du reste ils parlaient peu ; il y avait dans leur attitude quelque chose de triste et de recueilli.

La Southière fut frappé de l'aspect sinistre de l'assemblée. Jusque-là l'idée ne lui était pas venue que ses collègues pussent faire la moindre difficulté pour acquitter Chérou, car il supposait l'innocence de l'accusé aussi claire pour eux que pour lui ; mais leur contenance lui inspira de sérieuses alarmes, et il crut nécessaire d'influer de tout son pouvoir sur la décision qu'ils allaient prendre.

— Eh bien ! messieurs, — dit-il en s'asseyant dans un fauteuil, en face de la boîte du scrutin, et en donnant à sa voix un accent de légèreté, — notre tâche ne sera pas longue, n'est-ce pas ? Ce jeune avocat nous a démontré d'une manière décisive que l'accusation n'était pas fondée ; aussi, pour ma part, vais-je acquitter Chérou haut la main !

Un silence glacial accueillit cette ouverture.

— Bah ! voyons, — dit enfin un des jurés d'un ton morose ; — voilà huit heures que nous sommes ici et nous n'avons eu pour aliments que des morceaux d'éloquence... Quant à moi j'ai besoin de quelque chose de plus substantiel, et ma famille doit m'attendre depuis longtemps pour dîner.

Un faible sourire effleura les lèvres de quelques-uns des assistants.

— Monsieur, — répliqua La Southière avec sévérité, — songez-vous que de notre verdict va dépendre la vie d'un homme, et le cas ne vaut-il pas bien la peine que nous oublions l'heure de notre dîner ?... Mes chers collègues, poursuivit-il en s'adressant aux autres jurés, — l'accusation, je vous le répète, n'est nullement prouvée. On n'a pas expliqué, par exemple, comment Chérou avait pu conduire le... la victime à la place où le... meurtre s'est accompli et cette obscurité me met en défiance contre les autres assertions du ministère public. Les mauvais antécédents de l'accusé ont peu d'importance ; en définitive Chérou n'a commis aucun délit depuis dix ans qu'il est établi dans ma commune, sauf le délit de braconnage, très-véniel à vos yeux comme aux miens. Ce que nous avons de mieux à faire est donc de le renvoyer purement et simplement... Qu'en pensez-vous, messieurs ?

Toujours même silence froid et contraint. Plusieurs jurés avaient écouté La Southière d'un air d'étonnement ; d'autres semblaient vouloir lui répondre, mais soit timidité, soit paresse d'engager une discussion pendant laquelle leur éloquence pouvait faillir, ils demeuraient muets.

Un d'eux pourtant eut le courage d'exprimer une opinion contraire à celle de l'éleveur ; c'était un vieux campagnard ; il portait un costume demi-bourgeois, démimantant qui remplaçait désavantageusement la blouse grise dont il était vêtu d'ordinaire ; sa figure rougeaude et rubiconde n'avait d'autre expression que celle d'une grossière jovialité. Cependant, ses petits yeux gris et pleins de vivacité témoignaient d'une certaine intelligence, en dépit de son insuffisance avouée sur la langue et sur l'écriture.

Du reste, le brave homme nasillait d'une manière ridicule, et il n'en paraissait pas plus timide.

— Par ma fi ! monsieur de La Southière, — dit-il avec un accent un peu moqueur, — allez-vous donc vous laisser prendre au *parlage* de ces avocats ? Ne vous occupez pas de ce qu'ils disent et allez rondement au fond des choses... N'a-t-on pas trouvé l'argent du percepteur chez Chérou ?... Répondez oui ou non.

— Certainement on l'a trouvé ; mais l'accusé a pris soin d'expliquer...

— Pas de parlage, mon bon monsieur ; voyez toujours le dessous des cartes... Si Chérou avait l'argent, n'est-ce pas parce qu'il l'avait volé ? et s'il l'a volé, ne peut-on croire qu'il a assassiné le percepteur ? C'est clair cela.

— Oui, oui, c'est clair, — dit le juré qui voulait aller dîner ; notre conviction à tous est faite et parfaite... Votons donc bien vite.

— Mais ma conviction n'est pas faite, à moi, — répliqua La Southière avec véhémence, — ou plutôt elle n'est pas faite dans le même sens que celle de M. Cogniasse (c'était le nom du campagnard). Oui, l'argent a été réellement trouvé chez Chérou ; mais je soutiens que le vol, fût-il admis, ne prouverait rien pour l'assassinat... Sur ce point, je sens, je vois, je suis sûr que François Chérou est innocent !

Et il continua de combattre les arguments de l'accusation. Il parlait avec une chaleur, un entraînement, une éloquence dont nous essayerions en vain de donner une idée. Sa voix, son geste annonçaient une certitude complète, et les jurés se regardaient tout surpris, ne comprenant pas comment il pouvait défendre avec tant de passion un accusé si peu digne d'intérêt.

M. de La Southière s'arrêta enfin, le front baigné de sueur. Nul ne parut songer à lui répondre ; tous les assistants étaient redevenus impassibles. Seul, le père Cogniasse souriait d'un air narquois, et ce sourire semblait dire : Que faire contre un homme qui nie l'évidence ?

Après une nouvelle pause, le juré affamé reprit à voix haute :

— Eh bien ! cette fois, votons-nous ?

— Oui, oui, votons, — dirent plusieurs autres.

— Votons, — reprit le père Cogniasse en nasillant ; — assez de *parlage* pour le quart d'heure.

Et il aspira lentement une prise de tabac.

L'assemblée s'étant ainsi prononcée, le chef du jury dut procéder au vote ; aussi bien, il espérait que ses raisonnements énergiques avaient produit une vive impression sur ses collègues, et sa sécurité commençait à revenir.

Les cinq questions sur lesquelles le jury avait à répondre étaient celles-ci : 1° François Chérou est-il coupable d'un homicide sur la personne du percepteur Bienassis ? 2° A-t-il commis ledit homicide avec préméditation ? 3° Y a-t-il guet-apens ? 4° Est-il coupable d'avoir soustrait frauduleusement des sommes d'argent à Bienassis ? 5° Le meurtre a-t-il accompagné ou précédé le vol ?

Il fallait, selon la loi, répondre par oui ou par non, et séparément, à chacune de ces questions.

M. de La Southière mit donc aux voix la première et la plus importante : François Chérou est-il coupable d'avoir commis un homicide sur la personne du percepteur Bienassis ?

Chacun des jurés prit un morceau de papier et écrivit, avec plus ou moins de facilité, les trois lettres qui composaient son vote. Le père Cogniasse fut le dernier à terminer cette opération, un peu laborieuse pour lui. En vérité, on put avec raison lui attribuer plus tard un bulletin qui portait le mot *voui*, ainsi orthographié, et par conséquent il avait eu à écrire plus longuement que les autres.

Quoi qu'il en fût, La Southière recueillit les suffrages dans la boîte du scrutin et procéda au dépouillement.

Or, quelle fut sa surprise et sa terreur quand, sur douze votants, il trouva dans l'urne onze *oui* et un seul *non*... le sien !

L'ASSASSIN DU PERCEPTEUR

Messieurs, s'écria M. de La Southière, songez que de notre verdict va dépendre la vie d'un homme. (Page 56.)

Il demeura d'abord comme atterré, puis il dit avec effort :
— Il y a erreur certainement, messieurs. Plusieurs d'entre vous auront confondu la première question avec les suivantes ; ce n'est pas encore sur le vol que nous avons à nous prononcer, mais sur l'homicide... Il y a confusion, vous dis-je, et l'épreuve est à recommencer.
— Alors, recommençons bien vite, — dit le juré qui avait hâte d'aller dîner ; — mais si quelqu'un a commis une erreur dans son vote, ce n'est certainement pas moi.
— Ni moi, — répliqua le père Cogniasse en nasillant.
— Ni moi, ni moi, — répétèrent plusieurs autres jurés.
On renouvela donc l'épreuve : même résultat, onze *oui* et un seul *non*. La Southière bondit dans son fauteuil et frappa un grand coup de poing sur la table.
— Mais vous voulez donc sa mort ? — s'écria-t-il ; vous êtes donc des tigres altérés de sang ?... Encore une fois, ce malheureux n'est pas coupable !
La véhémence avec laquelle il parlait, ses manières inexplicables, l'égarement apparent de ses pensées commençaient à donner aux autres jurés des soupçons étranges. On se demandait, à part soi, s'il était ou fou ou malade. Cependant on ne disait rien et on se contentait de l'observer à la dérobée, quand le père Cogniasse, plus hardi ou plus naïf, reprit de son ton nasillard :
— Ouin ! monsieur de La Southière, on croirait que

vous en savez plus long que nous sur cette affaire ? Si cela était, il faudrait conter la chose, voyez-vous !... Je n'aime pas le *partage*, mais mon gilet est doublé du cœur d'un honnête homme, pas moins ; et puis, j'ai juré devant le crucifix de juger de mon mieux... Si vous avez une idée, faut le dégoiser ; est-ce dit ?
Ce campagnard simple et dépourvu d'instruction, mais plein de bon sens naturel, avait-il donc deviné le secret de La Southière ? Le chef du jury frissonna ; il sentait qu'un mot, un signe, un geste pouvait le perdre, et une violente réaction s'opéra en lui instantanément.
— Vous voulez plaisanter, père Cogniasse, — balbutia-t-il, — mais ce n'est pas le moment... Allons ! messieurs, votons sur la seconde question.
Il avait encore un vague espoir que la réponse du jury serait négative sur plusieurs des questions suivantes, et affirmative sur celle des circonstances atténuantes ; mais cette illusion ne fut pas de longue durée. Après qu'il eut procédé avec lenteur aux diverses épreuves du scrutin, il dut proclamer le même résultat désolant, onze *oui* et un seul *non* sur les questions posées par la cour ; onze *non* et un *oui* sur la question des circonstances atténuantes. François Chérou était donc reconnu coupable sur tous les points à la presque unanimité.

. . . .

Cependant, cette fois M. de La Southière ne fit entendre aucune plainte, aucun reproche. Il s'occupa de remplir les blancs de l'imprimé que lui avait remis le président. Un de ses voisins remarqua qu'en signant cet acte, qui équivalait à une sentence de mort, sa main tremblait cruellement, et que le bec de la plume de fer traversa plusieurs fois le papier. Mais tous ces détails ne furent relevés que plus tard : pour le moment, le chef du jury semblait accomplir sa tâche avec intelligence et sang-froid ; l'égarement qu'il avait montré tout d'abord avait disparu. Il agissait comme un homme ivre, mais comme un homme ivre qui exécute des actes raisonnables, guidé par l'habitude ou par l'instinct.

Aussi, ne négligea-t-il aucune des prescriptions minutieuses imposées par la loi pour assurer la sincérité du vote, et, le procès-verbal achevé, il voulut en donner lecture à ses collègues, en leur demandant si c'était bien l'expression de leur volonté. Les uns répondirent affirmativement, les autres manifestèrent quelque hésitation, comme effrayés déjà de ce qu'ils venaient de faire ; cependant aucun ne réclama.

— Ainsi, messieurs, — reprit l'éleveur avec un accent rauque et caverneux, — personne n'a d'observations à présenter ?... Alors je vais sonner pour avertir la cour.

Et il saisit le cordon de la sonnette qui correspondait avec la salle des assises.

— Sonnez, — dit le juré qui avait faim.

— Un moment, — reprit le père Cogniasse en se grattant l'oreille ; — ma fi ! en y réfléchissant, il se pourrait bien que Chérou n'eût pas tué le percepteur, quoiqu'il l'ait volé.

— Cette opinion est-elle appuyée ? — demanda La Southière en tressaillant ; — messieurs, voulez-vous recommencer le vote ?

— C'est inutile, — reprirent plusieurs des assistants ; — une seule voix ne saurait changer notre verdict, et voilà deux heures que nous délibérons.

— Et puis, moi je ne suis pas encore bien décidé, — ajouta Cogniasse en nasillant.

La Southière, par un mouvement brusque, tira le cordon de la sonnette, et un tintement argentin se fit entendre dans la grande salle. Aussitôt s'éleva du même côté une sourde et puissante rumeur ; le public avait attendu ce signal avec impatience et il se réjouissait à la pensée d'assister enfin au dénouement du drame judiciaire qui se déroulait devant lui depuis le matin.

On retira la sentinelle qui gardait la porte, et les jurés, sous la conduite de leur chef, qui tenait à la main le redoutable verdict, rentrèrent dans la salle des séances.

Cette salle elle-même avait été éclairée à la hâte et d'une manière inégale ; ainsi le prétoire, le banc du jury étaient parfaitement visibles à la lueur des lampes et des bougies, mais le banc de l'accusé où scintillaient les armes des soldats de garde, les places réservées aux témoins et surtout l'enceinte où se tenait le public demeuraient dans l'ombre. La foule était comme une masse noire et compacte dont on devinait la présence à ses murmure continuel, à ses ondulations fiévreuses, mais où l'on ne pouvait distinguer aucun visage.

Quand les jurés eurent repris leurs places et quand la cour fut rentrée à son tour, le silence se rétablit tout à coup. Ce silence était tel que l'on entendait distinctement le grincement de la plume du greffier sur un papier de procédure et le frôlement des robes des magistrats pendant qu'ils s'installaient dans leurs fauteuils.

Le président, après avoir annoncé la reprise de l'audience, invita le chef du jury à donner lecture du verdict.

M. de La Southière se leva avec ses collègues. Après avoir déployé le papier avec effort, il posa la main sur son cœur, selon le cérémonial exigé par la loi, et commença sa lecture.

Mais à peine eut-il prononcé la formule ordinaire : « Sur mon honneur et ma conscience, devant Dieu et devant les hommes, etc., » que la voix lui manqua et il s'interrompit quelques secondes. Cette émotion toutefois semblait très-naturelle en pareille circonstance ; personne n'eut l'idée de l'attribuer à quelque sentiment particulier du chef du jury, et elle ne lui valut qu'un signe plein de bienveillance de la part du président. La Southière, du reste, ne tarda pas à reprendre courage, et il acheva sa lecture d'une voix assez ferme.

Quand il articula le fatal « Oui à la majorité » sur toutes les questions, il s'éleva dans la foule un frémissement aussitôt étouffé. Ce frémissement se renouvela lorsqu'on attendit vainement l'admission de circonstances atténuantes, et cette fois il se prolongea en grandissant, malgré les efforts du président pour le faire cesser. La foule savait son code pénal et donnait aux réponses du jury leur véritable et terrible signification !

La Southière avait terminé sa lecture et pourtant il demeurait debout. Un huissier vint prendre le verdict et le remit au président, qui avertit par un nouveau signe le chef des jurés que sa tâche était finie. Alors La Southière se laissa tomber lourdement sur sa banquette et demeura immobile, les yeux fermés, comme évanoui.

Le président ordonna de ramener l'accusé, et François Chérou reparut à son banc entre les deux gendarmes qui l'escortaient. L'obscurité ne permettait pas de voir sa physionomie, mais sans doute le malheureux soupçonnait la vérité, car ses yeux brillaient d'un éclat phosphorescent au milieu des ténèbres. On lui donna lecture du verdict, puis, l'avocat général ayant requis l'application de la loi, la parole fut accordée de nouveau au défenseur de l'accusé. Le défenseur prononça d'une voix altérée par l'émotion quelques mots pour invoquer la pitié de la cour ; mais le brave jeune homme remplissait uniquement un devoir de conscience ; il savait bien que la loi était inflexible et la condamnation inévitable.

La cour se retira dans la salle des délibérations pour formuler son arrêt. Son absence ne fut pas longue ; au bout de quelques minutes les magistrats rentrèrent, et le président s'étant couvert, prononça, au milieu d'un silence religieux, la sentence de l'accusé.

François Chérou était condamné à *la peine de mort*, qu'il devait subir sur la place publique de B***.

Tous les yeux étaient fixés sur Chérou pour observer sa contenance pendant cet affreux moment. Il écoutait d'un air effaré, comme s'il n'eût pas été bien sûr de comprendre de quoi il s'agissait. Quelques mots beaucoup trop significatifs ayant frappé son oreille, il dit avec un sang-froid étrange, au moment où l'on allait lever la séance :

— C'est à cause de l'ancienne affaire que vous avez été si durs pour moi, messieurs ? Je vous l'ai dit, pourtant : Qui paye ses dettes ne doit rien. Mais on me couperait en morceaux que je ne cesserais de répéter la même chose : Ce n'est pas moi qui ai tué le percepteur...

— Vous n'avez pas la parole, — interrompit le président ; — gendarmes, emmenez le condamné.

Les gendarmes se mirent en devoir d'exécuter cet ordre, mais au même instant une protestation nouvelle et inattendue se fit entendre en faveur de Chérou. La Southière se leva impétueusement, et, le visage enflammé, les deux bras tendus vers la cour, il s'écria d'une voix tonnante :

— Il a raison ; Chérou est innocent... il est innocent...

— Il est innocent !... — s'écria dans l'auditoire une voix de femme.

En même temps un grand mouvement se fit dans la foule ; un des spectateurs ou plutôt une des spectatrices venait de tomber sans connaissance. Mais ce n'était pas cet accident, assez ordinaire dans les cours d'assises, qui attira l'attention du président ; c'étaient les paroles si graves qu'avaient prononcées le chef du jury et qui avaient été entendues avec stupéfaction par l'assemblée entière.

— Monsieur le chef du jury, — dit-il sévèrement, — vous n'avez aucun droit pour interrompre ainsi le cours de la justice. Je vous invite donc...

Il s'arrêta en voyant l'éleveur pâlir et chanceler.

— Il est innocent... inno... cent !... balbutia encore La Southière en agitant les bras...

Et il tomba à la renverse, tandis que d'autre part on emportait une femme évanouie.

Le soir, le bruit se répandait dans la ville qu'à la suite de la condamnation de François Chérou, M. de La Southière, le chef du jury, avait été atteint d'une fièvre cérébrale qui mettait ses jours en danger.

XV

LA LETTRE ANONYME

Nous sommes dans le petit appartement d'hôtel garni que M. de La Southière occupait pendant ses fréquents séjours à Limoges, et une semaine environ s'est écoulée depuis la condamnation de Chérou.

C'était le matin, et quoique l'heure fût peu avancée, Armand attendait déjà des nouvelles dans le salon qui précédait la chambre à coucher du malade. Sa patience avait été mise à une rude épreuve, quand enfin une porte s'ouvrit sans bruit, et Palmyre entra.

Palmyre avait été prévenue sans retard de l'accident arrivé à son père, et elle avait réclamé comme un droit de venir s'installer à son chevet. C'était donc elle qui avait organisé les secours nécessaires à M. de La Southière dans cette cruelle crise. Elle-même ne s'était pas épargnée, passant les jours et les nuits auprès de son père, et le soignant avec la plus vive tendresse, le plus absolu dévouement. Comme elle n'eût pu suffire seule à contenir un malade qui, dans le délire de la fièvre, se dressait sur son lit en poussant des cris épouvantables, elle avait mandé par un exprès le piqueur Baptiste, celui de tous les domestiques de Roqueroles qui paraissait le plus attaché à la famille. Baptiste s'était empressé de se rendre à cet ordre ; avec son aide et avec celle d'une vieille garde-malade sourde et d'un esprit obtus, Palmyre avait pu prodiguer à l'éleveur tous les soins que réclamait son état. Nulle autre personne, même Armand Robertin qui venait plusieurs fois chaque jour, n'avait vu encore le malade, sauf toutefois un médecin de la ville qui le visitait soir et matin.

La pauvre enfant paraissait épuisée de fatigue et d'insomnie. Elle avait les cheveux en désordre, les yeux battus, et, sans qu'elle y prît garde, sa mise était fort négligée. Cependant un sourire s'épanouissait sur ses lèvres quand elle tendit sa petite main à Armand.

— Eh bien ! mademoiselle, — demanda Robertin avec empressement, — comment va-t-il aujourd'hui ?

— Mieux, beaucoup mieux, — répondit Palmyre ; — la glace qu'on lui applique sur le front a fait merveille ; le délire a cessé et il dort en ce moment. Le médecin commence à espérer une guérison prochaine, à moins... à moins d'une de ces rechutes qui sont malheureusement trop fréquentes dans les maladies de cette nature, — ajouta-t-elle en soupirant.

— Dieu soit loué ! voilà enfin de bonnes nouvelles... Ah ! mademoiselle, pourquoi ne m'avez-vous pas permis de pénétrer jusqu'à mon excellent ami ? Je lui aurais payé ma dette de soins et d'affection... Mais puisque le voilà mieux, vous ne refuserez plus, je l'espère, de me le laisser voir ?

— A mon grand regret, monsieur Armand, la chose est encore impossible, — répliqua la jeune fille doucement mais d'un ton péremptoire, — le médecin défend toute espèce d'émotions, même d'émotions agréables ; or, votre présence agiterait mon père sans aucun doute, et le délire reviendrait.

— Je me soumets aujourd'hui à votre volonté ; demain peut-être serai-je plus heureux !... Quelle est donc, je vous prie, l'idée dominante de ce délire qui nous a tant alarmés ?

Armand, en faisant cette question, obéissait seulement à son intérêt pour M. de La Southière ; mais Palmyre lui jeta un regard inquisiteur, comme si elle eût soupçonné un sens mystérieux à cette demande.

— Vous vous imaginez sans peine, — reprit-elle, — les extravagances qui peuvent passer par la tête d'un malade. Cependant son esprit paraît avoir été particulièrement frappé de cette fâcheuse affaire en cour d'assises.

Elle avait baissé la voix en prononçant ces paroles, et son malaise était visible.

— En effet, — reprit Armand sans se douter du supplice qu'il infligeait à son interlocutrice, — ce sont les fortes émotions de ce procès qui ont déterminé la fièvre. Les hommes nerveux et impressionnables, comme M. de La Southière, ne valent rien pour remplir les fonctions de juré dans les affaires capitales.

Il y eut un moment de silence.

— Monsieur Armand, — reprit Palmyre avec embarras, — ne pourriez-vous pas me donner des nouvelles de ce malheureux dont la condamnation a produit une si grande impression sur mon père ? Est-il vrai que, par avarice, il a refusé de se pourvoir en cassation ?

Peut-être Robertin s'étonnait-il que mademoiselle de La Southière, dans un moment où elle avait pour elle-même et pour les siens tant de motifs de préoccupation sérieuse, prît souci d'un scélérat tel que Chérou. Cependant il répondit avec complaisance :

— Le bruit a couru réellement dans la ville que Chérou préférait la mort à la douloureuse nécessité de dépenser quelques écus ; mais je tiens de son avocat, mon ami de jeunesse, qu'on est parvenu à lui faire entendre raison, et que le pourvoi a été expédié à Paris dans les délais voulus par la loi.

— Ah ! voilà encore une circonstance heureuse ! — s'écria Palmyre.

Voyant la surprise de Robertin, elle ajouta :

— Quand mon père aura tout à fait recouvré connaissance, il ne manquera pas de m'interroger sur cet homme auquel il prend tant d'intérêt, et une sinistre nouvelle serait capable de lui occasionner une rechute... Je me réjouis donc de pouvoir lui apprendre que Chérou a tenté la seule chance de salut qui lui restât.

Elle se tut et demeura pensive.

— Chère Palmyre, — reprit bientôt Armand, — que de souffrances et d'inquiétudes pour vous dans cette effroyable crise ! Comme vous aimez votre père ! Mais ne m'associerez-vous pas enfin à la tâche filiale que vous accomplissez auprès de lui avec tant d'abnégation ? J'y aurais quelques droits peut-être.

— Monsieur Armand, — répliqua la jeune fille troublée, — vous êtes et serez toujours un ami pour mon père et pour moi.

— Un ami, Palmyre ! Ne m'a-t-il pas été permis d'aspirer auprès de vous à un titre plus précieux et plus doux ?

— Encore une fois, ne parlez pas de cela, monsieur Armand, — répliqua mademoiselle de La Southière, dans une agitation voisine de l'égarement ; — je vous en conjure, ne revenez pas sur un projet... L'obstacle qui nous séparait devient de moment en moment plus infranchissable.

Et elle fondit en larmes.

— Par pitié, mademoiselle, faites-moi connaître cet obstacle ! Auriez-vous, par hasard contracté quelque engagement secret ?...

— Non, non, ce n'est pas cela ; mais ne m'interrogez pas.... Je vous ai supplié déjà de ne plus m'interroger.

— Du moins, puis-je espérer que, dans l'avenir, les circonstances ayant changé, vous ne vous opposerez plus...

— N'espérez rien... Aucune force humaine n'est capable de changer ce qui est et ce qui sera peut-être.

Armand était consterné.

— Mademoiselle, — reprit-il avec accablement, — voilà deux fois que vous repoussez des espérances qui avaient été encouragées par votre père lui-même. Quand M. de La Southière sera revenu à la santé, je le supplierai de m'accorder une explication, et je suis sûr de combattre victorieusement les motifs inconnus de votre refus.

— Mon père ne vous les dira pas, — répliqua Palmyre avec vivacité ; — il ne pourra pas, il ne voudra pas, il n'osera pas vous les dire... Mais, écoutez, — ajouta-t-elle aussitôt en prêtant l'oreille, — n'est-ce pas lui qui parle dans sa chambre ? Il est donc éveillé ?... Il faut que j'aille le rejoindre.

— Ce n'est pas de la chambre du malade que vient le bruit, — dit Armand, — mais d'ici... Une visite, sans doute.

Et il désignait la porte extérieure de l'appartement.

— Une visite ! — répéta Palmyre en s'essuyant les yeux, — nous n'attendons pas, nous ne recevons pas de visites.

Une servante de l'hôtel vint annoncer à Palmyre qu'une dame insistait pour la voir.

— Qui ce peut-il être ? — reprit mademoiselle de La Southière ; — nous avons si peu de connaissances dans la ville !

— Elle n'a pas dit son nom, mais c'est une dame ou une demoiselle qui a l'air bien comme il faut...

— Dois-je me retirer ? — demanda Robertin en se levant.

— Pourquoi cela, monsieur Armand ? Je ne connais pas la personne qui se présente, et si je dois la recevoir, vous pouvez très-bien assister à cette entrevue.

La servante introduisit une jeune femme vêtue de deuil ; Palmyre en l'apercevant, poussa un petit cri d'étonnement, et peut-être d'effroi ; c'était Hortense Bienassis.

Hortense, de son côté, fit un mouvement de surprise à la vue d'Armand Robertin qu'elle ne s'attendait pas sans doute à rencontrer chez M. de La Southière. Elle balbutia quelques mots de politesse, auxquels Palmyre répondit avec non moins d'embarras.

Mademoiselle de La Southière, après avoir offert un siège à la visiteuse, demeurait interdite et tremblante, quoique la pauvre Hortense, pâle et les yeux modestement baissés, ne dût pas sembler bien redoutable. Mais cette pâleur même, cette robe noire, cette attitude mélancolique avaient pour Palmyre une signification poignante, et elle détournait la tête en frissonnant.

Hortense remarqua la gêne de mademoiselle de La Southière, gêne qu'elle éprouvait elle-même pour des motifs différents, et elle ne tarda pas à faire connaître l'objet de sa venue.

— Mademoiselle, — dit-elle modestement, — ma sœur et moi, nous trouvant à Limoges pour nos affaires, n'avons pu apprendre sans une vive douleur la maladie dont est atteint votre excellent père ; aussi ai-je pris la liberté de venir vous offrir nos services pour vous aider à soigner le malade... Oh ! ne nous refusez pas, je vous en conjure, — ajouta-t-elle en joignant les mains ; — vous êtes comme nous, étrangère dans la ville. Seule dans une chambre d'auberge, vous devez avoir besoin, pour M. de La Southière et pour vous, des bons offices de tous ceux qui vous connaissent et vous aiment.

Cette proposition généreuse redoubla encore le malaise de Palmyre.

— Je vous remercie, mademoiselle Hortense, — répondit-elle, — et je remercie votre sœur... Mon père va beaucoup mieux ; j'espère même qu'il est entré en convalescence, et les services de ses amis ne lui sont plus nécessaires.

— On a déjà refusé les miens, — dit Armand avec amertume.

— Si dévoué que puisse être monsieur Robertin, — reprit Hortense, — les soins de deux femmes seraient peut-être plus efficaces que les siens dans les circonstances présentes... Mais je vois, — continua-t-elle avec un sourire, — que mademoiselle Palmyre, comme son père, ne veut ni recevoir l'expression de notre gratitude, ni nous donner l'occasion d'acquitter une dette de reconnaissance. Déjà M. de La Southière a repoussé, il y a quelques jours, et peut-être avec trop de rudesse, nos remerciements au sujet des faveurs administratives accordées à ma sœur aînée... Il est vrai, — ajouta-t-elle en levant les yeux sur Armand, — qu'il prétendait n'avoir aucune part à ce bienfait et qu'il l'attribuait tout entier à une personne dont le crédit était, disait-il, supérieur au sien.

— De quoi s'agit-il donc, mademoiselle ? — demanda Palmyre avec étonnement.

Hortense lui apprit comment, sur la recommandation d'un bienfaiteur inconnu, un bureau de tabac et de papier timbré avait été concédé récemment à Marion. Armand, qui était resté pensif et distrait pendant cette conversation intervint tout à coup.

— Eh bien ! et vous, mademoiselle, — reprit-il, — n'avez-vous donc pas eu part aussi à ces libéralités de l'administration ?

— Non, pas moi ; mais ce que ma sœur a obtenu ne suffira-t-il pas pour nos modestes besoins à l'une et à l'autre ? Nous nous sommes promis de ne nous quitter jamais, et notre protecteur mystérieux ne l'ignore pas sans doute.

— Vous aurez votre tour, mademoiselle ; je sais... je suis sûr que vous obtiendrez ce que l'on croit être l'objet de vos vœux... Et le sort vous doit bien cette compensation, après le terrible malheur qui vous a frappée.

— Ah ! vous venez de vous trahir, monsieur Robertin ! — s'écria Hortense en se levant ; — c'est à vous que nous devons la tranquillité et le bien-être dont nous pourrons jouir désormais. M. de La Southière nous l'avait déjà fait entendre, mais votre indifférence apparente... Cette fois je ne doute plus ; c'est vous, vous seul qui avez sollicité et obtenu les grâces inespérées dont on nous comble ; vous n'échapperez plus à notre reconnaissance !

Et mademoiselle Bienassis avait saisi la main d'Armand qu'elle pressait dans les siennes avec émotion.

— Allons ! mademoiselle, puisqu'il le faut, — reprit Armand embarrassé, — j'avoue que, d'après les conseils de La Southière, j'ai dit quelques mots de cette affaire au préfet et au receveur général. Mais ce qui a influé sur le succès plus que toutes les recommandations du monde, c'est votre mérite personnel et celui de votre sœur, c'est votre position si digne d'intérêt, c'est enfin que l'administration avait un devoir à remplir envers vous, après le malheur arrivé à votre frère dans l'exercice de ses fonctions. Je n'ai eu qu'à donner l'idée de cette réparation ; on a jugé qu'elle était un acte de rigoureuse justice.

Hortense ne pouvait parler.

— Vous avez fait cela, Armand ? — dit mademoiselle de La Southière elle-même ; — ce n'est pas seulement un acte de justice, ce n'est pas seulement une bonne action, c'est... Cher Armand, je vous en remercie de tout mon cœur !

En même temps elle tendit sa main à Robertin qui, pour la prendre, lâcha celle de mademoiselle Bienassis.

— Palmyre, — murmura-t-il, — voilà ma plus douce récompense !

Hortense s'éloigna d'eux et redevint tout à coup froide et réservée.

— Mademoiselle, — dit-elle à Palmyre après une courte pause, — me sera-t-il permis de voir un instant M. de La Southière ?

— Mon père est trop souffrant pour recevoir qui que ce soit. D'ailleurs il dort et le repos lui est bien précieux, après tant de secousses.

— Il me faut donc renoncer au plaisir que je me promettais, et je le regrette d'autant plus que j'avais un avis important à lui donner avant notre départ pour B***.

— Un avis... important, mademoiselle ? — demanda Palmyre avec inquiétude.

— Oh ! ne vous effrayez pas de mes paroles ; le mot *important* est peut-être un peu trop fort dans le cas actuel ; je voulais seulement prévenir M. de La Southière qu'il a un ennemi, et si méprisables que soient certains ennemis, il est toujours bon de les connaître, afin de se mettre en garde contre eux.

— Un ennemi ! de grâce, expliquez-vous, mademoiselle ?

— Mon Dieu, — poursuivit Hortense en affectant un ton dégagé, — il s'agit d'une lettre anonyme que nous avons reçue, ma sœur et moi, il y a deux jours, et qui renferme les calomnies les plus odieuses contre l'honorable et excellent M. de La Southière.

— Cette lettre anonyme, que disait-elle donc? — balbutia Palmyre.

— Des infamies dont je ne veux pas souiller mes lèvres et que j'oublierai afin de n'en pas souiller ma mémoire. Quant à vous, mademoiselle, pensez-y seulement pour donner à M. de La Southière l'avis que je comptais lui donner moi-même.

— Je le ferai, Hortense, et je vous remercie pour mon père et pour moi... Mais cette lettre l'avez-vous encore?

— La voici, — répondit mademoiselle Bienassis en tirant de sa poche une lettre sans enveloppe, et scellée seulement d'un pain à cacheter.

Palmyre la prit avidement et en examina la suscription. L'adresse, écrite en caractères grossiers, mal orthographiée, trahissait une main peu habile.

— Je ne connais pas l'écriture, — reprit Palmyre; — mais si vous voulez permettre que je jette un coup d'œil sur le contenu...

Et elle se mettait en devoir de déplier le papier; Hortense le lui arracha.

— Non, non, mademoiselle, — reprit-elle avec fermeté, — je ne souffrirai pas que vous preniez connaissance de pareilles horreurs, que vous puissiez même les soupçonner.

— Mais alors, mademoiselle, que voulez-vous faire de cette lettre?

On était, comme nous le savons, au commencement de l'hiver et il y avait du feu dans la cheminée du salon. Hortense s'approcha du foyer et lança la lettre au milieu des flammes.

— Voilà, — dit-elle en souriant, — le sort que méritent ces lâchetés anonymes... Vous jugerez, mademoiselle, si vous devez ou non parler à M. de La Southière de cette circonstance; mais je vous prie de lui dire que j'étais venue dans le but de lui offrir mes services et ceux de ma sœur. Nous eussions été heureuses l'une et l'autre de partager la tâche dont vous paraissez si jalouse. Puisque ce bonheur nous est refusé, nous allons repartir, et veuillez exprimer au pauvre malade nos vœux sincères pour son prompt rétablissement.

Mademoiselle de La Southière était fort touchée de ces procédés généreux; elle voulut embrasser Hortense et fit un mouvement dans cette intention; mais une réflexion poignante la retint et elle se contenta de s'incliner en silence.

Hortense vit ce mouvement, et elle crut devoir attribuer à un sentiment de fierté cette réserve qui avait une autre cause. Au moment de sortir elle s'approcha d'Armand et le remercia de nouveau de ses bons offices.

— Je vois, mademoiselle, que vous ne savez pas tout, — répliqua Robertin en souriant; — je vous invite à ne pas oublier dans l'occasion que de votre décision dépendra le bonheur d'une autre personne encore...

— De ma décision? — répéta Hortense machinalement.

— Ignorez-vous donc, — dit Armand à voix basse, — que vous êtes aussi charmante que bonne? Il y a quelqu'un de par le monde qui vous estime à votre prix véritable.

Hortense eut un tressaillement et regarda fixement le jeune homme; mais bientôt elle baissa les yeux, fit une révérence et sortit dans un état de trouble inexprimable.

Mademoiselle de La Southière n'avait pas entendu les dernières paroles échangées entre Hortense Bienassis et Robertin.

— Quelle honnête et délicate personne! — dit-elle d'un air pensif; — quels nobles procédés!... — Avez-vous vu, Armand, avec quel tact exquis elle nous a donné un avis, qui peut avoir de la gravité, tout en exprimant le profond mépris que lui inspire une dénonciation anonyme?... Quand je dis dénonciation, — ajouta-t-elle aussitôt en se reprenant, — j'ignore ce que pouvait contenir cette odieuse lettre; et vous, Armand, n'avez-vous aucune idée à ce sujet?

— Aucune, mademoiselle; mais les auteurs de lettres anonymes sont capables des inventions les plus infernales... Je le sais par expérience, — ajouta Robertin avec amertume; — quelles lettres infâmes n'ai-je pas reçues à propos de mon malheureux père?... J'ai eu bien du mal à me faire pardonner ma fortune!

Il devint rêveur à son tour. Ils se taisaient tous les deux, quand Baptiste, sortant de la chambre de M. de La Southière, vint annoncer à Palmyre que son père était éveillé et désirait la voir.

— Comment se trouve-t-il maintenant? — demanda Palmyre.

— Il est bien tranquille, mademoiselle, et sa fièvre l'a décidément quitté; il parle à cette heure comme une personne naturelle, et il reconnaît tout le monde.

— Il suffit; je vais le rejoindre... Excusez-moi, monsieur Armand, — poursuivit-elle; — on vous reverra ce soir, sans doute?

— Oui, oui, mademoiselle; et peut-être, si le mieux continue, me permettrez-vous enfin d'entrer chez M. de La Southière... J'ai hâte de trouver auprès de lui des sympathies que je cherche vainement ailleurs.

Palmyre n'eut pas l'air de comprendre cette allusion; et Armand, ayant pris congé, se retira.

XVI

EXPLICATIONS

M. de La Southière, le teint blême, les joues creuses, les yeux démesurément ouverts, était comme assis sur son lit, grâce à plusieurs oreillers qui le soutenaient dans cette position. Il avait donné l'ordre d'écarter les rideaux de la fenêtre et ceux de l'alcôve; la lumière pénétrait largement dans la chambre et permettait de juger des ravages que la maladie et les émotions violentes avaient exercés sur lui. Ses mains reposaient inertes sur la couverture; il paraissait faible et languissant; cependant il était calme et l'on voyait qu'il jouissait en ce moment de toute sa connaissance. La garde-malade étant sortie et Baptiste ayant été envoyé, à dessein peut-être, faire des courses dans la ville, Palmyre se trouvait seule avec son père, pour la première fois depuis la catastrophe du gué de Chez-Nicot.

Elle s'avança doucement vers lui, et après avoir déposé un baiser sur son front, elle lui demanda d'une voix caressante s'il désirait quelque chose. Il répondit brièvement et avec une distraction évidente; puis, comme elle ne s'éloignait pas, il se mit à la considérer avec une attention, une fixité qui alarmèrent la jeune fille. Enfin il lui passa le bras autour du cou, et lui donnant à son tour un baiser, il murmura:

— Chère et malheureuse enfant! que de maux tu nous as préparés à tous deux!

Malgré son intention bien arrêtée de ne rien dire et de ne rien faire qui pût émouvoir fortement le malade, Palmyre n'y tint pas; elle s'agenouilla, joignit les deux mains et dit en sanglotant:

— Mon père... mon bon père... vous m'avez donc pardonnée?

Il la regarda encore un moment sans parler.

— Allons! folle, relève-toi, — reprit-il avec un accent de douceur; — crois-tu que je ne t'aie pas pardonné depuis longtemps? Tes torts sont bien grands, mais moi suis-je donc sans reproches? Mon devoir n'était-il pas de mieux veiller sur toi et de te préserver des dangers!... Enfin le passé est irrévocable; il faut nous résigner à en subir les conséquences... Mais sommes-nous bien seuls? Cette vieille siroteuse de garde-malade et ce grand nigaud de Baptiste, qui veut me soigner comme il panse ses chevaux, ne pourraient-ils rentrer à l'improviste?

— Non, mon père, ils sont absents l'un et l'autre.

— N'importe ; pousse le verrou et apporte-moi ce qu'il faut pour écrire.

— Quoi ! vous voulez...

— Pousse le verrou, te dis-je ; et donne-moi ce que je te demande.

. . . .

Palmyre, craignant d'irriter le malade, s'empressa de verrouiller la porte ; puis elle alla prendre dans le secrétaire un carton sur lequel elle déposa un cahier de papier, une plume, une écritoire, et elle apporta le tout à son père.

Il se souleva péniblement et se mit en devoir d'écrire ; mais il avait trop présumé de ses forces.

A peine eut-il tracé quelques mots presque illisibles que sa vue se troubla, la plume lui tomba des mains.

— Je ne peux pas, — dit-il avec accablement ; — cependant il est absolument nécessaire... Ma fille, tu vas écrire pour moi... J'aurai toujours bien la force de signer.

— Je suis à vos ordres, mon père.

Palmyre s'assit au chevet du malade.

La Southière demeura pensif quelques instants encore, comme s'il eût cherché à recueillir ses idées. Tout à coup il demanda d'un ton d'inquiétude :

— Sais-tu, Palmyre, si ce pauvre diable a songé à se pourvoir en cassation ?

Malgré le vague de cette question, elle ne présentait aucune obscurité pour la jeune fille.

— Oui, oui, mon père ; Armand vient tout à l'heure de m'en donner l'assurance.

— A la bonne heure.

Et le malade se tut de nouveau.

— A qui voulez-vous écrire ? — demanda Palmyre après une pause.

— Parbleu ! au procureur général de la cour royale.

— A M. de Germiny ? — dit Palmyre d'une voix haletante ; — en effet, vous l'avez vu bien souvent aux courses et à la préfecture.

— Que je le connaisse ou non, peu importe ; c'est au magistrat que j'ai affaire aujourd'hui.

— Mon père, je vous conjure de réfléchir... Qu'avez-vous à dire au procureur général ?

— Tu vas le savoir... Allons, ne me tourmente pas, je suis d'une extrême faiblesse et je crains de ne pouvoir exécuter ce que j'ai résolu.

Cela était dit d'un ton qui n'admettait pas de réplique, et Palmyre sentit qu'aucune nouvelle observation de sa part ne serait écoutée.

Elle prit donc la plume en silence et écrivit, sous la dictée de son père, la lettre suivante :

« Monsieur le procureur général,

« Encore malade et alité, à la suite de violentes émotions, j'ai besoin de recourir à une main étrangère pour porter à votre connaissance des faits qui intéressent gravement l'administration de la justice. Le nommé François Chérou, condamné à la peine capitale par la cour d'assises de votre ressort, le... du présent mois, dans une séance où j'avais l'honneur d'être chef du jury, est innocent du meurtre du percepteur Bienassis. J'ai d'autant plus de raisons pour proclamer le fait que moi, MOI SEUL, je suis l'auteur de ce meurtre. Je le déplore sincèrement et je suis prêt à subir toutes les conséquences de mes aveux. Je me tiens donc, dès à présent, à votre disposition, et je suis avec respect, etc. »

Palmyre avait écrit avec une sorte de stupeur ce que venait de lui dicter son père ; sa tâche terminée elle balbutia :

— Oseriez-vous bien envoyer une pareille lettre ?

— Pourquoi pas, puisque j'ai osé la faire écrire ?

— Mais alors nous serions perdus tous les deux !

— Perdus... perdus... J'espère que non, — répliqua La Southière, d'une voix sombre ; — mais, quoi qu'il arrive, nous devons remplir notre devoir... Écoute, petite, tu sais que je n'aime pas les phrases ; je n'ai jamais crié bien haut les mots d'honneur, de probité, de religion ; mais quelque chose me dit que je serais un scélérat si j'agissais différemment, quand un autre est condamné à mort pour un acte dont je suis coupable. Ainsi donc, je revendique franchement la responsabilité de ce crime, si crime il y a ; je dirai la vérité à la justice et je me soumettrai à sa décision ; il n'existe pas d'autre moyen de sortir de cet abîme... Quant à toi, — ajouta-t-il en s'attendrissant légèrement, — je ne négligerai rien pour te tenir hors de cause ; je soutiendrai que j'ai été trompé par de fausses apparences ; l'affection que je te témoignerai prouvera d'une manière suffisante combien mes soupçons avaient peu de fondement... Je ne puis, je ne saurais faire davantage !

— Ah ! cher père, pourquoi cette funeste responsabilité redoutable ne peut-elle tomber sur moi seule ? J'entrerais dans un couvent de l'ordre le plus sévère, je passerais ma vie à prier...

— Eh ! malheureuse enfant, n'est-ce pas surtout à cause de toi que j'ai voulu dérober à tous l'affreuse vérité ? J'espérais t'épargner le scandale... Mais, — s'interrompit-il brusquement, — cette conversation me fatigue, et elle est inutile... Donne-moi la lettre que je la signe.

— Mon père, je vous supplie encore de songer...

— Donne-moi la lettre, je te le répète... Ah ! Palmyre, Palmyre, n'ai-je pas acheté bien cher le droit à ta complète obéissance ?

Mademoiselle de La Southière ne résista plus ; elle disposa le carton sur le lit, et le malade, après avoir tracé de sa main les mots : *approuvé l'écriture*, signa sans hésiter.

— Maintenant, — ajouta-t-il en retombant épuisé, — ferme cette lettre, mets l'adresse et envoie-la sur-le-champ à la poste par un domestique de l'hôtel.

Palmyre n'obéit qu'à moitié ; quand la lettre fut close et cachetée, elle feignit de la porter sur la table. Le malade ne s'aperçut pas de cette infraction à la dernière partie de ses ordres ; il avait fermé les yeux et restait plongé dans une sorte de prostration. Son silence et son immobilité s'étaient prolongés assez longtemps pour donner des inquiétudes à sa fille, quand il parut se ranimer et fit signe à Palmyre de revenir prendre place à son chevet.

— Mon enfant, dit il d'une voix lente et presque solennelle, — nous n'avons eu encore aucune explication depuis la funeste soirée du meurtre, et, au moment où je m'expose à des éventualités périlleuses, il importe que je sache nettement quelle part tu as prise au fait accompli... Dis-moi la vérité, Palmyre ; est-ce que tu aimais... ce jeune homme ?

— Je l'ai cru d'abord, mon père, — répondit Palmyre en se cachant le visage ; — mais j'ai reconnu mon erreur... Je n'étais qu'une enfant légère et folle, qui s'est laissée aller à des démarches coupables, sans en avoir conscience.

— Appelles-tu légèreté et enfantillage des actes dont les conséquences ont été si terribles ? Palmyre, tu as pourtant reçu des lettres et tu as eu l'imprudence d'y répondre !

— Mon père, je ne sais si vous avez lu celles que j'ai reçues et que je vous ai remises, le lendemain de l'événement. Il y est question uniquement de rêveries poétiques et de sentiments tels qu'il pourrait en exister entre un frère et une sœur. Mes lettres à moi étaient sur le même ton ; elles ne contenaient pas une seule expression, pas une pensée dont j'eusse à rougir...

— Oui, oui, j'ai lu en effet ces missives nébuleuses, et c'est parce qu'elles ne signifiaient pas grand'chose... Néanmoins, j'ai acquis la certitude que ce jeune homme se moquait outrageusement de toi !

— Mon père !...

— Il se moquait de toi, je te le répète ; et, en ceci, il

était aidé par l'abominable créature qui a joué dans cette affaire le rôle d'un mauvais génie... Quoi qu'il en soit, les lettres, compromettantes ou non, existent peut-être encore et on ne manquera pas de les retrouver.

— Mon père, j'imagine que ce jeune homme, qui était honnête malgré tout, se sera empressé de les détruire.

— Il était étourdi et fat, il aura très-bien pu les garder... Ce n'est pas tout, Palmyre, j'ai honte de le dire, j'ai honte d'y penser, plusieurs fois tu t'es trouvée à des rendez-vous...

— Deux ou trois fois seulement j'ai rencontré M. Bienassis à quelques pas de la maison, sur la voie publique, et chacune de ces entrevues n'a duré que quelques minutes. Sur mon ordre exprès, Jenny Meurier restait près de moi pendant ces courts entretiens, où M. Bienassis se bornait à m'exprimer, de la manière la plus respectueuse, son désir d'obtenir ma main.

— Palmyre, — interrompit La Southière avec une farouche impatience, — ai-je donc de si mauvais yeux et une si mauvaise mémoire ? N'ai-je pas vu ce débauché essayer de te prendre dans ses bras, tandis que tu te débattais en souriant ?

— Bon Dieu ! que dites-vous là, mon père ? — demanda Palmyre stupéfaite ; — je ne vous comprends plus.

— Je parle pourtant d'une manière intelligible... C'est en te voyant repousser faiblement les caresses du séducteur, que l'indignation a troublé mon cerveau... Je me suis élancé furieux, et, tandis que l'*autre* tombait mortellement atteint, tu t'enfuyais en poussant des cris d'épouvante... N'est-il pas cruel, Palmyre, — ajouta La Southière en détournant la tête, — de m'obliger à revenir sur ces détails ?

Palmyre était bouleversée.

— Quoi ! mon père, — s'écria-t-elle, — vous avez pu me croire coupable à ce point et vous m'avez pardonné ? Ah ! je m'explique à présent ce violent transport auquel vous avez cédé, et que dans mon cœur, en dépit de moi-même, je vous reprochais avec amertume ! Vous étiez convaincu que votre fille... Mais, mon père, mon père, ce n'était pas moi qui étais allée à ce funeste rendez-vous ! Si c'eût été moi, comment aurais-je trouvé la force de fuir ? Je serais tombée à vos pieds morte de frayeur et de honte.

— Que me dis-tu là, ma fille ? Comment ! tu n'étais pas au gué de Chez-Nicot au moment de la catastrophe ?

— C'était Jenny, mon père ; c'était cette odieuse Jenny qui, vous l'avez dit avec raison, a joué dans tout ceci le rôle de l'esprit du mal. Écoutez-moi : je venais d'acquérir la certitude que je n'aimais pas M. Bienassis, et cette petite intrigue commençait à me peser, malgré le manége de Jenny, lorsque je reçus un mot du percepteur qui me menaçait de se tuer si je ne lui accordais une entrevue pour le soir même au gué de Chez-Nicot. Pauvre fille crédule que j'étais ! je le supposais capable d'accomplir sa menace, et je craignais d'avoir à me reprocher sa mort si je ne cédais à son désir. Cependant pour rien au monde je ne voulais aller à ce rendez-vous ; ma condescendance passée m'inspirait déjà des remords ; et puis je me sentais fatiguée à la suite du péril que j'avais couru le jour même ; enfin, s'il faut l'avouer, — ajouta Palmyre en rougissant, — j'étais profondément touchée du dévouement de M. Armand Robertin, et j'éprouvais pour lui un sentiment de... reconnaissance que je n'avais jamais éprouvé pour personne. Dans mon embarras, j'engageai Jenny à aller trouver Théodore Bienassis, à le détourner par tous les moyens possibles de son projet de suicide, mais en même temps à lui déclarer, de la façon la plus précise, que toutes relations publiques et secrètes devaient cesser entre nous désormais. Jenny, qui, vous vous en souvenez, avait reçu congé de vous le jour même, se fit prier longtemps ; enfin, vaincue par mes instances et mes promesses, elle céda et quitta furtivement la maison. Une demi-heure s'était à peine écoulée, que je la vis revenir pâle et hors d'haleine. Elle m'annonça que vous aviez tout découvert, que vous veniez de la surprendre au gué de Chez-Nicot, que vous aviez tiré un coup de fusil sur le percepteur, et que vous alliez sans doute nous tuer à notre tour... Je perdis connaissance, et, pendant toute la nuit suivante, nous fûmes, cette fille et moi, dans des transes mortelles, nous attendant sans cesse à vous voir apparaître pour nous exterminer.

La Southière avait écouté attentivement ces explications qui paraissaient véridiques en tous points ; cependant un doute lui restait encore :

— Je veux te croire, Palmyre, — reprit-il ; — Dieu m'en est témoin, je ne demande pas mieux que de te croire ! Mais comment oublier des circonstances encore présentes à ma mémoire ? Au moment de la catastrophe, le jour baissait, j'en conviens, et les objets commençaient à perdre leurs formes et leurs couleurs ; je ne pouvais non plus distinguer la voix de la femme que je poursuivis, car les cris de toutes les femmes effrayées se ressemblent ; mais, en dépit du crépuscule, n'ai-je pas reconnu sur les épaules de la fugitive le mantelet de taffetas noir que tu avais porté la journée précédente ?

— Vous m'y faites penser, mon père ; Jenny, au moment de sortir, me demanda en effet mon mantelet à capuchon, soit pour se garantir contre la fraîcheur du soir, soit pour se cacher le visage dans le cas où elle eût rencontré quelque personne de connaissance. J'étais heureuse de la voir enfin disposée à remplir ma commission, et je ne songeai pas à lui refuser si peu de chose ; elle sortit donc avec mon mantelet... Peut-être cette méchante fille avait-elle un autre but en me l'empruntant !

— Oui, oui, elle en avait un, imprudente enfant ! — s'écria La Southière avec agitation ! — Je soupçonne des intentions perfides... Mais tout s'explique à cette heure. Ah ! pourquoi, Palmyre, ne nous sommes-nous pas entendus plus tôt ? Nous nous fussions épargné bien des chagrins, car nous n'étions ni l'un ni l'autre aussi coupables que nous le paraissions.

— Cher père, aujourd'hui seulement vous avez consenti à m'entendre.

— C'est vrai, c'est vrai... Eh bien ! embrasse-moi, Palmyre, et pardonnons-nous mutuellement nos torts. Unissons-nous contre le danger commun, car le danger viendra, et il est prochain, inévitable !

Palmyre se pencha vers lui en pleurant, et ils se serrèrent de nouveau dans les bras l'un de l'autre. Enfin mademoiselle de La Southière, craignant de fatiguer le malade, se dégagea de ses étreintes.

— Mon père, — demanda-t-elle avec timidité en désignant la lettre qui était restée sur la table, — êtes-vous toujours d'avis que j'envoie...

— Plus que jamais, — répliqua La Southière vivement ; — la justice doit avoir son cours, et peut-être n'aurons-nous pas trop à la redouter. Un magistrat habile saura bien découvrir... Mais, — s'interrompit-il d'un air accablé, — je ne peux réfléchir en ce moment à ces graves matières... Mes idées se troublent ; on dirait que ma tête va se fendre... Je suis épuisé !

Et il retomba sur ses oreillers.

— Voilà ce que je redoutais ! — s'écria Palmyre alarmée ; — vous avez abusé de vos forces, en vous occupant trop tôt de cette affaire qui vous agite si cruellement... Reposez-vous ; je vais envoyer chercher le docteur ; je vais...

— La lettre ? — balbutia le malade, — n'oublie pas... la lettre !

Ce fut la dernière parole raisonnable qu'il prononça ; quelques instants plus tard, il était repris par la fièvre, et avec la fièvre revenait le délire.

Cependant vers le soir, grâce aux soins assidus qui lui étaient prodigués, M. de La Southière se trouvait beaucoup mieux quand Armand, selon son habitude, vint chercher des nouvelles. Palmyre était au salon, en proie à une agitation douloureuse, et elle tenait à la main une lettre qu'elle s'empressa de cacher quand Robertin entra. Il ne fit pas grande attention à cette circonstance ; l'état où il voyait mademoiselle de La Southière, la rechute survenue au malade, le préoccupaient uniquement. Il pressa la jeune fille de questions pour connaître la cause de son chagrin ; car évidemment le chagrin de Palmyre avait encore une autre cause que la maladie de son père.

Palmyre se défendit avec embarras. Elle était dans un de ces moments où l'âme trop pleine ne peut contenir ses sentiments tumultueux et laisse échapper les secrets. Tout à coup elle fondit en larmes et dit à Robertin avec abandon :

— Je n'y tiens plus, il faut que vous sachiez tout... Je suis sans protecteur et sans guide au milieu des plus effroyables difficultés. Parmi ceux qui m'entourent, seul vous avez assez d'intelligence pour me comprendre et me conseiller, assez de cœur pour excuser mes fautes et me plaindre... Oui, je veux vous dire, dès à présent, ce qui bientôt sans doute ne sera plus un secret pour personne ; seulement, Armand, je vous en conjure, promettez-moi d'avance que, quoi que vous entendiez, vous ne me mépriserez pas, vous me conserverez toujours l'amitié d'un frère pour sa sœur.

— Comment pourrais-je cesser de vous aimer, Palmyre ? Et quant à vous mépriser... Mais, au nom du ciel! qu'avez-vous donc fait pour avoir de pareilles craintes?

— Un crime! Armand... Ou si je ne l'ai pas commis moi-même, j'ai placé une personne chère dans la nécessité de le commettre.

En même temps elle conta l'historie de ses puériles amours avec Bienassis, les intrigues de Jenny, la catastrophe du gué de Chez-Nicot ; elle retraça la position affreuse où s'était trouvé plus tard M. de La Southière, quand il avait dû prononcer sur le sort de François Chérou, et enfin elle exposa comment le premier mouvement de son père, en recouvrant connaissance, avait été de se dénoncer à la justice comme le véritable auteur du meurtre du percepteur.

— Et maintenant, Armand, — poursuivit-elle. — devinez-vous par quelle main a été écrite la lettre anonyme dont Hortense Bienassis nous parlait ce matin? Devinez-vous qu'il s'agissait d'une révélation, révélation si monstrueuse que cette honnête jeune fille a refusé d'y croire?... N'est-il pas possible que la personne qui a donné cet avis à mademoiselle Bienassis en donne un pareil aux magistrats?... D'autre part, lors même que la lâche anonyme n'oserait pas se poser nettement en dénonciateur, ne songez-vous pas à l'effet que va produire la lettre de mon père au procureur général? Aussi me demande-je si je dois envoyer cette lettre à son adresse ; ne serait-ce pas exposer mon père faible, malade, presque mourant à des émotions qui lui porteraient le dernier coup? Que faire ? quelle conduite tenir?... Par pitié! Armand! parlez-moi, conseillez-moi, secourez-moi!... Mais je le vois, — ajouta la pauvre enfant avec désespoir en se jetant sur le canapé, — ce que j'avais craint arrive : vous n'avez plus pour moi que de l'horreur et du mépris!

Robertin avait écouté, avec un calme apparent, le récit de Palmyre. Sauf quelques questions brèves par lesquelles il l'avait interrompue deux ou trois fois, il avait gardé le silence et n'avait manifesté par aucun signe la nature de ses impressions. Voyant donc quel sens Palmyre interprétait sa réserve, il se redressa et dit d'un ton grave :

— Je vous conjure, mademoiselle, de répondre avec franchise et loyauté à une seule demande : Avez-vous aimé... Bienassis?

— Sur mon honneur! non, monsieur Armand, — répondit Palmyre sans hésiter. — J'ai longuement réfléchi à ce sujet, et c'est avec une certitude absolue que je vous l'affirme, comme je l'affirmais tout à l'heure à mon père : non, je n'aimais pas Bienassis, je ne l'ai jamais aimé.

Les traits d'Armand se détendirent et un sourire sembla se jouer sur ses lèvres ; mais il reprit aussitôt :

— Par pitié, à votre tour, Palmyre, ne me trompez pas! Comment pouvez-vous être sûre... Comment pouvez-vous établir la différence entre une fantaisie romanesque, fruit d'une imagination exaltée, et le véritable amour, qui est tout entier dans le cœur, un amour semblable à celui que j'ai éprouvé et que j'éprouve encore pour vous, par exemple?

Mademoiselle de La Southière rougit.

— Monsieur Armand, — répliqua-t-elle, — qu'il vous suffise de savoir que je n'ai plus aucun doute à cet égard... Je le jure devant Dieu!

— Cependant il m'importe d'apprendre à quels signes vous avez reconnu cette différence entre l'amour faux et l'amour véritable.

— Armand, puisque vous m'y forcez... Mais à quoi ces explications peuvent-elles servir, sinon peut-être à nous désoler tous les deux?

— Palmyre, une réticence, au contraire, peut avoir des suites désastreuses pour vous comme pour moi.

— Eh bien! Armand, — poursuivit mademoiselle de La Southière, d'une voix si basse qu'on l'entendait à peine, — cette certitude m'est venue le jour où vous m'avez défendue contre un taureau furieux. J'ai reconnu que les sentiments que j'éprouvais pour... ce jeune homme n'étaient rien auprès de l'enthousiaste reconnaissance qui remplissait mon âme pour... pour mon généreux libérateur.

Armand se précipita aux genoux de mademoiselle de La Southière.

— Merci, merci, Palmyre, — s'écria-t-il ; — à présent je puis tout entendre, tout supporter ; je suis prêt à lutter avec vous contre la mauvaise fortune... Cette précieuse parole que vous venez de prononcer, vous ne la rétracterez pas, Palmyre! Elle va me donner de la force et du courage pour détourner le péril qui vous menace.

— Relevez-vous, Armand, relevez-vous, je vous en prie... Mon Dieu! si quelqu'un entrait!

— On me verrait aux pieds de ma fiancée, de celle qui, je l'espère, sera bientôt ma femme, — répondit Armand en se relevant.

— Votre femme, Armand? Jamais, — reprit Palmyre avec énergie ; — vous connaissez maintenant l'obstacle qui nous sépare... Je ne veux pas abus r d'une affection aveugle, irréfléchie ; je repousse un sacrifice dont vous vous repentiriez plus tard ; j'accepterai seulement les services d'un ami, d'un frère...

— Frère, soit! — dit Armand en souriant, — pour le moment du moins... Nous reviendrons plus tard sur ce sujet, chère Palmyre ; en attendant, songeons à vous tirer, vous et votre père, du précipice où vous êtes tombés. L'œuvre sera difficile, sans doute, et nous devons nous armer tous d'énergie ; mais vous verrez que je ne fléchirai pas sous ma tâche.

— Armand, vous êtes un noble cœur, et si vous avais bien jugé! — dit Palmyre ; — si vous saviez combien mon cœur est soulagé, maintenant que j'ai pu vous dire ce terrible secret!... Mais agissons, agissons sans retard... Cette lettre?

— Il faut l'envoyer aujourd'hui même, — répliqua Robertin résolûment, — ou plutôt donnez-la-moi ; je la ferai parvenir à son adresse. Il n'y a plus d'hésitation possible ; il faut affronter bravement le péril. Je ne suis pas tout à fait étranger aux affaires judiciaires, puisque j'ai étudié le droit ; j'ai dans la ville un grand nombre d'amis, et enfin je pourrai tenter certaines démarches qui seraient impossibles ou compromettantes pour votre père et pour vous. Vous le verrez, nous sortirons de cette horrible crise, bientôt et heureusement.

— Ah! cher Armand, vous me rendez la vie ; je supporterai mieux les épreuves à venir, maintenant que je m'appuierai sur vous... Eh bien! Armand, que dois-je faire?

— Tranquillisez-vous, et continuez de donner à votre père les soins dont il a besoin. Ne vous inquiétez pas des bruits du dehors ; ne vous effrayez pas non plus des événements qui pourront arriver bientôt, car il ne faut pas vous le dissimuler, cette lettre sera comme la mèche enflammée qui met le feu à une mine... Je viendrai ici chaque jour, à chaque heure, et vous me tiendrez au courant

L'ASSASSIN DU PERCEPTEUR

Il avait la tournure d'un dandy d'estaminet. (Page 69).

de ce qui se sera passé. S'il se présentait une circonstance grave en mon absence, envoyez-moi chercher; vous trouverez en moi un ami dévoué, prêt à tous les efforts, à tous les sacrifices.

Palmyre était pénétrée d'admiration.

— Ah! Armand, Armand, — — s'écria-t-elle, — que ne vous ai-je connu plus tôt!... Vous n'avez pas eu un mot de reproche pour mes fautes, un mot de plainte pour les souffrances que je vous cause, je le sais!... Que Dieu vous récompense, puisque je ne peux vous récompenser!

Elle lui tendit la main en pleurant et rentra dans la chambre du malade, tandis que Robertin sortait précipitamment de son côté.

XVII

LE MAGISTRAT.

L'effet de la lettre de M. de La Southière ne se fit pas attendre. Le lendemain matin, Palmyre était auprès de son père, qui avait passé une mauvaise nuit et n'avait eu que de courts instants lucides, quand Baptiste vint lui annoncer qu'un monsieur, d'un extérieur très-distingué, désirait parler à M. de La Southière, et, comme on lui avait répondu que le malade ne pouvait recevoir personne, il insistait pour voir mademoiselle Palmyre. La jeune fille sentit son cœur se serrer; cependant elle dit à Baptiste de demander son nom au visiteur, et le domestique rapporta bientôt une carte sur laquelle se trouvait ce seul nom : *A. de Germiny*. Il n'y avait aucune qualification, mais Palmyre ne pouvait s'y méprendre; elle pâlit et devint tremblante.

Toutefois, par un effort de volonté, elle réussit à cacher son trouble.

— Dites à... ce monsieur que je vais me rendre au salon, — répliqua-t-elle; — puis, courez bien vite chez M. Armand Roberlin et priez-le de venir à l'instant même.

Baptiste la regarda et sembla vouloir lui adresser des questions; mais un geste impérieux de sa jeune maîtresse l'en empêcha, et il sortit pour exécuter l'ordre qu'il avait reçu. Palmyre fit à la hâte quelques préparatifs de toilette.

— Voyons, courage! — se disait-elle; — ne devais-je pas m'attendre à ce qui arrive?... Armand va venir, courage!

Cependant quand elle entra dans le salon, elle tremblait toujours, et ses jambes fléchissaient sous elle.

L'aspect de M. de Germiny, alors procureur général à Limoges, ne semblait pourtant pas devoir justifier de pareilles alarmes. C'était un homme d'une cinquantaine d'années, à l'air doux et bienveillant, à la lèvre fine et mobile. Son visage grassouillet, blanc, rasé de frais, encadré de cheveux gris naturellement bouclés, et rehaussé par une cravate d'une blancheur éclatante, eût rappelé celui d'un paisible bourgeois, son œil vif, perçant, plein d'éclairs, n'avait eu une expression à la fois défiante et hardie. Du reste, la sévérité de son costume noir, la gravité de son attitude annonçaient qu'il avait conscience de l'importance de ses fonctions; mais il essayait de dissimuler sa roideur officielle sous un sourire et des manières d'une exquise politesse.

Palmyre salua respectueusement et voulut parler; elle ne put y parvenir et éclata en sanglots. Le magistrat, qui s'était levé de son siège, lui dit avec bonté :

— Quoi donc! mademoiselle, est-ce que je vous fais peur? Ne puis-je venir en visite chez M. de La Southière, que j'ai rencontré souvent dans le monde et qui est tombé malade à la suite d'une audience de la cour d'assises, sans exciter les terreurs de sa charmante fille?

Malgré l'intention encourageante de ces paroles, Palmyre ne pouvait répondre et continuait de sangloter. M. de Germiny la fit asseoir à côté de lui.

— J'y songe, — reprit-il avec une onctueuse politesse, — monsieur votre père serait-il plus malade?

— Oui, oui, — balbutia Palmyre sans presque savoir ce qu'elle disait, — il a passé une mauvaise nuit... le délire est revenu.

— Le délire est revenu... Le malade n'avait donc pas le délire hier?

Malgré son trouble, mademoiselle de La Southière comprit parfaitement la portée de cette question; elle répondit avec plus de fermeté :

— Oui, monsieur; hier la fièvre l'avait quitté et il avait recouvré toute sa raison.

— Vraiment!... Et avait-il l'esprit assez lucide pour s'occuper de ses affaires, pour... écrire une lettre, par exemple?

Cette fois encore, Palmyre voyait parfaitement où le magistrat voulait en venir; mais il n'y avait plus à hésiter, et elle répondit en s'enhardissant :

— Il ne pouvait écrire, mais il a pu me dicter une lettre et la signer.

— Fort bien; et cette lettre, savez-vous à qui elle était adressée?

— A vous-même, monsieur le procureur général.

Le magistrat fixa sur elle un regard pénétrant.

— Je vois, mademoiselle, — reprit-il avec lenteur, — que vous connaissez la véritable cause de ma visite. J'ai reçu, en effet, une lettre signée de M. de La Southière, et elle est tellement étrange que, si vous ne m'affirmiez le contraire, je pourrais croire qu'elle a été dictée pendant le délire de la fièvre... Aussi n'y aurais-je donné peut-être aucune attention, si je n'avais reçu d'autre part une lettre anonyme se rapportant aux mêmes faits.

— Palmyre tomba aux genoux de M. de Germiny.

— Ayez pitié de nous, monsieur! — s'écria-t-elle en joignant les mains; — sauvez mon père!... sauvez-moi!

Le magistrat la releva.

— Mademoiselle, — lui dit-il, — vous pouvez être assurée de toute l'indulgence compatible avec mon devoir. Je soupçonne dans cette mystérieuse affaire un enchaînement de circonstances funestes plutôt que des intentions criminelles... Mais vous connaissez donc les événements auxquels a rapport la lettre dont il s'agit?

— Je les connais, monsieur le procureur général, et je m'en vais vous les raconter avec la plus entière sincérité.

— Un moment, mademoiselle, — dit M. de Germiny; — je crois devoir vous prévenir que rien ne vous oblige à de pareilles confidences. Quoiqu'il s'agisse entre nous d'une simple causerie en ce moment, je vous engage à réfléchir à ce que vous allez dire... Et tenez, il vaudrait mieux que je visse d'abord monsieur votre père qui, vous ne l'ignorez pas, se reconnaît coupable du meurtre du percepteur Bienassis.

Cet avertissement parut intimider Palmyre; mais son exaltation ne lui permit pas d'écouter la voix de la prudence.

— Avant d'être magistrat, vous êtes homme de cœur, monsieur de Germiny, — s'écria-t-elle; — je vous ferai donc des aveux complets, car, j'en suis sûre, c'est le meilleur moyen de mériter vos sympathies et votre protection.

Le procureur général s'inclina d'un air bienveillant et la jeune fille conta l'histoire de la catastrophe. Elle n'insista pas trop, comme on peut croire, sur le chapitre de ses imprudences personnelles, et elle en rejeta la responsabilité, ce qui était juste du reste, sur Jenny Meurier, sa suivante. Dans ce récit, le magistrat fut particulièrement frappé d'une circonstance.

— Mademoiselle, — demanda-t-il, — est-ce que votre père se chasseur?

— Mon Dieu non, monsieur, — répliqua Palmyre avec naïveté, — il chassait seulement par occasion, lorsque quelqu'un de ces messieurs, éleveurs de chevaux comme lui, venait le voir à Roqueroles.

— Alors comment expliquez-vous qu'il se soit trouvé ainsi, un fusil chargé à la main, sur le théâtre du meurtre?... Encore une fois, mademoiselle, ne vous pressez pas de répondre... vous êtes même libre de ne pas répondre du tout.

Mademoiselle de La Southière comprit que cette question devait avoir une certaine gravité; mais ne l'eût-elle pas compris, elle était incapable de donner une explication de ce fait inexplicable pour elle-même.

— J'ignore absolument comment la chose a pu arriver, — répliqua-t-elle; — et je n'y avais pas songé jusqu'ici.

M. de Germiny laissa échapper un imperceptible sourire. Son récit terminé, mademoiselle de La Southière chercha avidement à lire sur la figure du magistrat l'impression qu'elle avait produite; mais autant eût valu essayer d'apercevoir des étoiles dans un ciel chargé de nuages. M. de Germiny se taisait et demeurait pensif. Ce silence détermina chez Palmyre un nouvel accès de terreur.

— Monsieur, monsieur, — s'écria-t-elle, — mon père vous paraît-il donc si coupable? Est-ce que vous allez le faire arrêter? Quand il a cédé à un entraînement funeste, ne croyait-il pas défendre sa fille? et quel père n'eût pas fait comme lui? Épargnez-le, je vous en conjure!... Ayez pitié de lui! ayez pitié de moi!

Et elle couvrait de baisers les mains de M. de Germiny. Le magistrat, partagé entre le sentiment de ses devoirs et l'intérêt que lui inspirait cette pauvre enfant, paraissait dans un grand embarras et se contentait de répondre quelques paroles incohérentes, quand la porte s'ouvrit brusquement et Armand entra dans le salon. Un coup d'œil suffit à Robertin pour le mettre au fait de ce qui se passait, et il salua d'un air contraint. Palmyre s'élança au-devant de lui :

— Armand, — s'écria-t-elle, — venez à mon aide pour émouvoir M. de Germiny... Vous savez qu'il est tout-puissant ; notre sort dépend de lui, de lui seul... et il ne veut me donner ni espérances, ni consolations !

Le procureur général s'était tourné vers le survenant.

— Monsieur Armand Robertin, je crois ? — dit-il en répondant par un signe de tête à la salutation du jeune homme.

— Oui, — répliqua Palmyre avec empressement ; notre ami le plus franc et le plus dévoué dans notre infortune !

— Votre ami... je comprends !

Et un nouveau sourire se joua sur les lèvres fines de M. de Germiny.

— Alors je dois supposer, — ajouta-t-il, — que M. Robertin est au courant de l'affaire qui m'amène ici ?

— Depuis quelques heures seulement, monsieur le procureur général, — répondit Armand.

« Dépourvue de conseils et d'appui, pendant la maladie de son père, mademoiselle de La Southière a bien voulu m'initier à ces douloureux secrets, et je suis fier de cette confiance... Je regrette seulement, — poursuivit-il avec une légère altération dans la voix, — de ne l'avoir pas prévenue qu'elle avait le droit de se refuser à toute espèce d'interrogatoire qui pourrait être interprété contre son père.

M. de Germiny sentit le coup.

— Monsieur Robertin, — dit-il froidement, — a dû étudier longtemps le code de procédure pour connaître si bien la loi... En effet il est encore, si je ne me trompe, étudiant en droit de... de je ne sais plus combien d'années ?

Armand rougit en recevant cette réprimande, et peut-être allait-il répliquer avec plus de vivacité que ne l'exigeait la prudence, Palmyre se hâta d'intervenir :

— Armand, — reprit-elle, — M. de Germiny m'a avertie déjà du danger de toucher sans réflexion à certains points délicats ; mais il ne s'agit ici que d'une conversation amicale entre lui et une pauvre fille qui l'implore, aussi lui ai-je tout avoué, du moins tout ce que je sais.

— Et vous n'aurez pas lieu de vous en repentir, mademoiselle, — dit le procureur général qui retrouva pour elle son accent de bonté.

Comme il se disposait à se retirer, on entendit des clameurs sourdes dans la chambre du malade, puis des trépignements, des meubles renversés, et la porte s'ouvrant tout à coup, M. de La Southière entra.

Il s'était enveloppé à la hâte dans une ample robe de chambre, les yeux étincelants, le visage empourpré par la fièvre, il accourait, malgré la garde-malade qui s'agitait derrière lui et prenait le ciel et la terre à témoin de son impuissance.

A la vue de cette espèce de spectre, tous les assistants demeurèrent stupéfaits. La Southière marchait seul et d'un pas ferme. Il se tourna vers M. de Germiny et lui dit d'un ton qui dénotait une exaltation extrême, mais non de l'égarement :

— Ah ! vous voilà, monsieur le procureur général ? J'étais bien certain d'avoir reconnu votre voix !... Entrez donc ; pourquoi vous retient-on ici ? C'est à moi seul que vous avez affaire... Mais peut-être attendez-vous que je vous suive ?... Soit ; où sont vos gendarmes, vos agents de police ? Je suis prêt.

Le magistrat ne put se défendre d'un sentiment de compassion.

— Monsieur de La Southière, — répondit-il doucement, — j'étais venu m'informer de vos nouvelles et j'espérais...

— Merci pour les ménagements que vous voulez garder envers un homme du monde, — interrompit le malade ; — mais ils ne sont pas de saison. Peut-être dans vingt-quatre heures, cette maudite fièvre m'aura-t-elle emporté, et l'acte de réparation que je désire sera devenu impossible. Si donc je ne dois pas vous suivre, du moins pour le moment, venez vous asseoir auprès de moi, et je déchargerai ma conscience du poids qui lui pèse... Ce devoir accompli, que je vive ou que je meure, je serai tranquille.

Et rentrant dans sa chambre il alla se jeter sur son lit.

M. de Germiny hésitait.

— Peut-être ferai-je bien de l'écouter ? — dit-il enfin en paraissant consulter les assistants.

— Il est si faible et si malade ! — murmura Palmyre.

— Monsieur le procureur général voudra bien remarquer, — dit Armand à son tour, — que mon malheureux ami ne paraît pas jouir de toute sa raison en ce moment, et que par conséquent ses aveux ne sauraient être invoqués contre lui plus tard, si cette déplorable affaire avait des suites.

— Aussi, monsieur, ma visite actuelle est-elle purement officieuse, — répondit le magistrat avec quelque sécheresse ; — et je suis plus l'ami de M. de La Southière qu'on ne le pense en me prêtant à sa volonté.

Et comme le malade l'appelait de nouveau, il entra dans la chambre. Palmyre, Armand et la garde-malade le suivirent ; mais La Southière se souleva sur son lit.

— Que tout le monde sorte ! — demanda-t-il ; — ce que j'ai à dire doit être seulement entendu de M. le procureur général.

— Moi, du moins, mon père, — demanda Palmyre, — ne puis-je pas...

— J'ai dit tout le monde, — répliqua La Southière avec fermeté. — Morbleu ! je ne suis pas mort encore, et tant que j'aurai un souffle de vie, j'entends que chez moi mes ordres soient respectés.

On obéit en silence, Palmyre sortit la dernière, et comme elle refermait la porte, elle vit M. de Germiny déjà installé au chevet du malade.

Elle demeura dans le salon avec Armand, en attendant la fin de cette conférence qui fut assez longue. Ils écoutaient avec anxiété, mais aucun cri, aucun éclat de voix ne s'élevait de la pièce voisine ; du reste toute conversation confidentielle leur était interdite, car la garde-malade et Baptiste, qui venait de rentrer, se trouvaient là l'un et l'autre, prêts à reprendre leur service auprès de leur maître.

— C'est drôle, — disait la vieille femme à Baptiste, — que monsieur, dans l'état où il est, ait voulu absolument recevoir la visite d'un « juge » !

— Oui, — répliqua le piqueur, — il a sa toquade de la fièvre... Les gendarmes, la cour d'assises et tout le tremblement... Hum ! cela ne prouve pas qu'il soit guéri encore !

Palmyre et Armand échangèrent un regard triste ; les gens de service étaient de ; convaincus que les paroles du malade sur de terribles réalités devaient être attribuées au délire.

Enfin la porte s'ouvrit et M. de Germiny reparut. Palmyre s'approcha de lui, mais elle n'osa le questionner.

— Courage ! mon enfant, — lui dit-il avec bonté ; — j'espère que tout finira bien. Cette cause est difficile, embarrassée de fâcheuses complications ; mais avec l'aide de Dieu, nous arriverons sans doute à une solution satisfaisante.

Le magistrat ne se compromettait pas beaucoup en donnant ces consolations vagues à la pauvre Palmyre ; cependant elle en ressentit une grande joie.

— Que le ciel vous récompense pour ces bonnes paroles ! — répondit-elle en portant encore à ses lèvres la main de M. de Germiny ; — ainsi donc, monsieur, vous me promettez...

— Je ne peux rien promettre ; si puissant que vous me supposiez, je suis l'esclave de la loi. J'accorderai à votre père tous les adoucissements qui dépendront de moi ; ne me demandez rien de plus.

— Du moins, monsieur, — balbutia tout bas la jeune

fille en retenant toujours la main de M. de Germiny, — n'est-ce pas que mon père... ne sera pas... arrêté?... Lui, prisonnier! j'en mourrais!

— En ceci, mademoiselle, je crains de ne pouvoir vous satisfaire d'une manière complète, bien que l'aveu spontané de M. de La Southière et les circonstances du délit dont il doit répondre semblent autoriser quelques ménagements. Du reste, — ajouta-t-il avec son fin sourire, — comme magistrat, je ne sais rien encore de cette déplorable affaire, et d'autre part, le malade ne paraît pas en état d'être transporté... Quelles que soient les mesures que m'impose un rigoureux devoir, je ne saurais donc les prendre dès à présent.

Ces concessions étaient bien faibles; cependant Palmyre, qui avait craint l'arrestation immédiate de son père, en remercia le procureur général.

— Dans tous les cas, — poursuivit M. de Germiny en regardant Robertin, — les amis de la famille de La Southière peuvent ne pas demeurer inactifs, et ils doivent avant tout s'efforcer de sauvegarder la réputation de cette gentille enfant qui, j'ai le regret de le dire, a été bien imprudente... Quant à moi, j'y donnerai tous mes soins, mais un peu d'aide ne serait pas inutile. Si j'étais l'avocat et le conseil de cette famille, je m'attacherais, par exemple, à obtenir que Jenny Meurier consentît à révéler nettement la nature de ses relations avec le percepteur, les mobiles de sa conduite odieuse dans toute cette affaire. Par malheur Jenny, qui a écrit deux lettres anonymes pour dénoncer le véritable auteur de ce meurtre, l'une adressée à mon parquet, l'autre aux demoiselles Bienassis, doit être fort malveillante, d'autant plus que M. de La Southière a refusé d'acheter à prix d'argent le secret qu'elle proposait de lui vendre. Il serait important encore que les demoiselles Bienassis ne se portassent pas partie civile dans le nouveau procès, et surtout qu'elles voulussent bien communiquer aux magistrats ce qu'elles savent peut-être sur les rapports de leur frère avec Jenny Meurier. Encore une fois, voilà ce que je conseillerais à M. de La Southière d'avoir en vue si j'étais son avocat, au lieu d'être... ce que je suis.

— Je vous comprends, monsieur le procureur général, — répondit Armand avec vivacité; — je vais me mettre à l'œuvre sur-le-champ, et si vous daignez m'autoriser...

— Rien, je n'autorise rien en dehors de l'action régulière de la justice, — interrompit M. de Germiny d'un ton péremptoire; — je n'ai rien dit, je n'ai donné aucun conseil. Comme magistrat, je n'ai besoin d'aucun secours étranger pour arriver à la manifestation de la vérité. C'est aux amis de la famille de La Southière d'aviser et de mettre à profit, dans son intérêt, le temps de répit qui leur est encore laissé... Puissent-ils y réussir!

En même temps il salua et sortit avec précipitation, pour couper court à des demandes embarrassantes et à des sollicitations nouvelles.

XVIII

LA MAISON DU FAUBOURG.

Il est un quartier de Limoges qui a conservé l'aspect sombre et refrogné des villes du moyen âge; il s'étend entre les deux anciens ponts sur la Vienne, à l'ombre de la tour tronquée de l'église Saint-Étienne. Là se trouvent des rues tortueuses, fétides, montueuses, tout à fait inaccessibles pour les chariots ou même pour les chevaux. Elles sont bordées de vieilles maisons de bois dont les poutres se croisent en forme d'X sur les façades. Dans quelques-unes de ces maisons, l'escalier est situé à l'extérieur comme dans certains chalets suisses, et les fenêtres, avec leurs petites vitres garnies de plomb, affectent la forme d'une croix. Tout cela est noir, vermoulu, branlant; l'édilité s'avoue impuissante à obtenir que les propriétaires fassent à ces maisons les réparations urgentes; aussi croulent-elles parfois sur la tête de leurs habitants. Pour ajouter au caractère de ces vieux quartiers, on aperçoit dans des niches, au-dessus des portes, de nombreuses madones en pierre, en bois ou même en plâtre, mais pour la plupart mutilées et d'un travail grossier. Souvent ces statuettes sont enjolivées d'oripeaux par la piété des dévotes du voisinage, et à certaines fêtes de l'année, on orne les niches de vases de fleurs; mais l'ancienne coutume d'y faire brûler des cierges pendant la nuit est tombée en désuétude, et c'est grand dommage, car l'obscurité règne chaque nuit dans ces rues solitaires, dont le gaz moderne se tient à une distance respectueuse.

Ce fut pourtant vers ce faubourg que se dirigea Armand Robertin, le soir même du jour où le procureur général s'était présenté chez M. de La Southière. Armand, quoique né dans la ville, n'avait jamais visité ces quartiers populaires, et ils paraissaient tout à fait nouveaux pour lui. Enveloppé dans une grande redingote, le chapeau enfoncé sur les yeux, il se glissait le long des maisons, cherchant à échapper aux regards de quelques commères, dont les portes restaient béantes, et qui n'eussent pas manqué de se demander pour quels motifs un jeune homme élégant s'aventurait si tard dans leur voisinage.

Les noms à demi effacés de ces rues sordides n'étaient pas visibles à pareille heure; mais Armand avait recueilli des indications si précises, qu'après quelques tâtonnements, il parut avoir atteint le but de sa promenade. La maison devant laquelle il s'arrêta était une des plus noires, des plus pauvres, des plus vermoulues du faubourg; elle n'avait qu'un seul étage au-dessus du rez-de-chaussée, et l'on y parvenait par un de ces escaliers extérieurs dont nous avons parlé, sorte d'échelle aux marches criardes qu'une saillie du toit abritait tant bien que mal contre la pluie. De grandes perches, sortant par les lucarnes du grenier, semblaient destinées à soutenir des pièces d'étoffe nouvellement teintes, et des odeurs de drogues, s'exhalant du rez-de-chaussée, annonçaient un atelier de teinture; mais les perches, qui se profilaient sur le ciel lumineux, ne supportaient aucune étoffe, et l'atelier ne semblait pas avoir été ouvert depuis longtemps. En revanche, une faible lumière, apparaissant au premier étage, attestait que là se tenaient les maîtres du logis et de plus qu'ils étaient chez eux en ce moment.

Armand demeura immobile pendant quelques minutes au pied de l'escalier, regardant toutes choses avec attention; sûr enfin de ne pas se tromper, il gravit les degrés de cette porte ferme, en évitant de s'appuyer à la rampe pourrie, gluante, usée par les mains d'un grand nombre de générations.

Au sommet de l'escalier et à l'extrémité d'une galerie de bois qui en formait le prolongement, étaient la fenêtre et la porte par lesquelles filtrait le rayon lumineux. Robertin souleva résolument la clavette de la porte et entra.

Il se trouvait maintenant dans une grande pièce qui semblait tenir lieu de cuisine, de salon et de chambre à coucher. Un vieux lit à ciel, entouré de ses courtines de serge verte, en occupait un angle; un feu de fagot brillait dans la cheminée devant laquelle bouillait une marmite. Une table carrée, d'une forme massive, était dressée au milieu de la pièce, et trois couverts s'alignaient sur la nappe déchirée et tachée de vin. Les assiettes étaient en faïence, les cuillers et fourchettes en étain. Aucun mets ne paraissait encore sur la table, mais on jugeait à trois énormes bouteilles, flanquées d'un microscopique pot à eau, que si la partie solide du souper devait faire défaut, du moins la partie liquide ne manquerait pas. Une lampe de fer-blanc jetait une lueur triste et misérable sur ces apprêts, et pâlissait devant la lumière éclatante du foyer.

Il n'y avait là qu'une personne, un homme de petite taille, pauvrement vêtu, à la figure pâle et malingre, dont nous avons entrevu déjà la silhouette; c'était le vieux Meurier, le père de Jenny. Il passait autrefois pour un ouvrier habile, et son petit établissement de teinturerie avait prospéré tant que sa femme, une maîtresse femme, disait-on, avait été de ce monde. Mais resté veuf avec sa fille, alors en bas âge, il s'était abandonné à la paresse et à l'ivrognerie. Depuis longtemps il ne travaillait plus, sous prétexte que l'ouvrage manquait; il vivait d'expédients plus ou moins avouables, et certainement les salaires de sa fille ne pouvaient lui fournir les moyens de s'enivrer tous les jours comme il le faisait, lors même que Jenny n'eût pas employé à sa toilette la plus grosse part de ses bénéfices.

Quand Armand parut, le père Meurier avait saisi une bouteille sur la table et venait de se verser un grand verre de vin; sans doute il n'était pas sûr que cet acte fût tout à fait innocent, car il tressaillit et s'arrêta dans son opération. Néanmoins, à la vue d'un visiteur qui lui était inconnu, il se rassura et vida son verre.

Armand ne crut pas devoir se confondre en politesses. Il toucha légèrement son chapeau qu'il laissa sur sa tête et demanda sans façon :

— Vous êtes le père Meurier, n'est-ce pas ?

— Oui, monsieur, — répliqua le teinturier d'une voix aigre et flûtée en s'essuyant la bouche avec le revers de sa manche.

Il ajouta presque aussitôt d'un air embarrassé :

— Vous venez sans doute me proposer de l'ouvrage ? Je suis bien occupé pour le moment, et je ne sais si je pourrai m'en charger.

— Je ne viens pas pour cela, — dit Armand en s'asseyant sur une chaise dépaillée ; — je désire voir votre fille.

— Alors vous avez besoin des services de Jenny ?... Eh ! eh ! mon petit monsieur, vous êtes un peu jeune, et je ne lui permettrai pas d'aller en journée chez vous, à moins que vous n'ayez un papa, une maman ou une grande sœur pour tenir la maison... C'est que, voyez-vous, — ajouta-t-il en se redressant et en enflant sa voix, — je ne suis pas de ces pères complaisants qui laissent courir leur fille chez tout le monde ! Le père Meurier est connu... Je n'aime pas les freluquets, et quand il en vient rôder autour de Jenny, hum ! il n'y fait pas bon.

Armand savait peut-être à quoi s'en tenir sur le rigorisme du père Meurier ; mais il se contenta de jeter un regard méprisant à ce vieillard abruti, qu'un souffle semblait pouvoir renverser, et répondit froidement :

— Je désire entretenir mademoiselle Jenny d'une affaire grave ; est-ce qu'elle n'est pas ici ?

— Elle n'est pas encore revenue de sa journée, mais elle va rentrer. M. Bourichon est allé au-devant d'elle pour écarter les mirliflores, vous savez ! Puis il soupera avec nous. Il doit épouser Jenny, et par conséquent c'est à lui de la protéger... Prenez patience : ils ne tarderont guère.

Armand ne se souciait pas de poursuivre la conversation avec cet ignoble personnage ; aussi se détourna-t-il un peu et allongeant les jambes, il parut s'absorber dans ses pensées. Ce n'était pas le compte du père Meurier que la vue de ce jeune homme distingué, aux manières dédaigneuses, intriguait fort. Après l'avoir observé quelques instants du coin de l'œil, il se leva, remplit un verre de vin et l'offrit à Robertin en lui disant avec une politesse gauche :

— En usez-vous, monsieur ?

Armand refusa par un geste d'impatience ; Meurier, sans se formaliser, vida le verre et reprit en le posant sur la table :

— Vous avez tort ; il fait froid et le vin réchauffe... Mais, à propos, mon joli garçon, ne pourriez-vous me dire ce que vous attendez de ma fille ?

— Je vous le dirai devant elle, si elle l'exige ; mais j'aimerais mieux lui parler en particulier.

— En particulier ! Écoutez donc, je ne sais si je dois souffrir cela... C'est donc bien sérieux ce que vous avez à lui communiquer ?

— Oui, très-sérieux.

— En ce cas-là, il faudra bien que Jenny me consulte ; ces jeunesses, ça ne sait rien de rien... Croiriez-vous que cette petite a manqué dernièrement sa fortune ! Elle avait vu, dans une maison, certaines choses et elle savait certaines histoires avec lesquelles on aurait pu mener loin des personnes de *conséquence*. Si elle nous avait écoutés, Bourichon et moi, elle aurait tiré de cette affaire un joli morceau de pain pour ses vieux jours. Mais elle a eu peur,

elle a lanterné et l'affaire s'en ira peut-être à tous les diables... Voilà ce que c'est de vouloir agir à sa tête.

Armand soupçonnait quelle était cette affaire à laquelle on faisait allusion ; mais il ne pouvait prendre sur lui de poursuivre l'entretien avec le vieux Meurier, dont il devinait du reste la nullité et le peu de crédit dans la maison. Ce silence obstiné finit par offenser le père de Jenny.

— Ah çà ! — dit-il, — je m'amuse à jaser là devant vous sans savoir... Pourriez-vous pas me dire qui vous êtes, mon gentil monsieur, si c'était un effet de votre complaisance ?

— Je n'ai aucun motif de cacher mon nom, — répondit Armand.

Et il se nomma. Le teinturier s'inclina respectueusement.

— Monsieur Robertin ! — répéta-t-il, — celui qui est, dit-on, si riche qu'il ne sait pas lui-même le chiffre de sa fortune, et dont le père s'est... Ah ! monsieur, je ne vous empêche pas de voir Jenny, si c'est votre idée... Voudriez-vous pas souper avec nous ? Tiens, que je suis bête ! vous avez un bien meilleur souper chez vous ?... Cependant si vous aimez le petit salé aux pois secs... sans compter qu'on pourrait envoyer chercher deux autres bouteilles de vin... C'est beaucoup d'honneur que vous nous faites, monsieur Robertin, de venir nous voir !... Mais, là, vraiment, et la main sur la conscience, êtes-vous aussi riche qu'on le prétend ?

Le père Meurier croyait avoir poussé la politesse et la cordialité jusqu'à leurs dernières limites ; il avait seulement porté au comble le dégoût de son hôte qui se leva.

— Puisque mademoiselle Jenny ne revient pas, — dit Armand, — je la verrai une autre fois.

— Bah ! Encore un peu de patience !... Elle ne peut tarder ; ou bien, si vous n'avez pas le temps d'attendre, Jenny ira chez vous. Vous pensez bien que ce n'est pas avec *un quelqu'un* de si riche et de si comme il faut que ma fille et moi nous ferons des simagrées... ni Bourichon non plus. Si donc vous voulez désigner le jour et l'heure... Mais, parbleu ! — ajouta-t-il en s'interrompant, — il n'est pas nécessaire de remettre la chose, car les voici.

En effet, on entendit un pas lourd et un autre plus léger monter l'escalier extérieur, en même temps que le frou-frou d'une robe féminine. On monta rapidement, et bientôt Jenny parut, donnant le bras à celui qu'elle appelait son fiancé.

Jenny, à l'occasion de son prochain mariage avec Bourichon, avait une mise plus recherchée que jamais. Elle portait une robe de soie qui recouvrait d'énormes jupons bouffants, un mantelet de taffetas et un bonnet de dentelles par-dessous lequel on apercevait de volumineuses boucles d'oreilles en or. Tout cela ne convenait guère à une simple ouvrière, travaillant huit heures pour gagner vingt sous ; aussi n'avait-on pas besoin d'être grand physionomiste pour suspecter l'origine de cette élégance de mauvais ton.

Le *fiancé*, M. Bourichon, que nous n'avons pas suffisamment fait connaître au lecteur, mérite aussi une mention particulière. Âgé d'environ trente ans, il avait la tournure d'un dandy d'estaminet, avec sa moustache noire, sa redingote courte, son chapeau posé sur l'oreille et sa canne qu'il maniait avec une dextérité surprenante. Comme on l'a dit déjà, il avait été commis-voyageur et se piquait d'une finesse, d'une rouerie en affaires qui contrastait avec ses manières cassantes. Du reste, il était sans place depuis quelques temps, et comme il venait d'hériter quelques milliers de francs, il se donnait les airs d'un capitaliste aux yeux de Meurier et de sa fille, qui lui avaient laissé prendre, et pour cause, une autorité absolue dans la maison. On assurait qu'il contribuait pour une large part aux dépenses du ménage Meurier, et réellement, au train dont allait mademoiselle Jenny, on pouvait conjecturer que l'héritage devait être bien diminué, s'il n'était dévoré déjà.

En entendant venir sa fille et son futur gendre, le petit père Meurier, qui se sentait en faute, s'était empressé de replacer au milieu des autres la bouteille entamée et d'essuyer le verre dont il s'était servi ; toutefois il n'avait pas été assez expéditif, car les survenants le surprirent au milieu de sa besogne. Ils n'aperçurent pas d'abord Armand Robertin, qui demeurait debout et silencieux près de la porte, et ils ne crurent pas avoir besoin de se contraindre.

— Bon ! — dit Jenny en ricanant, — voilà cet ivrogne de papa qui boit encore le vin de notre souper !

— Le vieux coquin n'en fait jamais d'autres ! — s'écria Bourichon furieux. — Ah çà ! vilain beau-père, ce sera donc toujours à recommencer.

Meurier prit un air majestueux qui dissimulait mal une certaine inquiétude.

— Ce n'est pas pour moi que j'ai versé ce vin, — dit-il, — c'est pour monsieur... monsieur que voici. Comme il ne voulait pas boire, j'ai bu à sa place. C'est un homme de marque, et il méritait bien une politesse.

Alors seulement Jenny et Bourichon remarquèrent Armand, qui attendait en silence l'occasion de se présenter. L'ancien commis-voyageur ne le connaissait pas; il fronça le sourcil et porta une main à sa moustache, tandis que l'autre serrait sa grosse canne. Mais à peine Jenny eut-elle envisagé le visiteur qu'elle recula terrifiée, en s'écriant :

— C'est M. Armand, l'ami de M. de la Southière !... Mon père, Bourichon, protégez-moi !... Il vient sans doute m'assassiner parce que... vous savez bien pourquoi.

— Vous assassiner ! — dit Bourichon en riant ; — diable ! faudra voir, ma chère ; faudra voir !

— Oui, oui, faudra voir ! — répéta le père Meurier d'un ton martial qui contrastait avec son apparence débile.

Armand haussa les épaules.

— Ai-je l'air d'un assassin ? — demanda-t-il ; — la conscience de mademoiselle Jenny doit être bien troublée pour lui suggérer de pareilles craintes ! Je voulais seulement, — ajouta-t-il avec calme, — demander à l'ancienne femme de chambre de mademoiselle de La Southière un entretien particulier.

— D'abord, je n'ai jamais été femme de chambre de mademoiselle de La Southière, — répliqua Jenny fièrement ; à Roqueroles, j'étais considérée comme la demoiselle de compagnie de mademoiselle Palmyre... Mais, qu'importe cela ?... Si vous avez quelque chose à me dire, monsieur, vous pouvez parler librement devant mon père et devant Bourichon ; ils sont au courant de l'affaire dont vous avez sans doute à m'entretenir.

— Eh bien ! soit, — dit Armand ; — aussi bien cette affaire sera bientôt publique, si elle ne l'est déjà.

Malgré son assurance affectée, il éprouvait un certain embarras pour aborder un sujet épineux. Après un moment de silence, il reprit :

— Vous avez écrit récemment, mademoiselle, ou fait écrire deux lettres, je devrais dire deux dénonciations anonymes, dont il vous sera certainement demandé compte.

— Qui vous l'a dit ? — demanda Jenny avec inquiétude.

— Monsieur le procureur général que j'ai eu l'honneur de voir ce matin.

L'émotion de Jenny devint plus visible ; l'ancienne camériste regarda d'abord son père, puis Bourichon comme pour leur dire : Ce que j'avais prévu arrive !

Bourichon, au contraire, caressa sa moustache et cligna des yeux d'un air qui signifiait : Courage, ils y viennent ! Puis il ajouta tout haut avec une rondeur apparente :

— Eh bien ! quoi ? Le beau monsieur dont il s'agit nierait-il par hasard qu'il a tué le percepteur Bienassis... n'importe comment la chose s'est passée ?

— Il ne le nie pas, — répliqua Robertin, — car il a tout avoué ce matin devant le magistrat compétent.

— En ce cas, que veut-on de Jenny ? Elle répétera publiquement ce qu'elle a écrit ou laissé écrire, et les choses iront à la garde de Dieu... voilà.

Comme Armand se taisait, Bourichon poursuivit :

— Voyons, monsieur Robertin, vous n'avez pas affaire à des imbéciles... On sait ce que parler veut dire... Qu'avez-vous à nous proposer au nom de la famille La Southière ?

— Je ne viens au nom de personne, — répondit sèchement Armand, — et je ne suis chargé d'aucune proposition.

— Bien, bien, nous connaissons cela. Enfin, vous êtes venu pour quelque chose, que diable ! Pourquoi ne vous expliquez-vous pas ?

— Je voulais seulement, — reprit Robertin en s'enhardissant, — m'adresser au bon cœur de mademoiselle Jenny. Comme elle le reconnaissait elle-même tout à l'heure, elle a été au château de Roqueroles la compagne, presque l'amie de mademoiselle de La Southière, qui lui a donné de nombreuses preuves d'affection. Elle ne voudra pas désespérer sa bienfaitrice par des mensonges, se retourner contre une généreuse famille...

— Bah ! Cet orgueilleux de M. de La Southière m'a déjà dit cela, — interrompit Jenny avec aigreur, — et il a fini par m'injurier de la manière la plus indigne. Aussi, que l'on ne m'en parle plus ; je n'ai pas à ménager ces gens-là, moi ! Qu'ils s'arrangent avec la justice. Est-ce ma faute si le père a fait un mauvais coup, et si sa fille a eu des intrigues avec le percepteur ?

— Misérable créature ! — s'écria Armand furieux en se levant d'un bond ; — c'est vous seule qui avez ourdi ces intrigues...

— Doucement... pas de gros mots ! — interrompit Bourichon en frappant le plancher du bout de sa canne ; — expliquons-nous avec politesse, ou ça va se gâter !... Voyons, monsieur Robertin, vous ne pouvez entendre la vérité avec plaisir, puisque vous devez épouser la petite noble ; mais, en conscience, était-ce Jenny qui écrivait des lettres et donnait des rendez-vous à ce gaillard de percepteur ?

Armand, malgré son parti pris, sentait une sueur froide lui couler du front en entendant ces odieuses accusations lancées contre Palmyre. Ce n'est pas tout à fait impunément que l'on avale du poison, même quand d'avance on a bu l'antidote.

— La jeune personne qu'on ose offenser, — reprit-il, — est une innocente enfant dont le seul tort a été d'écouter de perfides conseils... Je conjure encore mademoiselle Jenny de réfléchir à l'odieux de sa conduite passée ! Elle seule peut disculper une honnête et malheureuse jeune fille compromise par ses imprudences ; si elle consent à le faire et à rendre un éclatant témoignage à la vérité, quand le moment sera venu, je lui promets qu'elle n'aura pas lieu de se repentir et qu'une protection puissante lui sera désormais assurée.

— A la bonne heure ! — dit Bourichon avec un signe approbateur, — voilà enfin quelque chose.

— Oui, — dit le petit père Meurier, — il s'agit peut-être que de s'entendre.

Et il profita de la distraction générale pour boire un nouveau verre de vin sans être vu.

Cependant, Jenny ne paraissait pas d'humeur aussi accommodante que son père et son fiancé. Ses grands sourcils noirs se crispaient, sa lèvre vermeille était frémissante.

— Je comprends, — dit-elle ; — on s'aperçoit maintenant que l'on a fait fausse route, et l'on voudrait m'amadouer par de belles promesses ; mais il est trop tard. Autrefois, j'aurais consenti à me sacrifier par bonté d'âme ; aujourd'hui, je ne vois pas pourquoi je compromettrais ma réputation au profit de la réputation d'une autre... Le père et la fille se sont donné de grands airs avec moi, je veux avoir mon tour !

On devinait dans ces paroles l'amour-propre offensé et

un implacable désir de vengeance qui ne reculerait devant aucun mensonge. Armand en fut terrifié.

— Ainsi donc, — demanda-t-il, — vous n'êtes pas même disposée à reconnaître que vous avez pris la place de mademoiselle de La Southière, lors de l'affreux événement du gué de Chez-Nicot? Vous vous souvenez pourtant que, sous un vêtement de votre maîtresse, vous avez été témoin...

— Je reconnaîtrai ceci ou cela quand je serai interrogée par les juges, — interrompit Jenny avec colère; — néanmoins, je peux vous dire, dès à présent, que je n'ai aucune idée de l'histoire romanesque dont vous parlez.

— Comment! vous seriez assez effrontée pour...

— Pas de gros mots! — répéta Bourichon en frappant de nouveau avec sa canne; — et vous, Jenny, ma chère, montrez-vous raisonnable. M. Robertin, je crois, ne demande pas mieux que de s'arranger avec nous, et si les conditions étaient avantageuses...

— Il est si riche! — murmura le vieux Meurier.

Jenny était devenue tout à fait furieuse; elle pleurait, elle trépignait de rage.

— Je sais bien, Bourichon, — s'écria-t-elle, — que pour de l'argent, mon père et vous, vous feriez bon marché de moi; mais je ne veux pas vous écouter. On m'a chassée, on m'a accablée d'injures, on m'a traînée dans la boue; il faut que je me venge!... Oui, je le jure, je me vengerai! Il faut qu'ils pleurent, qu'ils souffrent, qu'ils soient ruinés, déshonorés... et cela peut-être ne me suffira pas encore!

Le teinturier, et surtout Bourichon, se mirent à lui parler à voix basse; mais elle résistait et poussait des cris perçants. Armand se leva.

— C'est assez, — reprit-il; — je ne m'abaisserai pas davantage devant une fille sans cœur, qui obéit aux plus détestables inspirations de la haine et de l'orgueil blessé. Laissons donc marcher les événements! Dieu, je l'espère, saura faire éclater la vérité.

Et il sortit, sans écouter Bourichon et le père Meurier qui le rappelaient.

A peine eut-il gagné l'espèce d'échelle qui descendait à la rue, que la porte se rouvrit, et Bourichon courut après lui en continuant de l'appeler avec insistance; mais Armand, soit qu'il fût assourdi par les cris de Jenny, soit qu'il ne se souciât pas d'avoir de nouveaux rapports avec ce personnage équivoque, ne songeait pas à s'arrêter. Par malheur, quand il atteignit le pied de l'escalier, il se trouva dans une obscurité complète, et la difficulté de conserver l'équilibre sur un pavé raboteux, plein de crevasses, l'empêchait d'aller bien vite. Aussi, ne tarda-t-il pas à sentir une main lourde se poser sur son épaule, en même temps que Bourichon lui disait avec impatience :

— Morbleu! monsieur Robertin, on ne vous mangera pas! Il n'y a donc pas moyen de vous glisser un mot en particulier dans le pertuis de l'entendement?

Armand fut donc forcé de se retourner.

— Eh bien! que me voulez-vous? — demanda-t-il sèchement.

— Vous vous êtes découragé trop tôt, — dit l'ancien commis-voyageur; — n'écoutez pas cette petite sotte : elle s'est monté la tête pour des niaiseries... Je suis un homme, moi, et j'ai l'expérience des affaires. Je vous promets de ramener Jenny à de meilleurs sentiments. Elle fera tout ce que vous voudrez, quand j'aurai pu avoir avec elle un bout de conversation. Seulement il s'agit d'abord de nous arranger ensemble... Voyons! qu'attendez-vous de mademoiselle Meurier?

— J'attends qu'elle dise la vérité et toute la vérité, quand on l'interrogera en justice, — répondit Armand; — car, j'en suis certain, la vérité est en faveur de mes malheureux amis.

— C'est possible; mais il faut quelquefois aider la mémoire, voyez-vous! Et si la vérité ne se trouvait pas tout à fait à l'avantage de vos amis?

— Je ne peux admettre cela; M. de La Southière est le plus honnête homme que je connaisse, et sa fille est un ange...

— Sans doute, sans doute; mais l'honnête homme a tué le percepteur d'un coup de fusil, et l'ange... Tenez, venons au fait... Que donnerait-on si Jenny, qui a bon dos, consentait à prendre sur son compte toutes les peccadilles féminines de cette vilaine affaire?

— Un marché! — dit Armand avec dégoût, comme avait dit La Southière en pareille circonstance.

Cependant la situation n'était plus la même, et Bourichon le comprit sans doute, car il répondit avec ironie :

— Pardieu! oui, un marché... Que voulez-vous donc? Donnant donnant, c'est clair. Déjà M. de La Southière s'est montré scrupuleux il y a quelques jours, et vous voyez le résultat de sa fierté; s'il eût été raisonnable, il n'y aurait pas eu tant de tapage; on eût laissé François Chérou aller au diable, et tout se fût arrangé pour le mieux. Aujourd'hui, la besogne est plus difficile; aussi sera-ce plus cher... Voyons, monsieur Robertin, vous êtes immensément riche, et vous donneriez bien... dix mille francs, pour que le père et la fille sortissent blancs comme neige de ce procès?

— Dix mille francs! Oh! certes, je ne reculerai pas devant le sacrifice d'une si misérable somme, quand il s'agit des plus chers intérêts de mon cœur.

— Je savais bien!... Peut-être même auriez-vous donné davantage... Enfin, ce qui est dit est dit; va pour dix mille francs... Je me charge de tout arranger.

Bourichon parlait avec une assurance extrême; cependant Armand eut des doutes sur la réalisation de semblables promesses.

— Cette fille est violemment irritée, — reprit-il, — et elle ne me semble pas disposée à faire des aveux sincères. D'ailleurs, comme elle l'a dit tout à l'heure, elle ne peut défendre mademoiselle de La Southière sans s'accuser elle-même. Or, est-il présumable que vous la détermineriez à un pareil effort? Et vous-même, qui, paraît-il, devez l'épouser prochainement, oseriez-vous ainsi l'exposer à la réprobation publique?

— Oh! moi, je suis sans préjugés, — répliqua Bourichon en haussant les épaules, — et Jenny se résignera bien à supporter quelques légers inconvénients... Il faut qu'elle gagne sa dot, que diable! sinon... Tenez, monsieur Robertin, — poursuivit-il avec un sourire bassement rusé, je jouerai cartes sur table et je vous laisserai voir tout mon jeu... Il ne me déplaira pas trop que, dans le grand procès qui va s'entamer, Jenny fasse du bruit, et même un peu de scandale; on parlera d'elle dans toute la France; les journaux publieront son portrait; elle deviendra à la mode... J'agirai alors, et avec un peu d'adresse, Jenny et moi, nous arriverons promptement à la fortune... Cela ne vaut-il pas bien la peine que je passe sur certaines peccadilles galantes? Les jeunes filles sont si étourdies et si sottes!

Armand était révolté de ce cynisme industriel qui s'affirmait avec tant d'audace. Il ne put s'empêcher de dire :

— Voilà un calcul bien... étrange!

— Bah! ne vous occupez pas des moyens que j'emploie et du but que je poursuis, — répliqua l'ancien commis-voyageur, — songeons au principal : Votre affaire à vous est que l'on ne charge pas trop la noble demoiselle en question, et vous consentez à donner dix mille francs si Jenny prend tous les torts sur son compte, n'est-il pas vrai?

— J'ai dit, — répliqua Robertin choqué par cette forme brutale de convention, — que je donnerais volontiers dix mille francs si Jenny Meurier se résignait à des aveux complets et sincères devant la justice.

— C'est bien cela... Alors, vous ne refuseriez pas de prendre un petit engagement par écrit?

— Je n'écrirai rien, je ne signerai rien! — dit Armand avec précipitation, — et si cet engagement était connu de toute autre personne que de vous et de Jenny Meurier, il deviendrait nul de plein droit.

— Ces conditions sont dures; mais je m'explique vos scrupules... Enfin, je me fierai à votre parole. Vous êtes jeune, vous n'avez pas rôti le balai comme certaines gens; non-seulement vous seriez capable de payer *recta*, mais encore d'ajouter quelques chiffons de mille si la besogne était bien faite; aussi ne vous demanderai-je aucune garantie. Après l'affaire, j'irai vous trouver... moi seul, entendez bien... et vous me compterez l'argent. Si vous vous y refusez, vous vous apercevrez qu'il n'est pas facile de faire la barbe à Bourichon, et je vous chanterai une antienne... Mais je vous connais déjà, et il n'y a rien à craindre de pareil de votre côté... Tout est bien entendu, n'est-ce pas?

— Oui, — répondit Armand d'une voix sourde.

— Alors, je suis votre homme... Touchez-là !

Et Bourichon étendit sa large main. Armand se détourna, sans dissimuler son dégoût.

— C'est inutile, — répliqua-t-il.

L'ancien commis-voyageur devina la vérité; mais il ne s'en offensa pas.

— Comme vous voudrez; l'important est que le marché tienne... Tient-il toujours ?

— Oui.

— Il suffit; je vous permets de faire le fier avec moi du haut des millions que vous a laissés votre père. Que voulez-vous? mon père à moi est mort dans son lit et ne m'a laissé qu'un misérable héritage... Enfin, ce n'est pas de cela qu'il s'agit à cette heure. Je remplirai ma promesse, songez à remplir la vôtre; car, voyez-vous bien, si vous osez me chicaner quand le moment sera venu, je vous le jure, vous ne mourrez que de ma main !

Et il retourna vers la maison en faisant le moulinet avec sa canne.

Armand, de son côté, continua son chemin dans l'obscurité.

— Je doute que cet homme, malgré sa confiance apparente, réussisse dans son projet, — murmura-t-il. — N'importe ! j'ai fait ce que j'ai pu de ce côté, au prix de cruelles humiliations... Ah! chère Palmyre, à quelles pénibles démarches m'oblige l'œuvre de votre salut !

XIX

LA PART D'HORTENSE

Par une belle matinée de gelée blanche, une voiture de poste, le postillon en selle et un domestique en livrée sur le siège, entrait avec grand fracas dans la petite ville de B***, où se sont passés les événements principaux de cette histoire. A la vitesse imprimée au véhicule, on pouvait croire qu'il allait brûler l'étape de B*** et poursuivre son chemin après avoir changé de chevaux. Néanmoins, au grand étonnement des curieux et des commères, qui accouraient sur les portes pour le voir passer, il s'arrêta devant l'hôtel de la poste; les chevaux furent renvoyés sans qu'on en demandât de nouveaux, et la voiture fut placée sous la remise; la ville de B*** était donc décidément le terme du voyage.

Lorsque la voiture avait fait halte, au milieu de ce cercle de badauds et d'enfants, spectateurs obligés des arrivées et des départs, le domestique avait sauté à bas de son siège, et était venu ouvrir la portière. Un voyageur enveloppé d'un manteau descendit, et, laissant au valet le soin de pourvoir aux détails ordinaires, se dirigea précipitamment vers l'auberge, dont le maître s'avançait pour le recevoir.

— C'est un milord anglais! — dit un des curieux.

— C'est un prince russe! — affirma un autre.

— Eh! pardieu! c'est M. Armand Robertin! — s'écria l'hôte, qui n'en salua pas moins bas.

C'était Armand, en effet, et cette curiosité indiscrète semblait l'importuner beaucoup. Du reste, elle ne l'importuna pas longtemps. Quand on l'eut reconnu, quand on se fut assuré qu'on n'aurait ni plaid écossais, ni pelisse fourrée de martre à contempler, on s'empressa de battre en retraite. A la vérité, dix minutes plus tard, toute la ville savait que M. Armand Robertin le *riche*, comme on l'appelait, venait d'arriver à B***; mais comme il possédait plusieurs propriétés dans le voisinage, il n'y avait rien là qui dût étonner et donner lieu aux caquets ordinaires des petites villes.

Aussi, quand une demi-heure plus tard, Armand, après avoir déjeuné rapidement et changé ses vêtements de voyage, sortit seul et à pied pour aller à ses affaires, n'eut-il pas à craindre d'être observé par les oisifs. Pour plus de précautions, il avait ramené un pan de son manteau sur son visage, ce que justifiait la rigueur de la saison. Néanmoins il n'avait pas fait vingt pas hors de l'auberge qu'il se trouva face à face avec un vieux paysan qui lui barra le passage.

— Ah! je vous trouve donc, monsieur Robertin ? — dit cet homme en patois, d'un ton à la fois traînard et menaçant; — ce n'est pas dommage? Y a-t-il du bon sens, lorsque l'on est riche comme vous, de laisser le pauvre monde dans l'embarras?... Mais cette fois, je vous tiens. Vous allez venir chez M. de Cursac, le juge de paix... Ah! oui, vous allez y venir; il faut que vous y veniez!

Armand ne s'effraya pas trop de ces menaces et répondit dans la même langue, en souriant :

— Voyons, mon brave homme, qui êtes-vous et que me voulez-vous ?

— Ne me reconnaissez-vous pas? Je suis le père Nicot... Nicot de Chez-Nicot. C'est à moi qu'appartenait Lébérou, le taureau que vous avez fait *ensauver* de mon *coudéra*... Vous avez joliment travaillé! Un taureau qui m'a coûté plus de quarante pistoles !

— Pardieu ! mon cher, — répliqua Robertin toujours souriant, — ne vouliez-vous pas que je me laissasse éventrer par votre taureau de quarante pistoles? Enfin, s'il s'est enfui, on n'a pas tardé à le retrouver, j'imagine ?

— Certainement qu'on l'a retrouvé, mais après trois jours de recherches; et Lébérou avait saccagé le sarrasin de Grand-Sifflet qui a porté plainte, et j'ai été condamné à six francs d'amende... Voyons! il faut être juste, est-ce moi qui dois payer cela? Si mon taureau s'est *ensauvé*, n'est-ce pas vous qui l'avez effrayé, qui l'avez battu? N'est-ce pas vous qui êtes entré dans mon coudéra avec M. de La Southière et la demoiselle? N'est-ce pas votre faute à tous si Lébérou est allé dans le sarrasin de Grand-Sifflet?... Là-bas, au tribunal, où l'on a jugé Chérou, j'ai voulu réclamer mon argent; le monde s'est moqué de moi. Mais je vous tiens et vous payerez pour tous... Vous allez venir chez le juge de paix.

Comprenant enfin de quoi il s'agissait, Armand glissa une pièce d'or dans la main calleuse du paysan. Sans doute c'était là un dédommagement plus que suffisant pour le tort causé, car le père Nicot manifesta une grande joie.

— A la bonne heure, merci, — dit-il, tandis que ses yeux rouges et éraillés clignotaient d'avidité; — vous êtes un riche de la bonne espèce, vous !... Eh bien! quand vous passerez par chez nous, vous pourrez entrer dans mon coudéra, si vous voulez; vous pourrez agacer Lébérou, le battre, si c'est votre fantaisie; vous pourrez...

Armand n'en entendit pas davantage. Ne se souciant pas sans doute de tenter l'expérience proposée, il écarta le bonhomme et s'éloigna. Nicot le poursuivit encore un moment de ses remerciements, de ses bénédictions, de ses protestations, et ce fut seulement quand Robertin eut disparu qu'il put se décider à continuer son chemin.

Armand avait doublé le pas, et il atteignit bientôt la maison habitée jadis par le percepteur Bienassis. Cette maison n'avait pas changé d'aspect, et l'on lisait encore, au-dessus de la porte d'entrée, la petite enseigne portant les trois mots sacramentels : *Bureau des contributions*. Comme il allait franchir le seuil, le jeune homme crut entendre un léger cri au premier étage. Il releva la tête, et vit une fenêtre qui se refermait; mais sans s'inquiéter de cet incident, il entra dans la maison.

L'ASSASSIN DU PERCEPTEUR

Allons! mesdemoiselles, je me retire, car ma présence vous est importune. (Page 77).

Le bureau de la perception était resté dans le même état qu'au temps de feu Bienassis; seulement la table de la salle à manger avait disparu et la porte de la cuisine était condamnée. Évidemment le receveur actuel n'avait là que son cabinet et demeurait étranger au reste du logis. Ce receveur, on ne l'a pas oublié, n'était autre que Cernin, avec sa même physionomie placide, son même air modeste et silencieux, ses mêmes fausses manches de toile noire et sa même plume fichée derrière l'oreille. Toutefois il occupait, de l'autre côté de la grille en fil de fer, la place qu'occupait naguère Bienassis, tandis qu'à son ancienne place, on voyait un jeune commis, dont la mine passablement égrillarde contrastait avec l'air grave et posé du patron.

A l'arrivée d'Armand, plusieurs contribuables se trouvaient dans le bureau; Cernin et son acolyte ne regardèrent pas le nouveau venu, absorbés qu'ils étaient par leur griffonnage administratif. Armand, de son côté, ne fit pas plus de bruit que s'il eût été un pauvre diable venant acquitter des douzièmes échus depuis trop longtemps, et il s'assit sur un banc disposé contre la muraille. Ce fut seulement quand les contribuables furent sortis que Cernin l'aperçut, et, malgré son flegme habituel, l'employé se leva d'un air empressé.

— Monsieur Robertin! — dit-il avec surprise. — Monsieur, est-ce que vous venez pour affaires de la perception?

— Non, non, monsieur Cernin, — répondit Armand, en

se levant à son tour; — j'ai voulu seulement vous dire bonjour, avant de monter chez les demoiselles Bienassis... Elles demeurent toujours dans la maison, sans doute?

— Oui, monsieur; elles ont loué un appartement et un magasin dans la ville, mais elles ne les occuperont qu'à la fin du mois. Je suis heureux et fier... mais entrez, monsieur, — poursuivit-il en ouvrant la porte établie dans le grillage, — ne restez pas avec le public...

« Monsieur Gaillardet, — ajouta-t-il en s'adressant au commis, — il est l'heure du déjeuner; vous pouvez partir. »

Gaillardet ne se fit pas répéter cette permission, et, après avoir jeté un coup d'œil curieux sur le visiteur, il se hâta de décamper.

Armand et Cernin, demeurés seuls, paraissaient assez embarrassés de poursuivre la conversation. Ils se connaissaient peu, quoiqu'ils se fussent parfois rencontrés dans quelques maisons hospitalières de la ville; il y avait trop loin du modeste employé au plus opulent propriétaire du pays pour qu'ils se fussent recherchés mutuellement. Cependant Armand reprit bientôt avec une politesse amicale :

— Vous pouvez sans doute, monsieur Cernin, me donner des nouvelles de vos intéressantes voisines, les demoiselles Bienassis? Vous les voyez fréquemment, j'imagine?

— Fort rarement, au contraire; ces demoiselles vivent très-retirées, ne reçoivent personne. C'est à peine si je les aperçois par hasard, quand elles se rendent au marché ou à l'église.

— Vous ne pouvez donc m'apprendre si elles commencent à reprendre courage et à se remettre de leurs terribles secousses?

— Je doute qu'elles s'en remettent jamais, monsieur; elles sont toujours bien tristes, bien abattues. Quelquefois encore, quand je suis à travailler, j'entends tout à coup des cris et des sanglots à l'étage au-dessus, et cela me navre... Dans ces moments-là, ces pauvres demoiselles se rappellent sans doute quelque circonstance relative à leur frère, ou bien elles retrouvent quelque objet lui ayant appartenu, et ce sont des lamentations, des éclats de douleur!... Plus d'une fois, en pareil cas, je suis monté jusqu'à la porte de leur chambre pour leur offrir des consolations, mais je n'ai pas osé entrer, et je me suis contenté de pleurer, comme elles, sans qu'elles le sachent.

— Vos positions réciproques, monsieur Cernin, auraient dû peut-être produire plus d'intimité entre vous et les demoiselles Bienassis. Vous avez été l'ami, et vous êtes aujourd'hui le successeur de leur frère...

— Je n'ai jamais été l'ami de M. Bienassis, quoiqu'il m'ait traité avec douceur et considération; mais les âges étaient différents, et puis, une intimité trop étroite semble impossible entre le supérieur et le subordonné... Quant à devenir le successeur de mon ancien patron, je ne peux l'espérer, bien que je remplisse provisoirement ses fonctions; sans doute, il me faudra bientôt redescendre à l'humble emploi que j'occupais de son temps.

— Vraiment, monsieur Cernin, — reprit Armand en se rapprochant de lui, — je suppose que l'inspecteur des finances vous avait dit à quelles conditions vous pouviez obtenir d'une manière définitive la perception de B***?

— Quoi! monsieur, — demanda Cernin avec étonnement, — vous savez...

Armand fit un signe affirmatif.

— En effet, — reprit Cernin, — on prétend que vous vous êtes intéressé au sort de ces pauvres demoiselles, et c'est là une bonne action. Les faveurs accordées à mademoiselle Marion par le gouvernement assurent à cette excellente personne un avenir tranquille. Quant à mademoiselle Hortense, on lui fait des propositions si étranges...

Il rougit et détourna la tête.

— Voyons, monsieur Cernin, — reprit Armand en souriant, — ces propositions vous semblent-elles donc absurdes à vous? L'administration des finances a voulu donner aussi à mademoiselle Hortense une preuve de sa protection et de sa sympathie. Pour cela, supposant que vous avez su gagner l'estime et l'affection de la jeune sœur du défunt, elle propose de vous nommer percepteur à B***, à la condition qu'un mariage serait possible entre mademoiselle Hortense et vous. Ce projet vous paraît-il si mal combiné?

— Ah! monsieur, si ma volonté suffisait seule pour le réaliser... Mais quels titres aurais-je à l'affection de mademoiselle Hortense? Je ne suis plus jeune, je ne possède aucun des avantages qui doivent lui plaire. Elle m'a toujours témoigné, j'en conviens, beaucoup de politesse et d'égards; mais comment aurais-je l'audace d'aspirer à sa main?

— Enfin vous l'aimez, vous, monsieur Cernin; tout le monde l'affirme, et c'est ce bruit qui, parvenu aux oreilles de vos supérieurs, a déterminé la décision prise récemment à votre sujet.

Cernin resta un moment sans répondre.

— Eh bien! quand cela serait? — murmura-t-il; — elle ne m'aime pas, elle.

Et il porta la main à ses yeux pour essuyer une larme.

— Qu'en savez-vous? — dit Armand; — l'avez-vous questionnée à cet égard?

— Moi, monsieur, y pensez-vous? Non, non, le respect m'a toujours fermé la bouche.

— Quoi! ne lui avez-vous pas encore communiqué la proposition que vous a transmise l'inspecteur des finances?

— Pas encore, monsieur; je ne m'en sens pas le courage. Elle n'aurait qu'à s'offenser de ma hardiesse!

— Parbleu, mon cher Cernin, vous êtes un singulier amoureux! Et que répondrez-vous à vos supérieurs?

— Que l'on met à ma nomination de percepteur à B*** une condition impossible, et je redeviendrai simple commis.

— Mais, encore une fois, comment savez-vous si cette condition est impossible à remplir, quand vous n'osez pas même la faire connaître à la personne dont dépend l'exécution?... Voyons, Cernin, puisque vous êtes si timide, me chargez-vous d'apprendre la vérité à mademoiselle Hortense? Je vais la voir à l'instant pour... pour une autre affaire, et je lui ferai cette proposition ne sera-t-elle pas rejetée aussi loin que vous le craignez... Est-ce entendu? M'autorisez-vous à tout lui dire?

Le pauvre Cernin fut pris d'une grande frayeur.

— Un moment, monsieur, un moment, je vous en conjure! — s'écria-t-il; — et si mademoiselle Hortense allait me repousser avec colère, avec mépris?

— Pourquoi de la colère? Pourquoi du mépris? La proposition n'émane même pas de vous, et nulle personne raisonnable ne pourrait vous en rendre responsable... Allons! mon cher monsieur Cernin, ceci est de l'enfantillage; il est temps de sortir de cette position ambiguë et ridicule... Je vais parler à ces demoiselles... Sans doute, elles sont chez elles en ce moment.

Cernin eut à peine la force de répondre d'une manière affirmative, et il voulait encore retenir Armand; celui-ci se dégagea en souriant et se dirigea vers l'escalier.

— Du moins, — balbutia le pauvre commis, — ne dites pas que vous m'avez vu, et... ayez la charité de me faire connaître, avant de quitter la maison, le résultat de votre démarche.

Armand lui adressa un geste encourageant et monta au premier étage.

Il ne connaissait pas les êtres de la maison, et lorsqu'il eut atteint le palier, où l'on voyait plusieurs portes, il ne sut à laquelle frapper. Un léger bruit qui se faisait entendre derrière une d'elles ayant attiré son attention, il la toucha discrètement; aussitôt elle s'ouvrit et Armand se trouva en présence d'Hortense et de Marion Bienassis.

Peut-être Armand était-il attendu, car un ordre parfait régnait dans l'appartement, et quoique les deux sœurs fussent toujours en grand deuil, il y avait plus de recherche dans leurs ajustements, que Marion, pour sa part, n'avait l'habitude d'en mettre chez elle. Hortense, après avoir adressé au visiteur sa plus gracieuse révérence, lui dit en rougissant :

— C'est bien aimable à vous, monsieur Robertin, d'être monté jusqu'ici. Nous vous avions aperçu de la fenêtre, et, vous sachant dans la maison, nous souhaitions votre visite, sans oser l'espérer... Cependant, vous avez été si bon pour nous! Vous nous avez prêté dans notre malheur un si généreux appui!

Les deux pauvres filles s'attendrirent à ce souvenir, et Armand leur offrit les consolations d'usage; mais bientôt Hortense l'interrompit en s'essuyant les yeux.

— Pardonnez-nous, monsieur Robertin; vous savez qu'on n'est pas maître... Tenez, parlons plutôt de cette excellente famille de La Southière; comment se trouve le malade en ce moment? La fièvre l'a-t-elle décidément quitté ?

Ces questions, dans la bouche d'Hortense, causèrent à Robertin une grande perplexité.

— Il va mieux, beaucoup mieux, — répliqua-t-il.

— Dieu soit loué! — dit la bonne Marion; imaginez-vous, monsieur Armand, que de vilaines gens nous avaient écrit une lettre sans signature, pour accuser M. de La Southière d'une action épouvantable. Si l'on peut inventer de pareilles horreurs!... Aussi ma sœur et moi, pour prouver que nous n'en croyions pas un mot, avions-nous eu l'idée d'aller soigner le malade, de passer des nuits auprès de lui... Oui, nous l'aurions soigné, et de grand cœur encore, si l'on eût voulu accepter nos services!

L'embarras d'Armand redoublait, il répondit, les yeux baissés :

— Je vous parlerai tout à l'heure de ce malheureux La Southière, et je vous apprendrai des choses qui ne peuvent manquer de vous émouvoir profondément... Mais avant tout je désire m'acquitter d'une commission qui concerne M. Cernin.

— Mon Dieu! monsieur, qu'avez-vous à nous dire au sujet de Cernin? — demanda Hortense.

Robertin, sur ce chapitre, n'était pas gêné comme sur l'autre, et il dit presque en souriant :

— Voyons, mademoiselle Hortense, n'avez-vous pas soupçonné quelle sorte de condition on pouvait mettre à la nomination définitive de Cernin comme percepteur à B*** ?

— Pas le moins du monde, monsieur, — répondit Hortense avec candeur.

— Eh bien, daignez m'écouter : l'administration, déjà si bienveillante pour votre sœur aînée, a songé aussi à vous donner une preuve d'intérêt; mais comment faire? On ne pouvait pas les femmes à une recette particulière ou à une inspection des finances. On a donc imaginé une combinaison à laquelle il ne manque plus que votre consentement pour réussir... Vous ne pouvez ignorer, mademoiselle, que depuis longtemps ce pauvre Cernin se meurt d'amour pour vous?

— Je... je l'ignore, — répondit Hortense en rougissant.

— Cependant tout le monde à B*** connaît cette passion et l'administration des finances elle-même en a été instruite par la voix publique. L'important est de savoir si vous, mademoiselle, vous auriez de l'éloignement pour Cernin?

— De l'éloignement! Pourquoi aurais-je de l'éloignement pour lui? C'est un honnête homme, de manières douces, plein de cœur... Mais de grâce, monsieur, où tendent ces demandes singulières?

— Tout simplement à ceci, mademoiselle : Cernin sera nommé percepteur définitif à la résidence de B*** quand vous aurez consenti à lui accorder votre main. Voilà le secret que ce pauvre garçon connaît depuis un peu de temps déjà, et qu'il n'a pas osé vous communiquer; mais il m'a permis tout à l'heure de le porter à votre connaissance, en vous suppliant de le prendre en bonne part.

Hortense regardait fixement son interlocuteur.

— Et vous, monsieur Robertin, — demanda-t-elle, — me conseilleriez-vous d'accepter le... le parti qu'on me propose?

— Pourquoi non, mademoiselle? — répondit Armand avec bonhomie; — de votre propre aveu Cernin est honnête, plein de franchise et de douceur, que pouvez-vous exiger de plus? A vrai dire je ne suis pas tout à fait étranger au projet dont il s'agit; c'est moi qui en ait donné l'idée au préfet et au receveur général, car, toutes informations prises, il vous offre les plus sérieuses garanties de bonheur... Du reste, mademoiselle, — poursuivit-il en remarquant les nuages sombres accumulés sur le front de la jeune fille, — vous n'avez pas besoin de vous presser de faire connaître votre décision. Prenez le temps de réfléchir, vous êtes meilleur juge que personne...

— Mille grâces, monsieur, — répliqua Hortense avec ironie; — je dois en effet être bien reconnaissante de la permission que l'on m'accorde.

Mais elle ne put continuer sur ce ton et éclata en sanglots, à la profonde stupéfaction d'Armand. Marion voulut la prendre dans ses bras, en lui adressant quelques mots à voix basse; elle se débattit et s'écria d'un air égaré :

— Laisse-moi, ma sœur, laisse-moi... Suis-je assez malheureuse, assez humiliée! Ah! quand notre père vivait et quand nous rencontrions partout respect, complaisance et flatterie, pouvions-nous prévoir que l'une de nous tomberait si bas?... Comprends-tu, Marion, ce que l'on attend de moi?... On s'est dit que j'étais une de ces pauvres filles sans dot, comme il s'en trouve tant aujourd'hui, qui se dessèchent dans l'attente d'un épouseur. On a pensé qu'il y aurait charité à me pourvoir; des âmes compatissantes ont inspiré à certains hommes puissants ce moyen de réparer, en ce qui me regarde, la perte douloureuse que nous avons faite. J'épouserai l'ancien employé de mon frère, et la perception de B*** sera ma dot... Quelle joie, quel triomphe pour la plus jeune fille du brave colonel Bienassis! Elle aura donc enfin un mari! Tout le monde a mis la main à cette œuvre de bienfaisance... même monsieur Armand Robertin, qui paraît si heureux de me l'annoncer!

Les larmes et les sanglots lui coupèrent la parole encore une fois.

— Voyons, Hortense, — disait Marion doucement, — pourquoi envisager les choses sous leur mauvais côté? L'intention de ceux qui ont conçu ce plan était bonne, et tu es maîtresse de repousser leur offre si elle ne te plaît pas... D'ailleurs, pourquoi t'en prendre à monsieur Armand, de qui nous avons reçu tant de preuves d'affection?

— Eh! ne vient-il pas d'avouer, — reprit Hortense au comble de l'égarement, — qu'il avait eu le premier l'idée de ce projet, qu'il l'avait proposé lui-même au préfet, au receveur général?... Ah! ma sœur, lui... lui... lui!

Et elle tomba sur un siège, en se cachant le visage dans ses mains. Marion recommença à lui parler à voix basse, pendant qu'Armand s'éloignait de quelques pas, fort embarrassé de sa contenance. Hortense se calma peu à peu; enfin elle écarta sa sœur et reprit avec effort en s'adressant à Robertin :

— Plus tard, je ferai connaître ma décision à qui de droit; mais si je ne me trompe, monsieur Robertin a quelque chose encore à nous apprendre?

Le pauvre Armand paraissait de plus en plus consterné. Il sentait qu'il venait de commettre une faute grave, quoiqu'il ne pût comprendre quelle était la nature de cette faute. Il répondit d'un ton découragé :

— Il est vrai, mademoiselle, j'ai autre chose à vous apprendre, mais je ne sais si j'oserai le faire. Vous avez mal accueilli des communications que je supposais devoir vous être agréables, en accueillerez-vous d'autres qui, j'en suis sûr, vont soulever dans votre âme et dans celle de votre sœur des tempêtes de douleur, de haine et de colère ?... Cependant un devoir sacré l'ordonne, et il me faut, à tous risques, accomplir ma tâche auprès de vous.

Hortense devint attentive et l'engagea du geste à reprendre sa place. Armand poursuivit après une courte pause :

— Vous avez parlé, mademoiselle, d'une lettre anonyme adressée récemment à votre sœur et à vous, et que vous avez brûlée dans un mouvement de généreuse indignation en ma présence ; vous souvenez-vous encore du contenu de cette lettre ?

— Ce contenu, monsieur, était de nature à ne pas être oublié si vite.

— Je le crois bien ! — s'écria étourdiment Marion, — on avait l'infamie de prétendre...

Un regard de sa sœur ne lui permit pas d'achever.

— Que prétendait-on, mademoiselle Marion ? — reprit Armand avec hardiesse. — Tenez, je vais vous aider... Ne vous disait-on pas dans cet écrit que le véritable auteur du meurtre de votre frère n'était pas François Chérou ?

— C'est vrai.

— N'affirmait-on pas que le coupable était... M. de La Southière de Roqueroles ?

— C'est vrai ; comment savez-vous ?

— Mais notre conduite, — interrompit Hortense, — a prouvé que nous n'ajoutions aucune foi à ces calomnies.

— Et si ces calomnies se trouvaient être des réalités ? — dit Armand d'une voix sourde. — Mesdemoiselles, il importe que vous sachiez dès à présent ce qui sera bientôt public. Le correspondant anonyme, si odieuses du reste que fussent ses intentions, avait dit vrai en ceci ; M. de La Southière s'est formellement reconnu auteur de ce meurtre devant la justice.

Les demoiselles Bienassis demeurèrent comme pétrifiées en écoutant cette révélation.

— Seigneur Dieu ! — s'écria enfin Marion, — qui aurait jamais supposé de pareilles abominations ?

— Mais c'est impossible, cela ! — dit Hortense d'un air de défiance ; — le crime de François Chérou n'a-t-il pas été prouvé devant la cour d'assises ? Comment M. de La Southière, un homme du monde, un homme riche et de noble naissance, aurait-il été capable, dans un but de lucre et de cupidité...

— Eh ! savez-vous si la cupidité a été le mobile de ce funeste attentat ? Savez-vous si votre frère lui-même ne s'est pas attiré, par ses imprudences et ses provocations, le coup malheureux sous lequel il a succombé ? Il est impossible, mesdemoiselles, que vous ne connaissiez pas, du moins en partie, les fâcheux scandales dont le défunt percepteur a donné l'exemple dans le voisinage. Vous ne pouvez ignorer que son étourderie, et surtout sa galanterie audacieuse, lui avaient fait de nombreux ennemis ; il a troublé le repos de plus d'une famille, et si l'on en croyait le bruit public, plus d'un mari, d'un père ou d'un frère aurait été souvent sur le point de venger son injure par une catastrophe semblable à celle dont Théodore Bienassis a été victime.

En même temps, il exposa brièvement les faits déjà connus du lecteur.

Les deux sœurs, comme on peut le croire, ne perdirent pas un mot de ce récit, qui était souvent interrompu par leurs larmes. Quand il fut terminé, elles ne parurent plus songer à Armand et échangèrent quelques mots à demi-voix.

— Ah ! Hortense, — disait Marion toujours sanglotant, — combien de fois n'ai-je pas prévenu notre pauvre Théodore de prendre garde à lui ? Il tombait amoureux de toutes les femmes... Cher et malheureux frère ! J'ai eu souvent le pressentiment qu'il finirait ainsi !

— Il avait le cœur trop tendre, Marion ; et s'il eût reporté sur une seule femme la tendresse qu'il gaspillait pour des créatures indignes de lui...

— Qu'importe tout cela maintenant ? Que notre frère ait été tué par un voleur de grands chemins ou par un gentilhomme dont il avait offensé la fille, n'en est-il pas moins mort ?... Et pourtant ce M. de La Southière va expier, j'y compte bien, son effroyable crime !

— Je m'explique maintenant son trouble, — reprit Hortense, — quand nous allâmes à Roqueroles le remercier de la prétendue protection qu'il nous avait accordée. Te souviens-tu de sa pâleur, de ses angoisses tandis qu'il nous parlait, de l'espèce de colère fiévreuse avec laquelle il nous repoussa ?

— Et nous qui avons pu l'aimer et bénir un moment l'assassin de notre frère !

— Que Dieu le punisse... lui et les siens ! — dit Hortense.

— Oh ! ne maudissez pas, mesdemoiselles, — reprit Armand avec chaleur ; — vous n'oseriez pas maudire si vous saviez par quels poignants remords, par quelles tortures cet acte fatal a été expié déjà !

— Sans doute, M. Armand Robertin a été le confident de ces remords et de ces souffrances ! — reprit Hortense avec ironie ; — en effet, je crois deviner maintenant quelle espèce d'intérêt il prend à la famille La Southière. Mais, allons ! — poursuivit-elle brusquement, — quel a été votre but, monsieur, en venant nous apprendre ces terribles choses ? Parlez avec franchise ; qu'attendez-vous de nous ? de quelle commission êtes-vous chargé par... vos amis de là-bas ? Espérez-vous que nous pourrons les soustraire à l'action de la loi ? Cela, si je ne me trompe, n'est pas en notre pouvoir.

— Je ne demande que justice, mesdemoiselles, — répondit Armand d'une voix douce et ferme à la fois ; — je demande que vous ne vous laissiez pas aveugler par la douleur et que vous ne cherchiez pas à exercer une impitoyable vengeance sur des personnes bien à plaindre... Dans le nouveau procès qui s'engage, la vérité tout entière sera connue ; quelle que soit votre affection pour votre frère, n'oubliez pas ses torts... Les malheurs dont son intervendence a été la première cause sont immenses déjà ; pourquoi voudriez-vous les étendre et les aggraver encore ?

Hortense restait immobile et roide, le sourcil froncé, l'œil sec.

— Enfin, — dit-elle, — vous venez solliciter notre indulgence en faveur du coupable, et il n'est pas difficile de deviner à quelle inspiration vous obéissez... Cependant, veuillez préciser davantage la nature du service que vous attendez de nous.

— Eh bien ! mesdemoiselles, la loi vous accorde la faculté d'intervenir dans le procès, soit pour réclamer la condamnation de l'accusé, soit pour obtenir un dédommagement au tort matériel que vous avez souffert. Or, je n'ai pas besoin de vous expliquer combien une intervention de votre part serait fatale au coupable et combien elle rendrait sa position périlleuse.

— Rassurez-vous sur ce point, monsieur, — répondit Hortense avec la même dureté ; — ma sœur et moi, nous n'avons pas l'intention d'intervenir, comme vous paraissez le craindre. Nous ne l'avons pas fait quand il s'agissait d'un misérable paysan ; pourquoi le ferions-nous quand il s'agit d'un homme du monde ? Que la justice ait son cours ; quant à nous, nous rougirions de réclamer le prix du sang de notre bien-aimé frère... N'est-il pas vrai, Marion ?

— Oui, certes, — répondit Marion avec un geste d'horreur.

Armand s'inclina.

— Je n'attendais pas moins, — reprit-il, — de vos sentiments généreux et délicats ; mais ce n'est pas tout encore : vous devez avoir maintenant une idée précise de la position vraiment terrible où se trouvent mon ami et une personne qui le touche de près. Or, ne pourrait-il exister, dans les papiers de votre frère, quelque pièce d'importance réelle pour établir la vérité, et à défaut de pièces écrites, n'auriez-vous pas connaissance de certaines circonstances de nature à atténuer les torts du coupable ?... Ah ! mesdemoiselles, — poursuivit Armand avec émotion, — je vous demande là, je le sais, un acte presque héroïque; mais, en dépit de votre douleur légitime, j'ai toute confiance dans la bonté de votre cœur... Et puis, la faveur que je sollicite, je ne la sollicite pas au nom de l'auteur de vos maux, mais au nom d'une pauvre jeune fille à qui je vous ai vue récemment, mademoiselle Hortense, donner des témoignages d'affection. Elle subira le contre-coup de la redoutable accusation qui pèse sur son père, et vous aurez pitié, j'en suis sûr, de ses terreurs et de sa détresse.

Armand, en parlant ainsi, avait les yeux pleins de larmes; mais, chose étrange! son attendrissement et sa touchante adjuration en faveur de Palmyre ne firent qu'augmenter la malveillance évidente d'Hortense Bienassis. Elle répondit avec son ironie mordante :

— Mademoiselle Palmyre a trouvé dans M. Robertin un éloquent défenseur, et sans doute, quoi qu'il arrive plus tard, elle n'aura pas besoin qu'on lui cherche, comme à moi, un mari *administratif*, un mari *par autorité supérieure*... Malheureusement, monsieur, — poursuivit-elle d'un ton différent, — nous ne pouvons satisfaire votre désir. Par un sentiment de pieux respect que vous comprendrez, ma sœur et moi nous avons brûlé, sans même y jeter un coup d'œil, toute la correspondance intime de Théodore. Quant aux confidences qu'il aurait pu nous faire, vous n'avez pas réfléchi, j'imagine, à votre supposition; nous ne sommes ni de sexe ni d'âge à recevoir les confidences d'un jeune homme tel qu'était notre frère. Aussi n'avons-nous aucune connaissance de ses secrets, et nous ne les lui avons jamais demandés.

Marion confirma cette réponse par un nouveau signe de tête. Armand se leva.

— Allons! mesdemoiselles, — reprit-il en soupirant, je me retire, car ma présence, je le vois, vous est importune, tant par la nature du sujet dont j'ai dû vous entretenir que par une cause personnelle inconnue de moi... Cependant, je vous en conjure, quand le premier moment de cette indignation bien naturelle sera passé, ne prenez conseil que de vos sentiments chrétiens, de la noblesse de votre âme... adieu donc; quel que soit le résultat de ma démarche, personne ne saurait m'inspirer plus d'estime et de respect que les demoiselles Bienassis.

Il salua profondément et se dirigea vers la porte. Hortense lui rendit son salut d'un air hautain, mais sans bouger de place. Marion parut honteuse de l'impolitesse de sa sœur et accompagna le visiteur jusque sur le palier; là, elle lui dit à voix basse :

— Je ne sais ce qu'elle a ; *elle* n'est pas dans son assiette ordinaire. Je *lui* parlerai, je *lui* ferai entendre raison, et s'il est possible...

— Marion! — appela Hortense de la pièce voisine.

Marion adressa encore un signe encourageant à Robertin et se hâta de rentrer.

Armand descendit l'escalier précipitamment; il allait quitter la maison sans songer à Cernin, quand le commis apparut sur le seuil du bureau et demanda d'une voix étranglée par l'émotion :

— Eh bien! monsieur Robertin, qu'avez-vous à m'apprendre?

— Mademoiselle Hortense vous le dira elle-même, — répondit Armand.

Et il passa, laissant le pauvre Cernin dans un état d'anxiété inexprimable.

XX

LE JUGEMENT

Une partie de l'hiver s'était écoulée et on ne parloit plus, non-seulement à Limoges, mais encore dans les départements voisins, que de la cause célèbre qui allait venir devant la cour d'assises de cette ville, à la session prochaine. Cette circonstance extraordinaire, que le nouvel accusé était précisément le chef du jury qui avait condamné Chérou innocent, excitait l'intérêt général; et d'autre part le rang de cet accusé, la célébrité qui s'attachait à son nom sur tous les hippodromes français, ses relations avec une foule de personnages influents dans la province, donnaient à cette affaire un caractère et une importance exceptionnels.

Le procès s'était instruit dans le plus grand secret. La presse locale avait bien publié à ce sujet quelques notes pleines de réserve et les journaux de Paris s'étaient hâtés de les reproduire; mais ces notes contenaient seulement de vagues généralités. La Southière n'était désigné que par des initiales ; le rédacteur présentait le meurtre de Bienassis comme un malheur, comme le résultat d'un accident, et non comme un crime dont le châtiment pouvait importer à la société. Ainsi l'opinion publique était préparée en faveur de l'accusé, et elle semblait devoir accueillir avec sympathie toutes les allégations qui pouvaient se produire pour sa justification.

Les magistrats, de leur côté, n'avaient rien négligé pour porter la lumière sur tous les points de la cause. M. de Germiny, le procureur général, s'était chargé lui-même de surveiller l'instruction, et il y avait employé tout son zèle en même temps que toute son expérience judiciaire. On avait entendu un grand nombre de témoins ; Jenny Meurier notamment avait comparu plusieurs fois devant le juge instructeur. M. de La Southière étant trop malade pour être transporté, le juge, assisté d'un greffier, s'était rendu en personne à son hôtel pour l'interroger selon les formes légales. On assurait aussi que M. de Cursac avait été chargé de recevoir à B*** les déclarations des demoiselles Bienassis. Quoi qu'il en fût, rien de positif, comme nous venons de le dire, n'avait transpiré sur l'état de la cause, en dépit de cette impression vague, si favorable à l'accusé, qui était due sans doute à quelque secrète influence.

M. de La Southière, à partir du moment où il s'était dénoncé lui-même à l'autorité judiciaire, avait été de mieux en mieux ; cependant, comme les médecins s'opposaient toujours à un déplacement qui pouvait causer une rechute, Palmyre avait eu la douleur de voir deux agents de police venir s'installer dans son salon et garder nuit et jour la porte de la chambre de son père. Ces agents toutefois remplissaient leur office avec beaucoup de réserve et de discrétion, obéissant sans doute en ceci aux instructions particulières qu'ils avaient reçues. Le malade étant encore alité, ils ne croyaient pas avoir à redouter une tentative d'évasion, quand, un beau matin, La Southière disparut de l'hôtel sa fille. Les uns assuraient qu'il avait passé à l'étranger; d'autres prétendaient qu'il était caché dans la campagne environnante ou même dans la ville. Toujours est-il que la justice, après avoir ordonné des recherches qui demeurèrent inutiles, n'eut pas l'air de s'inquiéter beaucoup de cette disparition. L'instruction se poursuivait; l'affaire était portée au rôle des assises prochaines; enfin l'on agissait comme si l'on était sûr d'avance que le personnage principal du procès ne ferait pas défaut au moment décisif. Du reste, la cour de cassation avait mis une lenteur calculée à statuer sur le pourvoi de François Chérou, et attendait que la sentence qui allait intervenir eût été prononcée.

Les prévisions des magistrats au sujet de l'accusé se trouvèrent réalisées par l'événement. L'avant-veille du jour fixé pour l'ouverture des débats, une voiture de poste s'arrêta, vers le soir, devant la maison de justice; M. de La Southière en descendit, accompagné d'Armand Robertin; il venait se constituer prisonnier, tandis que, d'un autre côté, Palmyre rentrait au couvent dont elle n'était sortie que pour soigner son père alité.

Le grand jour arriva enfin. Depuis un mois le président de la cour d'assises et le procureur général étaient assaillis de demandes pour obtenir à l'audience des places réservées. Aussi se fera-t-on aisément une idée de l'affluence des curieux. Cette fois ce n'étaient pas les classes inférieures de la société qui montraient le plus de curiosité; les gens du monde se trouvaient en majorité dans la salle. Derrière les fauteuils des conseillers, on avait disposé des sièges pour quelqu'uns des hauts fonctionnaires du département. Tous les éleveurs de chevaux, grands propriétaires pour la plupart, avaient voulu assister au jugement de leur confrère. Des femmes élégantes froissaient leurs fraîches toilettes dans l'enceinte trop étroite. Le prétoire, les tribunes et même une partie de l'espace destiné au public étaient envahis par cette assemblée privilégiée. Enfin l'opinion semblait aussi devoir tenir là ses assises, à peine moins importantes, pour un homme du monde, que celles de la magistrature.

Avant l'entrée de la cour et du jury, M. de La Southière, sous la garde de plusieurs gendarmes et d'un sous-officier de gendarmerie, parut au banc des accusés. Il était entièrement vêtu de noir ; il évitait également dans son attitude une assurance excessive et une humilité dégradante. Quand il entra, bien des regards amicaux se tournèrent vers lui, bien des têtes semblèrent vouloir le saluer ; mais il ne regarda pas dans la salle, de peur peut-être d'avoir à constater de douloureuses défections, et se penchant en avant, il dit quelques mots à son avocat, qui était assis à côté d'Armand. Celui-ci, un portefeuille sur ses genoux, paraissait se disposer à prendre des notes ; en réalité, il était chargé d'écrire, de quart d'heure en quart d'heure, des bulletins d'audience, qui devaient être portés, par des domestiques affidés, à l'endroit où la pauvre Palmyre attendait avec anxiété le résultat du procès.

Bientôt M. de La Southière se redressa, mais il n'en fut pas plus empressé à passer en revue les nombreuses personnes de sa connaissance qui remplissaient les tribunes et le prétoire. Au moment où les jurés prenaient leurs places, selon l'ordre du tirage, une voix rude dit tout bas à côté de lui :

— Ah ! monsieur... monsieur de La Southière... comment vous portez-vous ?

L'accusé se retourna brusquement ; dans le sous-officier de gendarmerie, chargé pour la forme de le garder, il reconnut l'ancien maréchal des logis de B***, qui avait opéré l'arrestation de François Chérou et qui venait de passer à la résidence de Limoges. La Southière le salua d'un signe de tête et voulut reprendre sa première attitude ; le maréchal des logis poursuivit toujours très-bas :

— Ah çà, j'espère bien que vous allez rembarrer ces messieurs, et de la bonne façon ! Accuser un homme comme vous d'un crime pareil ! Et moi qui ai arrêté *l'autre*, j'aurais donc fait une *boulette* du premier numéro ? Je serais donc un âne renforcé ! Heureusement, vous allez leur prouver sans peine que vous n'avez pas tué le percepteur !

Malgré la gravité des circonstances, La Southière ne put retenir un faible sourire.

— Il ne dépend pas de moi, — répondit-il, — que le fait ne soit constant.

— Constant ! constant ! — répéta le maréchal des logis ; — je soutiens, moi, qu'il y a une erreur là-dessous... Ce n'est pas vous, c'est le sabotier. N'ai-je pas trouvé les fonds de l'État cachés sous des copeaux, dans un coin de sa maison ?

— Et pourtant ce pauvre homme était innocent.

— Impossible, encore une fois ; je suis incapable d'une *boulette* de cette force. Je mériterais d'être cassé et dégradé en présence de tout mon escadron... Ainsi donc, ce n'est pas ici votre place... Il faut que vous vous arrangiez pour vous en aller au plus vite, ou je serai déshonoré.

Le gendarme parlait avec une grande vivacité, et cette singulière discussion menaçait de se prolonger, quand un huissier annonça la cour ; aussitôt tout le monde se tut, les spectateurs se découvrirent, et le président, après s'être installé dans son fauteuil, annonça que la séance était ouverte.

. . . .

La Southière répondit avec calme et dignité aux questions d'usage, puis le greffier donna lecture de l'acte d'accusation.

Cette pièce importante fut écoutée dans un religieux silence. On y exposait comment M. de La Southière, ayant eu connaissance d'un billet sans adresse que l'on disait destiné à Jenny Meurier, mais qu'il supposait en réalité destiné à sa fille, avait éprouvé une violente indignation ; comment il avait saisi son fusil et était accouru au lieu du rendez-vous, près du gué de Chez-Nicot ; comment enfin, trompé par la mantille de Palmyre, dont Jenny s'était couverte par hasard ou dans un but secret, il avait cru venger l'honneur de son nom en tirant sur le percepteur. L'acte d'accusation ne faisait aucune allusion aux relations antérieures de mademoiselle de La Southière avec Théodore Bienassis. En revanche, Jenny Meurier n'y était pas épargnée ; on la présentait comme une des nombreuses maîtresses du trop galant percepteur, dont les allées et les venues autour du château de Roqueroles avaient bien pu éveiller la méfiance d'un père.

On traçait un tableau émouvant des regrets éprouvés par le meurtrier quand, à la suite de la déclaration du jury dont il était le chef, il avait contribué à la condamnation d'un innocent, et on donnait les éloges à la spontanéité de ses aveux. Toutefois, on réclamait le châtiment de la précipitation dont il avait fait preuve, et on trouvait la préméditation prévue par la loi, dans cette circonstance que l'accusé était allé chercher son fusil de chasse à la maison avant de se rendre au gué de Chez-Nicot.

Cette lecture achevée, un frémissement léger courut dans l'auditoire. Évidemment, l'impression générale était favorable à La Southière ; les gens du monde surtout semblaient indignés contre le percepteur, dont la conduite avait été si imprudente et si coupable. Aussi, un petit papier ne tarda-t-il pas à passer des mains d'Armand dans celles d'un garçon de bureau, qui se hâta de disparaître par une porte secrète.

L'interrogatoire se poursuivit alors, et l'accusé ne cessa de répondre avec une convenance, une mesure qui lui gagnèrent tout les suffrages. Questionné sur les motifs qu'il aurait eus de soupçonner une entente secrète entre sa fille et le percepteur, il affirma que dans rien dans les actes et le langage de mademoiselle de La Southière n'avait pu justifier de pareils soupçons ; que ces folles idées avaient pris source dans son caractère impétueux, à lui, et aussi dans les manœuvres de Jenny Meurier. Il répondit avec un bonheur égal aux autres questions qui lui furent adressées, et il se rassit au milieu du murmure approbateur de toutes l'assistance.

Comme il osait enfin jeter un regard furtif sur les spectateurs, la grosse voix dit à côté de lui :

— Morbleu ! monsieur, vous aurez beau faire, vous ne leur prouverez jamais cela !

La Southière sourit, et Armand expédia un nouveau petit papier à destination.

On passa à l'audition des témoins ; c'étaient, pour la plupart, ceux qu'on avait entendus déjà dans l'affaire de François Chérou. Parmi les nouveaux, on remarqua Baptiste, le piqueur de M. de La Southière ; il raconta que le percepteur l'avait abordé à l'entrée de l'avenue de Roqueroles, et l'avait chargé de remettre un billet à Jenny Meurier ; mais que son maître, s'étant montré tout à coup, avait voulu lire le billet et avait fini par lui ordonner de le remettre à son adresse. Puis vint François Chérou qui, revêtu de l'uniforme des prisons, était cité devant le tribunal en qualité de témoin. Ses déclarations, comme celles du piqueur, concordèrent parfaitement avec celles de l'accusé, et il sembla que la lumière commençât à luire sur cette affaire mystérieuse ; on ne songeait pas à Palmyre, on plaignait vivement La Southière ; tout le blâme et toute la haine étaient maintenant pour cette Jenny Meurier, qui avait été la cause principale de la catastrophe.

Aussi, lorsque l'huissier audiencier introduisit Jenny, une vive agitation se manifesta-t-elle dans l'assemblée ; on chuchota, on se pencha pour mieux l'examiner, on se la montrait du doigt. Les jurés et les magistrats partagèrent cette ardente curiosité ; le président lui-même, les coudes appuyés sur sa table, observait le nouveau témoin d'un air d'inquiétude et de défiance.

Tout le monde comprenait en effet que de la déposition de Jenny dépendait le jugement de la cour, comme celui de l'opinion publique, et que cette fille tenait le nœud de la situation. Armand, qui était en train de rédiger un bulletin, s'interrompit au milieu de sa tâche, et attendit, pour la poursuivre, que cette importante déposition eût été entendue.

Jenny, nous devons le dire, ne paraissait pas fort à l'aise. Sans doute, dans ses comparutions précédentes devant le magistrat, elle avait eu l'occasion de s'apercevoir que la justice manquait un peu de galanterie et demeurait assez indifférente aux provocations de ses yeux noirs. Son air de modestie contractait avec la grande toilette qu'elle avait cru devoir faire en cette occasion. Elle portait une robe de soie claire, d'autant mieux taillée que Jenny se l'était taillée elle-même. Sa jupe avait une ampleur démesurée, et une pèlerine de même étoffe se drapait autour de sa taille. Quoique le chapeau fût interdit par les usages locaux aux filles de sa condition, comme nous l'avons dit déjà, elle était coiffée d'un petit chapeau de crêpe lilas, fort simple mais de bon goût, qui encadrait à ravir sa figure piquante, aux bandeaux de jais ondulés. Ainsi vêtue, Jenny Meurier paraissait vraiment fort jolie, et M. Bourichon, qui s'était glissé dans le prétoire, put constater les signes d'admiration qui se manifestèrent autour d'elle. Mais, pour le moment, Jenny elle-même ne semblait pas disposée à s'en apercevoir; elle ne tournait la tête ni à droite ni à gauche; ses sourires et ses regards étaient uniquement pour le président de la cour; et pendant tout l'interrogatoire, le public n'eut plus à contempler que le bavolet de son chapeau lilas.

Toutefois le président, vieux routier judiciaire, ne pouvait être accessible aux séductions de l'artificieuse créature. Après lui avoir fait prêter le serment ordinaire, il lui commanda de dire ce qu'elle savait au sujet de la cause.

Jenny parla sur un ton humble et timide qu'elle supposait devoir exciter l'intérêt et sa faveur. Après avoir décliné ses nom, prénom et son âge elle risqua une petite note biographique sur elle-même. On la laissa faire; néanmoins quand elle affirma candidement qu'elle appartenait « à une honnête famille qui l'avait élevée dans les meilleurs principes », un sourire railleur passa sur les lèvres des conseillers. Plus tard, quand elle rappela qu'elle avait occupé à Roqueroles un poste de confiance et qu'elle avait été l'amie la plus dévouée de mademoiselle de La Southière, le président interrompit :

— Vous avez été à Roqueroles une domestique à gages et rien de plus, — dit-il froidement ; — quant à la confiance qu'on avait mise en vous, quant à l'amitié que l'on vous témoignait, nous allons voir si vous les avez méritées... Continuez.

Cette verte apostrophe augmenta le malaise de Jenny; au lieu d'avancer dans son récit, elle le surchargea de détails inutiles et sans portée. Le président impatienté l'interrompit et lui ordonna de répondre aux demandes qu'il allait lui adresser.

— Fille Meurier, — dit-il de sa voix grave et ferme, — connaissiez-vous le percepteur de B***, M. Théodore Bienassis ?

— Je... l'ai vu quelquefois, — balbutia Jenny avec difficulté.

— Quelquefois? on a pourtant des raisons de penser que vous aviez avec lui des rapports fréquents et passablement intimes.

— On a pu le dire... Le monde est si méchant!

— Vous niez donc?

Jenny hésitait; une grosse toux de commande s'éleva dans le prétoire.

— Mon Dieu! j'ai pu avoir quelques rapports de coquetterie avec M. Bienassis, — répliqua-t-elle avec une rougeur quasi virginale; — le percepteur était si gai! on n'ose pas trop faire la prude... En tout bien tout honneur s'entend!

— Oh! l'on sait que vous n'avez jamais été prude! (Rires dans l'auditoire.) Maintenant, fille Meurier, répondez encore à ceci : étiez-vous en correspondance secrète avec le percepteur?

— Il m'a écrit plusieurs fois, je le reconnais.

— Et n'écrivait-il pas aussi à mademoiselle de La Southière?

Jenny hésita de nouveau; mais la toux obstinée se fit encore entendre derrière elle.

— Mademoiselle a reçu en effet quelques lettres de lui ; ces lettres étaient pleines de grandes phrases auxquelles personne ne comprenait rien et qu'il ne comprenait peut-être pas lui-même. (Nouveaux rires.) Il espérait ainsi plaire à mademoiselle, que l'on disait très-sentimentale et qu'il désirait épouser.

— Ainsi donc le percepteur Bienassis menait de front deux correspondances amoureuses, l'une sérieuse et pleine de respect avec mademoiselle de La Southière, l'autre frivole et fort peu respectueuse avec vous... N'est-ce pas cela ?

Jenny baissa la tête.

— Je m'abstiens d'apprécier la conduite du percepteur, — reprit le président, — car elle a eu pour lui-même de bien funestes conséquences... Mais vous, Jenny Meurier, n'avez-vous pas favorisé les importunités de Bienassis auprès de mademoiselle de La Southière? N'est-ce pas vous, par exemple, qui avertissiez secrètement le percepteur du jour et de l'heure où vous deviez vous promener avec votre jeune maîtresse dans les environs de Roqueroles, si bien qu'il s'est trouvé plusieurs fois sur votre chemin et qu'il a essayé de lier conversation avec mademoiselle de La Southière?

— Ils se sont rencontrés deux ou trois fois par hasard ; mais mademoiselle ne parlait pas et M. Bienassis se bornait à débiter, avec force contorsions, quelques-unes de ses phrases de roman... j'en riais en cachette, moi qui connaissais sa jovialité.

— Et ils ne se sont jamais vus hors de votre présence ?

— Jamais.

— N'importe ! vous avez été très-blâmable en tout ceci, et M. de La Southière ne manquait pas de motifs pour vous chasser de sa maison, comme il l'a fait le jour même de la catastrophe.

La nouvelle réprimande du président fit pâlir Jenny.

— Maintenant, fille Meurier, — poursuivit le magistrat, — venons aux faits accomplis peu d'instants avant le meurtre : à qui était destiné le papier que M. de La Southière vit dans les mains du piqueur Baptiste et qui vous fut remis à vous-même? On assure, car il a été perdu et ne peut être représenté en justice, qu'il ne portait ni adresse ni signature.

— Il était destiné à mademoiselle de La Southière.

— A la fin de cette épître, pathos inintelligible comme à l'ordinaire, ne se trouvait-il pas quelques mots au crayon?

— Oui; monsieur Bienassis y disait que, si mademoiselle ne se rendait pas sur-le-champ au gué de Chez-Nicot, il se brûlerait la cervelle.

— Et croyez-vous qu'il eût réellement cette intention, vous?

Jenny haussa les épaules.

— Je savais M. Bienassis incapable d'accomplir sa menace, — répondit-elle; — il menait la vie trop joyeuse pour y renoncer facilement.

— Et pourtant vous avez assuré votre jeune et crédule maîtresse de Bienassis, dans son enthousiasme d'amour pour elle, se laisserait certainement aller à un acte de désespoir?

— Que voulez-vous? On venait de me donner un congé ignominieux; j'étais aigrie contre tout le monde, contre mademoiselle de La Southière elle-même.

— Quoi qu'il en soit, mademoiselle de La Southière refusa obstinément d'aller à ce rendez-vous, et elle vous envoya pour prévenir un acte de désespoir du percepteur... Reconnaissez-vous avoir rempli cette mission?

— Oui, — répliqua Jenny.

L'accusé et Armand parurent soulagés d'un grand poids en entendant cette réponse. Le président lui-même avait eu sans doute quelque crainte à ce sujet, car il jeta sur les conseillers qui l'assistaient un regard significatif.

La toux qui s'élevait par intervalles du fond du prétoire prit des intonations tout à fait caressantes et exécuta une petite ritournelle des plus joyeuses; aussi l'huissier crut-il devoir crier : « Silence! » de sa voix glapissante.

— Ainsi donc, fille Meurier, — demanda le président, — vous avez été témoin du meurtre? Racontez-en toutes les circonstances.

Jenny, sans émotion apparente, exposa les événements déjà connus du lecteur. On pouvait sans doute lui reprocher sa dureté de cœur envers l'homme qui avait si misérablement péri en cette occasion; mais elle n'altéra la vérité en aucun point essentiel, et La Southière reconnut l'exactitude de son récit.

. . . .

Une longue et vive agitation suivit cette importante déposition. En ce moment, la cause de l'accusé paraissait gagnée, tant devant le jury que devant l'auditoire. On blâmait généralement la coupable légèreté de Bienassis, la duplicité de Jenny Meurier; on comprenait la légitime exaspération d'un père désireux de protéger et de venger sa fille. Cependant il restait encore un fait à éclaircir, et le président, après avoir obtenu à grand'peine un peu de silence, demanda au témoin :

— En allant au gué de Chez-Nicot, n'aviez-vous pas jeté sur vos épaules un mantelet de soie noire, à capuchon, que mademoiselle de La Southière avait porté toute la journée précédente?

Jenny manifesta de nouveau une extrême répugnance à répondre et garda un instant le silence. Un *hem!* sonore retentit derrière elle, et quand le président eut répété sa question, elle répliqua en balbutiant :

— C'est... possible.

— Et quelle raison aviez-vous pour emprunter le vêtement de votre maîtresse?

— Je ne sais... la nuit commençait à tomber, la soirée était fraîche; peut-être aurai-je pris par inadvertance le mantelet de mademoiselle Palmyre.

— Ne serait-ce pas plutôt, — demanda le magistrat d'une voix rigide, — que vous complotiez, soit dans un but de vengeance contre la famille La Southière, soit par tout autre motif aussi honteux, profiter de quelque occasion favorable pour compromettre votre jeune maîtresse?... Fille Meurier, dans ces funestes événements, votre conduite a mérité la réprobation. Vous avez trahi la confiance d'un père de famille, vous avez employé des moyens indignes pour faire tomber dans un piège la pure et innocente enfant qui vous traitait comme sa sœur... Ces actes sont odieux, et si, par malheur, la loi ne les punit pas, tout honnête homme ne doit pas moins les détester et les flétrir.

Cette nouvelle réprimande produisit un effet extraordinaire sur le témoin. Sans doute Jenny avait eu besoin de grands efforts pour contenir sa haine contre la famille La Southière et pour accepter toute la responsabilité morale de la mort du percepteur. Les paroles du président semblèrent rompre l'équilibre entre ses passions et sa volonté; elle fut prise tout à coup d'une sorte de frénésie. Elle se redressa; ses joues s'empourprèrent, ses yeux brillèrent comme des diamants noirs, et elle s'écria d'une voix éclatante :

— Ah! c'est ainsi que l'on me traite! Tout le blâme et toute la honte sont pour moi, la pauvre fille, tandis que tous les honneurs, toute la pitié sont pour mademoiselle de La Southière, la riche et noble demoiselle? Eh bien, je ne le souffrirai pas... A chacun sa part... J'ai dit tout à l'heure beaucoup de mensonges. Mademoiselle de La Southière et le percepteur n'avaient pas besoin de moi pour s'entendre; ils se voyaient souvent hors de ma présence; ils s'écrivaient sans que les lettres passassent par mes mains. Enfin il n'y a rien d'exact dans toute cette ridicule histoire de mantelet, pour laquelle on m'accable d'injures. C'est mademoiselle de La Southière qui se trouvait au gué de Chez-Nicot; je n'avais pas voulu prendre sa place. Ce que j'ai raconté de la mort du percepteur, je l'avais appris d'elle, quand elle était rentrée tout en émoi après l'événement... Voilà la vérité... Que l'on fasse de moi ce que l'on voudra... que l'on me tue, que l'on me déchire en morceau... voilà la vérité!

Une explosion de sanglots et de larmes l'obligea de s'arrêter.

Il y eut un moment de stupéfaction dans l'assemblée; puis des sentiments opposés éclatèrent de toutes parts. Les magistrats, rompus à la pratique judiciaire, et les spectateurs qui connaissaient de réputation Jenny Meurier, savaient bien ce qu'ils devaient penser de cette rétractation inattendue. Mais la partie impressionnable et mobile du public s'était laissé émouvoir par cette voix vibrante, par ces énergiques protestations; on commençait à se demander si Jenny n'était pas elle-même victime de quelque mystérieuse manœuvre ou de son propre dévouement. L'agitation devint telle, que le président dut menacer, si la tranquillité ne se rétablissait pas, d'expulser le public de la salle. Le bruit s'étant apaisé peu à peu, il reprit en s'adressant à Jenny, qui venait de s'asseoir, car elle paraissait près de tomber en faiblesse :

— Calmez-vous, fille Meurier, et réfléchissez bien à la portée de vos paroles. Vous pouvez reconnaître encore que vous avez cédé à un mouvement de colère, lorsque le président de la cour vous a infligé des reproches mérités. Persistez-vous à soutenir que vos précédentes déclarations sont fausses et que la dernière seulement est l'expression de la vérité?

— Oui! oui! — répéta Jenny en frappant du pied.

— Alors quel motif aviez-vous pour essayer d'abord de tromper la justice?

— Vous voulez le savoir? Eh bien, une forte somme d'argent a été promise à la condition que je parlerais comme je l'ai fait.

— Par qui cette somme a-t-elle été promise? A qui a-t-elle été promise? — demanda le président avec fermeté; — qui a osé tenter de corrompre un témoin?

Jenny ouvrit la bouche comme pour prononcer un nom; mais une quinte de toux partit de nouveau derrière elle, si violente et si furieuse, que la salle entière en murmura. Cette toux symbolique sembla exercer une certaine influence sur Jenny, qui répliqua d'un ton farouche :

— Je ne puis le dire... D'ailleurs, il n'y a eu que des insinuations vagues, et l'auteur de cette promesse la reniegait sans doute.

Armand, qui était devenu pâle, respira plus librement. Le président poursuivit :

— Fille Meurier, vous vous contredisez encore. Je dois vous prévenir que votre situation est grave et que la loi met à ma disposition des moyens de répression contre les témoins qui cherchent notoirement à tromper la justice... Persistez-vous à soutenir que vos dernières déclarations sont seules véritables?

— Je persiste, — répliqua Jenny.

Ses yeux s'étaient séchés tout à coup; ses narines roses soufflaient d'obstination.

Le président fit un signe, et un des gendarmes de service vint se placer à côté de la jeune couturière, qui ne broncha pas.

— Jenny Meurier, — reprit le magistrat, — mon droit et mon devoir sont de vous faire arrêter à l'instant pour faux témoignage; je vous donne un dernier avertissement... Pendant l'instruction, et tout à l'heure encore, au commencement de votre déposition, vous avez reconnu l'exactitude de certains faits, et voilà qu'à présent vous les rétractez... De ces deux versions, quelle est la véritable?

— La dernière. Mademoiselle de La Southière a eu tous les torts; quant à moi...

— Gendarme, — interrompit le président, — cette fille

L'ASSASSIN
DU PERCEPTEUR

est dès à présent sous votre surveillance; vous allez la garder à vue jusqu'à nouvel ordre.

. . . .

L'audience fut suspendue; la cause se compliquait et prenait une tournure fort embarrassante. Les faits sur lesquels portait le témoignage de Jenny étaient d'une importance capitale, et si l'ex-cameriste s'obstinait à nier ce qu'elle avait d'abord affirmé, le système de l'accusation, comme celui de la défense, devait être changé depuis la base jusqu'au faîte. Les magistrats, comme nous l'avons dit, ne doutaient pas que, des déclarations de Jenny, les premières ne fussent les seules sincères; mais dans l'assemblée, et même dans le jury, les opinions étaient fort divisées. Ce n'est pas impunément que l'on prononce en public les mots « de corruption, » de « partialité en faveur du riche, d'abus d'influence. » Beaucoup d'assistants prenaient un vif intérêt à la jolie plébéienne, au détriment de la noble demoiselle, qui n'était pas là pour se défendre. L'attitude ferme de Jenny, ses larmes, sa beauté lui avaient fait un certain nombre de partisans, et dans un procès où l'opinion jouait un rôle si considérable, il devenait nécessaire de savoir rigoureusement à quoi s'en tenir sur la valeur des assertions du témoin principal. Aussi le président avait-il appelé autour de lui les autres conseillers, et tous ensemble discutaient à voix basse les moyens de surmonter la difficulté.

Jenny, assise en face d'eux, ne paraissait nullement disposée à faciliter leur tâche. Sa captivité temporaire avait renforcé encore son obstination, et elle restait immobile, le sourcil froncé, les bras croisés sur la poitrine, dans une attitude de défi. Plusieurs fois au milieu du désordre de l'assemblée, Bourichon, l'homme à la toux, avait voulu s'approcher d'elle; il avait toujours été écarté soit par les huissiers, soit par le gendarme qui veillait sur la prisonnière. La situation paraissait donc sans issue et menaçait de se prolonger indéfiniment.

Tout à coup un garçon de salle fendit la foule avec effort et vint remettre au président un paquet cacheté. Le président l'ouvrit, et après avoir pris connaissance du contenu, se consulta un moment avec les autres conseillers; puis tous se rassirent et l'audience continua.

L'assemblée sentit que le procès venait d'éprouver un de ces revirements si communs dans les drames judiciaires; et l'on attendit avec anxiété ce qui allait se passer; Jenny elle-même était sortie de son impassibilité, et laissait voir quelque inquiétude.

— Je préviens le défenseur de l'accusé, — dit le président, — que je mets aux débats, en vertu de mon pouvoir discrétionnaire, deux pièces dont je vais donner lecture et qui sont de nature à éclairer messieurs les jurés sur la valeur de certaines assertions de Jenny Meurier. Mais d'abord, il importe que l'on ait connaissance de la lettre d'envoi, dont les signatures sont légalisées par l'autorité compétente. Cette lettre, écrite par les demoiselles Bienassis, est ainsi conçue:

« Monsieur le président,

« Dans l'intérêt de la justice et de la vérité, nous avons dû rechercher, parmi les papiers de notre malheureux frère, ceux qui pouvaient jeter quelque jour sur le grave procès aujourd'hui pendant devant vous. Si douloureuses que ces recherches aient été pour nous, si fâcheux que soit le résultat pour des tierces personnes et peut-être pour la mémoire de *celui* que nous pleurons, nous n'avons pas hésité à remplir ce devoir. Vous trouverez ci-joint les deux seules pièces que nous ayons découvertes au sujet de cette affaire.

« Agréez, monsieur le président, etc.

« *Signé* : MARION et HORTENSE BIENASSIS. »

— Maintenant, — poursuivit le président, — passons aux papiers qui me sont adressés par ces honorables et intéressantes demoiselles. Le premier est le brouillon d'une lettre qui semble avoir été écrite par le percepteur à Jenny Meurier, fort peu de temps avant la catastrophe du gué de Chez-Nicot. Ce brouillon ne porte pas de signature naturellement; mais il est tout entier de la main de Bienassis, comme l'attestent en marge des personnes qui connaissent parfaitement l'écriture du percepteur. Voici donc ce qu'il contient:

« Tu n'es pas gentille, ma chère Jenny, et tu ne mènes pas bon train mes affaires auprès de ta langoureuse maîtresse. Serais-tu jalouse, par hasard? Tu me sembles dix fois plus jolie qu'elle; mais je ne peux l'épouser, *toi*, et je désire vivement l'épouser, *elle*. Souviens-toi donc de ce que je t'ai promis si tu m'aidais dans cette difficile entreprise! Cependant, je te le répète, tu ne me donnes pas tout le secours sur lequel je comptais. Je suis las d'écrire des lettres amphigouriques et de recevoir en échange des phrases ultra-sentimentales et ultra-platoniques sans portée aucune. A la vérité, grâce à toi, j'ai rencontré plusieurs fois mademoiselle D*** sur le grand chemin pendant que vous faisiez votre promenade quotidienne, et j'ai pu échanger quelques mots avec elle, toujours en ta présence; mais elle est si réservée, et moi je suis si bête, que je ne m'en trouve pas plus avancé. On assure pourtant que j'ai des rivaux auprès de cette romanesque personne... »

Ici s'arrêtait ce fragment de lettre; du reste, il était significatif et n'avait pas besoin d'être plus long. Un murmure d'indignation courut dans l'assemblée, puis on se tut pour écouter le président qui demandait à Jenny:

— Fille Meurier, avez-vous reçu la lettre dont je viens de lire le brouillon?

— Oui... non... Je ne m'en souviens plus, — répliqua Jenny dans un trouble inexprimable.

— Ou plutôt vous ne voulez pas vous en souvenir; messieurs les jurés apprécieront... Nous allons voir si vous aurez meilleure mémoire au sujet d'un billet que vous avez écrit vous-même et qui est signé de votre main... Écoutez-le:

« Je ne mérite pas vos reproches, mon cher Théodore; je ne viens pas à bout de cette grande blonde, dont l'esprit erre toujours dans la lune et parmi les étoiles. J'ai eu tort de lui faire lire tant de romans; il faudrait, pour lui inspirer de l'affection, être un personnage idéal, et vous êtes beaucoup trop *réel*. Enfin, je trouverai bien quelque manigance pour l'engager envers vous d'une manière plus sérieuse... Ingrat! tu ne sauras jamais combien me coûtent les services que je te rends!

« Ta JENNY M... »

Cette lettre, toute bourrée de fautes d'orthographe, était datée de la veille même du jour de la catastrophe; les calomnies de Jenny contre mademoiselle de La Southière se trouvaient donc formellement contredites par ce document authentique. Le président expliqua, d'après une note jointe à l'envoi, comment ce papier et le précédent avaient été trouvés dans un secrétaire de Bienassis, avec son étourderie ordinaire, les avait oubliés sans doute, ce qui les avait préservés de la destruction. Puis il fit signe à Jenny d'approcher et lui demanda si elle reconnaissait ce billet pour être écrit de sa main.

— Croyez-le si vous voulez, — répliqua-t-elle brusquement. — Mais cela ne prouve pas que j'étais au gué de Chez-Nicot, lorsque l'on a tué le percepteur!

— Ainsi vous persistez à soutenir que votre maîtresse seule était présente à la catastrophe?... Soit, raisonnons dans cette hypothèse: savez-vous, Jenny Meurier, où se trouve en ce moment le mantelet de taffetas noir que mademoiselle de La Southière, d'après l'accusation et d'après votre propre témoignage, aurait porté dans cette terrible soirée?

Jenny ne put se défendre d'un léger tressaillement en entendant cette question inattendue. Cependant elle répondit avec son effronterie opiniâtre:

— Mais, sans doute, à Roqueroles.

— Réfléchissez bien... Ce mantelet ne serait-il pas demeuré en votre possession, depuis l'évènement dont il s'agit?

— Non... non, certainement.

— Vous allez encore, cette fois, être convaincue de mensonge... Huissier, ouvrez ce paquet qui est là sur la table des pièces à conviction.

Et, tandis qu'un huissier s'empressait d'exécuter cet ordre, le président dit aux jurés :

— Voyant tout à l'heure que cette fille persistait dans ses fausses allégations, nous avons, en vertu de notre pouvoir discrétionnaire, donné l'ordre à un commissaire de police d'aller, sur l'heure, procéder à une perquisition parmi les effets de Jenny, chez son père. M. le commissaire de police vient d'accomplir son mandat, et voici ce qu'il a découvert dans la chambre du témoin.

L'huissier tira d'une épaisse enveloppe de papier une mantille de soie noire, à capuchon, d'une coupe particulière, puis l'étala aux yeux de la cour et du public. Interpellé par le président, M. de La Southière reconnut sur-le-champ ce vêtement pour avoir appartenu à sa fille, et il affirma l'avoir vu sur la personne qui assistait à la catastrophe du gué de Chez-Nicol.

— Et vous, Jenny Meurier, — continua le président, — comment justifiez-vous la découverte dans vos effets de cet ajustement, que vous disiez être encore en la possession de votre ancienne maîtresse?

Jenny ne répondit pas; ses traits s'étaient décomposés, ses lèvres frémissaient, ses yeux roulaient dans leurs orbites.

— Fille Meurier, — reprit le président, — puisque vous vous obstinez dans vos affirmations mensongères, je me vois obligé de maintenir votre arrestation pour faux témoignage.

Jenny n'y tint plus ; elle se jeta à genoux et s'écria en sanglotant :

— Grâce ! monsieur, grâce ! J'avoue tout... J'étais folle... la haine m'avait aveuglée... Mes premières déclarations sont seules véritables.

Le magistrat, touché de son repentir apparent, ordonna qu'on la laissât aller en liberté et lui adressa une admonestation sévère ; mais Jenny ne put l'écouter jusqu'au bout, et tomba bientôt en proie à une violente attaque de nerfs. On l'emporta sans connaissance dans la salle des témoins, où son père et Bourichon ne tardèrent pas à la rejoindre.

Armand et La Southière étaient rayonnants tous les deux. La réputation de Palmyre sortait nette et pure de cette épreuve ; il leur semblait que maintenant ils n'avaient plus rien à souhaiter. Armand s'empressa d'expédier un de ses bulletins dont l'interruption un peu trop prolongée, pendant la déposition de Jenny, avait pu causer quelque part de mortelles inquiétudes.

À partir de ce moment, la marche de l'affaire prit des allures tout à fait triomphales pour l'accusé. L'avocat général essaya bien encore, dans son réquisitoire, de soutenir que La Southière était coupable d'imprudence et de précipitation ; il affirma que la préméditation était prouvée par cette circonstance que l'éleveur, après la lecture du billet de Bienassis, était rentré chez lui pour s'armer de son fusil de chasse ; mais le défenseur de l'accusé n'eut pas de peine à combattre cette argumentation. Avec une éloquence chaleureuse, il exposa comment ce père abusé, fou de colère et de douleur, avait été entraîné par le désir de défendre et de venger sa fille. Son succès fut tel, qu'à la fin de sa plaidoirie des applaudissements éclatèrent de toutes parts, sans qu'il fût possible de les empêcher.

Le président, à son tour, fit son résumé ; mais l'on voyait qu'il avait hâte d'en finir avec une cause désormais jugée. En effet, le jury, étant entré dans la salle de ses délibérations, en sortit au bout de cinq minutes avec un verdict négatif. L'accusé était acquitté, à l'unanimité, sur toutes les questions, et le président dut ordonner son élargissement à l'instant même.

De nouveaux applaudissements, des bravos accueillirent cette sentence. Armand se jeta dans les bras de son ami, et ils pleurèrent l'un et l'autre. Beaucoup des personnages distingués qui avaient assisté aux débats, des dames même, s'approchèrent pour présenter leurs félicitations à La Southière, tandis que le maréchal des logis, qui était resté à côté de lui, disait, en se frottant les mains :

— A la bonne heure ! Je savais bien, moi, que vous n'aviez pas tué le percepteur !... C'est la justice qui avait commis une *boulette* en vous arrêtant, et non pas moi en ne vous arrêtant pas.

M. de La Southière étant rentré dans la prison pour faire lever son écrou, on entendit au dehors un grand bruit de huées ; la populace avait attendu Jenny Meurier à sa sortie de l'audience et la reconduisait jusque chez elle, à grand renfort d'insultes et de projectiles. Vainement son père, à moitié ivre, et son fiancé Bourichon qui exécutait le moulinet avec sa canne, essayèrent-ils de la protéger ; ils furent eux-mêmes honnis, conspués, bousculés, et l'intervention de la police put seule les sauver de sévices encore plus graves.

La nuit était déjà close, quand une voiture, dans laquelle se trouvaient Palmyre et Armand, vint chercher La Southière à la prison.

— Ah ! cher père, — s'écria Palmyre en se suspendant à son cou, — quels remerciements nous devons à Dieu, pour nous avoir tirés l'un et l'autre de cette affreuse situation !... Je dis *nous*, car mes dangers, je le sais, étaient à peine moins redoutables que les vôtres.

— Et ce Dieu que tu invoques m'en est témoin, ma fille, les liens me touchaient beaucoup plus que ceux auxquels j'étais exposé moi-même ! Puissent-ils être complètement et à toujours écartés !... Et si cet heureux résultat est obtenu, — ajouta-t-il avec effusion en se tournant vers Armand, — nous le devons surtout à l'ami incomparable qui nous a servis avec tant de zèle et de dévouement.

— Ah ! — dit Palmyre en levant sur le jeune homme ses yeux pleins de larmes, — il a des droits à ma reconnaissance éternelle !

— J'aspire à mieux que cela, mademoiselle, — répondit Armand avec résolution ; — et, tenez, pourquoi ne pas vous le dire dès à présent ? Tout est convenu entre votre père et moi, et, puisque vous avez bien voulu me laisser entendre que vous n'aviez contre moi aucune répugnance personnelle, je compte que, dans le plus bref délai, vous accepterez mon nom.

— Armand, n'abusez pas d'un aveu... Armand ! Armand ! — poursuivit-elle avec explosion, — si vous alliez me rappeler un jour comment mon père a été en péril à cause de moi !

— Chère Palmyre, n'ai-je pas lieu de craindre aussi, avec plus de raison, que vous n'oubliiez pas comment est mort le mien ?

Et il s'empara doucement de la main de Palmyre, qui ne la retira pas.

XXI

LES COURSES

L'hippodrome où se font les courses départementales de la Haute-Vienne est situé à quelques kilomètres de Limoges, au milieu d'une campagne solitaire et presque sauvage. C'est une lande au sol jaunâtre, hérissée de bruyères et de genêts, sur laquelle on a tracé un cirque immense. Alentour s'élèvent de vieilles châtaigneraies, des collines boisées qui séparent des prairies marécageuses. Ce lieu semble avoir été très-fréquenté par les Celtes aux temps primitifs de notre histoire, car pour niveler le sol du plateau on a dû détruire plusieurs de ces monticules appelés *tumuli*, qui servaient de tombes aux chefs gaulois, et l'on y a trouvé des urnes de terre ou de verre, contenant des cendres et quelques médailles romaines.

Pendant presque toute l'année, cet hippodrome reste désert et comme oublié des habitants de la ville voisine.

Une seule maison, perdue au milieu des arbres, apparaît dans le voisinage, et si un promeneur s'égarait jusque-là, il aurait peine à croire que cet endroit pût être jamais le rendez-vous d'une foule nombreuse et brillante. La piste est envahie par les mauvaises herbes ; sauf quelques fossés, quelques échafaudages vermoulus, on n'aperçoit qu'une plaine stérile où un berger en sabots vient faire pâturer ses bœufs et ses moutons. Aucun bruit ne trouble le silence de ce plateau inculte, excepté celui du vent qui courbe la bruyère, excepté les cris joyeux du traquet et de l'alouette qui sautillent sur le tuf roussâtre, les chants du merle qui vient picorer les baies du genévrier.

Néanmoins, il est trois jours dans l'année où ce tableau change tout à coup ; c'est à l'époque où ont lieu les courses du pays. Une ville de tentes, de huttes en branchages s'improvise dans ce désert ; pas un vieux châtaignier au tronc moussu qui n'abrite un café ou un restaurant en plein vent ; la guinguette semble sortir de terre, comme ces beaux champignons comestibles que le sol produit en abondance. Le cirque a été nettoyé ; des poteaux fraîchement peints se dressent le long de la piste. A l'endroit du départ et de l'arrivée des coureurs, sont des estrades, garnies de feuillage, pour les curieux privilégiés, et d'élégants pavillons de coutil, que domine le pavillon géant, enguirlandé de banderoles et de drapeaux, destiné aux premiers fonctionnaires du chef-lieu.

Pendant ces jours de solennité, quelques heures avant le commencement des courses, une foule nombreuse quitte la ville et se dirige vers l'hippodrome. Les gens à cheval et en voiture s'y rendent par une route large et commode, mais assez longue. On voit défiler, parmi quelques cavaliers élégants et quelques équipages de luxe, de faux dandy montés sur des rosses de louage ; puis des tilburys hors d'âge, des cabriolets d'osier, des tapissières vermoulues ou quelques-uns de ces véhicules impossibles que l'on ne découvre plus qu'au fond de certaines provinces écartées. Tout cela trottine, trébuche, grince et cahote au milieu d'un nuage de boue ou de poussière, selon la température ; et il y a des amours-propres naïfs qui triomphent à peu de frais.

Les piétons, au contraire, se rendent à l'hippodrome par un chemin de traverse ; c'est la route que prennent les petits bourgeois, les familles endimanchées et toute cette honnête partie du public qui s'inquiète plus d'*être* que de *paraître*. Heureux piétons ! car ce chemin, j'allais dire ce sentier, circule au milieu de la campagne la plus fraîche, la plus accidentée qu'il soit possible d'imaginer. Là, il se glisse entre des roches couvertes de fougères, où quelque petit ruisseau limpide et babillard lui dispute la place. Plus loin il traverse une vallée verdoyante, encadrée d'arbres touffus qui lui donnent de l'ombre et de la fraîcheur ; puis il s'enfonce au milieu de champs de blé vert, émaillés de nielles pourpres, de bluets et de coquelicots. A chaque instant ce sont de nouveaux aspects, de nouveaux caprices de la nature. Des parfums de verdure et de fleurs embaument l'atmosphère ; les loriots chantent, les papillons voltigent ; et cette foule bariolée qui serpente, comme le sentier, à travers ces riantes solitudes, n'en est pas le moins pittoresque ornement.

Or, un jour de juin, quelques mois après les événements dont nous avons fait le récit, l'hippodrome de Limoges avait sa physionomie des grandes fêtes. Le temps était magnifique, la population de la ville voisine et même des localités plus éloignées accourait par tous les chemins, par tous les sentiers. Aux approches du cirque se multipliaient les baraques aux mille formes et aux mille couleurs, avec leurs banderoles flottantes, leurs festons de feuillage, et souvent avec leurs enseignes ridicules qui excitaient la verve railleuse des passants. Un soleil splendide éclairait la scène, et sur le plateau vert qui formait le centre du cirque, aussi bien que sous les vieux arbres qui bordaient la piste, on apercevait une masse mobile où cavaliers, voitures et piétons étaient confondus. Quelques gendarmes et quelques dragons galopaient çà et là pour protéger l'ordre et contenir la gaieté turbulente des spectateurs. L'heure des courses approchait ; plusieurs habits brodés se montraient dans la tente de la préfecture, signe que le monde officiel était à son poste. Déjà même plusieurs jockeys mettaient en haleine, dans l'hippodrome, de fougueux chevaux qui attendaient, en mâchant leurs mors, qu'on leur permit de prouver d'une manière sérieuse leur vigueur et leur agilité.

En ce moment deux cavaliers, arrivant de directions opposées, se rencontrèrent aux abords du cirque, et parurent fort surpris de se voir. Tous deux avaient l'air de deux bons bourgeois campagnards, avec chapeaux à larges bords, grandes bottes à éperons d'argent. Leurs montures, bêtes pacifiques, ne montraient aucune velléité de prendre part aux épreuves de vitesse qui se préparaient ; aussi ne s'opposèrent-elles pas à ce que leurs maîtres, après s'être salués, échangeassent une poignée de main.

— Voilà une surprise, monsieur de Cursac — dit le plus jeune au plus âgé d'un ton jovial ; — depuis quand la justice laisse-t-elle son tribunal désert pour venir assister à de frivoles divertissements ?

— Depuis que la médecine fait la nique à ses malades dans le même but, docteur Simonaud. Comment diable voulez-vous qu'on puisse mourir tranquillement à B*** quand vous êtes ici ?... Mais ne trouvez-vous pas qu'il fait bien chaud ici ? J'ai la langue sèche comme un vieux papier de procédure.

— Et moi j'ai aspiré en route un hectolitre de poussière... Voulez-vous boire quelque chose ?

— J'allais vous le proposer.

Le docteur et le juge de paix mirent pied à terre, et ayant confié leurs chevaux à un gamin qui rôdait autour d'eux, ils entrèrent dans un café, formé de quelques draps de lit qu'on avait attachés aux branches d'un arbre. De là ils dominaient la route où se pressaient encore de nombreux retardataires ; et, s'asseyant sur des sièges rustiques, devant une table non moins rustique, ils demandèrent de la bière et des échaudés.

— Je crois vraiment, — reprit le joyeux docteur Simonaud, — que toute notre chère ville de B***, de curieuse et tracassière mémoire, s'est donné rendez-vous à ces courses ! Voilà plus de vingt figures de connaissance que j'aperçois dans la foule, sans compter la vôtre, mon cher Cursac, et sa vue m'est aussi agréable qu'elle pourrait l'être à un plaideur auquel vous auriez accordé gain de cause... A votre santé !

Et ils burent.

— Fi, l'horreur ! dit le juge de paix en déposant son verre sur la table après l'avoir vidé ; — c'est aussi chaud et aussi mauvais, Simonaud, que les tisanes dont vous gorgez vos infortunés malades... A la vérité on dit que, quand les malades en question sont de jeunes et jolies personnes, vous savez très-bien adoucir le régime et les mettre à l'eau claire... ce qui ne guérit pas moins bien que le reste.

— Vous me payerez cela, Cursac, — dit le docteur en le menaçant du doigt, — à la première fluxion de poitrine dont j'aurai le *plaisir* de vous traiter... Mais, de grâce, apprenez-moi donc, vous qui êtes au courant de tous les cancans de notre bien-aimée ville, pourquoi nos compatriotes se trouvent tous aux courses de Limoges ?

— Que sais-je, mon cher ? Peut-être veut-on s'assurer si *certaines* personnes, qui habitent un *certain* pays et ont joué un rôle important dans une *certaine* affaire, se montreront ici cette année, comme les années précédentes. Des paris sont ouverts pour et contre... On est d'autant plus curieux là-bas qu'on s'y ennuie davantage.

— Je ne vois pas pourquoi ceux à qui vous faites allusion craindraient de se montrer, — répliqua le petit docteur avec vivacité ; — cette affaire a été pour eux un véritable triomphe, et... Mais, pardieu ! — s'interrompit-il en désignant une espèce de paysan qui passait dans le chemin à quelques pas d'eux, — en voici un que véritablement je ne me serais pas attendu à rencontrer ici !

L'individu qu'il désignait était un homme entre deux âges, habillé d'une blouse neuve, coiffé d'un chapeau de paille tout frais, et chaussé de bons souliers ferrés. Il avait à la main un bâton de néflier, renflé par le bout et retenu au bras par une attache de cuir; il marchait le nez au vent, en regardant toutes choses avec admiration. Il reconnut le médecin et le juge de paix de B... et, après les avoir salués d'un air gauche, il allait continuer sa route quand Cursac l'appela d'un signe. Il vint, en traînant la jambe, et s'arrêta devant eux, non sans quelque embarras.

— Eh bien! François Chérou, — lui dit Cursac en patois, — te voilà donc libre, et tu viens prendre l'air aux courses comme un bon bourgeois?

— Vous le voyez, monsieur le juge de paix, — répondit l'ex-forçat d'un ton patelin; — ils m'ont mis dehors, il y a déjà plus de deux mois... Qui paye ses dettes ne doit plus, vous savez!... Et puis maintenant on se promène... histoire de voir et de s'amuser quand ça ne coûte rien.

— Tu ne retourneras donc pas à la maison Verte?

— Vendue, monsieur le juge de paix, vendue avec toute la terre, et un bon prix encore. Ils m'ont dit comme ça qu'il fallait quitter le pays et je m'y suis décidé; je suis en train d'acheter un petit domaine d'un autre côté.

— Ah çà! maître Chérou, — demanda le docteur Simonaud en clignant des yeux, — conviens que, pendant un moment, tu as eu une fière peur?

— Oui, oui, on a passé des moments désagréables... Mais pas moins, — continua Chérou, — ils m'ont nourri pendant tout ce temps avec du bon pain, de la viande, parfois même un coup de vin... Et ils m'ont laissé mon argent... et je n'ai rien payé du tout.

— N'importe! reprit le juge de paix; — je gage, Chérou, que si désormais tu trouves des sacoches d'argent sur la grande route, tu y regarderas à deux fois avant de t'en emparer.

— Et pourquoi donc, monsieur de Cursac? — dit Chérou avec bonhomie; — quand tout a été fini, ne m'a-t-on pas rendu les deux mille francs du percepteur? C'est avec cet argent-là et celui qui provient de la vente de ma maison que je vais acheter un domaine.

— Que diable me chantes-tu là? On t'a rendu... Ah! par exemple, voilà du nouveau!

On s'explique, et Chérou raconta que, le jour même de sa sortie de prison, un personnage vêtu de noir, ayant l'apparence d'un homme de loi, était venu le trouver et lui avait remis deux mille francs *en argent blanc* à la condition qu'il quitterait le pays pour toujours; de plus, on lui avait compté douze cents francs pour prix de sa maison et de la lande attenant. Avec ces diverses sommes et ses économies personnelles, l'ancien sabotier se considérait comme le plus riche paysan de l'univers.

— Et comme ça, — demanda M. de Cursac, — ta maison et ta terre appartiennent à M. de La Southière?

— Tiens! qui vous l'a dit? Oui, car il paraît que *l'autre* lui a cédé son marché, et la maison a été abattue; puis on a fait élever une belle croix de fer à côté du gué de Chez-Nicot, à l'endroit...

— Il suffit, — reprit le juge de paix en échangeant avec le docteur un regard d'intelligence; — eh bien! Chérou, va te divertir gratis... Seulement, je te le répète, quand tu trouveras des sacs de mille francs sur les routes, ne te presse pas trop de poser la main dessus; c'est dangereux.

Ainsi congédié, Chérou se dirigea vers le cirque et se perdit bientôt dans la foule.

. . . .

Les deux amis continuèrent de causer, sans s'apercevoir que le premier coup de cloche annonçant les courses venait de sonner. Néanmoins, ils finirent par se lever, et, après avoir soldé leur dépense, ils retournèrent à l'endroit où ils avaient laissé leurs montures. Comme ils allaient se remettre en selle, ils virent venir à eux un joli cabriolet d'apparence simple, mais confortable, dans lequel se trouvaient un monsieur et une dame. Le monsieur, qui conduisait lui-même un cheval à trois fins attelé au léger véhicule, avait peut-être largement dépassé la trentaine; mais son frais vêtement lui donnait un air de jeunesse; sa figure épanouie avait une expression de contentement qui faisait plaisir à voir. La dame assise à son côté paraissait beaucoup plus jeune et elle était fort jolie. Elle avait une mise élégante, quoique de demi-deuil, et ses traits exprimaient, par moments, une douce langueur. Cependant cette mélancolie ne résistait pas à la moindre parole affectueuse de son compagnon, et alors un sourire venait s'épanouir sur les lèvres vermeilles de la jeune femme.

— Parbleu! — dit Cursac en posant la main sur le bras du docteur pour attirer son attention, — voilà encore deux habitants de B*** que nous ne nous attendions pas à rencontrer ici! Deux nouveaux mariés qui emploient en plaisirs et en promenades leur lune de miel!

— Hum! ils ont bien gagné l'un et l'autre un peu de bonheur, — dit Simonaud à demi-voix.

En ce moment la voiture avait ralenti le pas, et celui qui la conduisait cherchait des yeux un emplacement commode pour s'arrêter. Il aperçut alors les deux amis sous les arbres, et vint faire halte auprès d'eux. Simonaud et Cursac saluèrent; puis le docteur s'approcha galamment pour donner la main à la jolie promeneuse qui se disposait à descendre.

— Enchanté de vous voir, mademoiselle Hortense, — dit-il avec gaieté; — c'est une bonne fortune de...

— Mademoiselle! — répéta le monsieur d'un air d'indignation comique; — ah çà! pour qui diable me prenez-vous, docteur Simonaud? Mademoiselle vous-même!

— Pardon, monsieur le percepteur, — reprit Simonaud en riant; — je voulais dire madame Cernin. La force de l'habitude...

— A la bonne heure, — répliqua Cernin en sautant lui-même à terre, — voilà ce que c'est, docteur, que de n'avoir pas assisté à nos noces! Vous avez mieux aimé vous rendre à celles de M. Robertin qui épousait... enfin, n'importe! En dépit de votre absence, ma femme est bien à moi; n'est-il pas vrai, ma chère Hortense?

— Allons, monsieur le percepteur, ne vous fâchez pas, — dit le juge de paix; — ce n'est qu'un *lapsus* de cet étourdi de Simonaud. On sait que votre aimable femme vous appartient de par la loi, la religion et...

— Et l'administration, n'est-ce pas? — répliqua Hortense en souriant; — vous pourriez ajouter, monsieur de Cursac, de par l'estime profonde, l'amitié sincère que j'ai toujours eues pour cet excellent Cernin.

Et elle serra la main de son mari.

— Chère et bonne Hortense! — murmura le percepteur attendri.

Il ajouta bientôt avec vivacité :

— Excusez-moi, messieurs, mais ma femme désire voir les courses et nous avons hâte d'arriver à une tribune où l'on nous a réservé des places... Il faut que je trouve quelqu'un pour garder la voiture.

Aussitôt, il se mit en quête et n'eut pas de peine à découvrir ce qu'il cherchait, pendant qu'Hortense causait gaiement avec Cursac et Simonaud. Ayant pris toutes ses dispositions, Cernin revint vers Hortense et voulut l'emmener; mais elle ne se pressa pas de partir.

— Imaginez, monsieur de Cursac, — disait-elle, — que nous n'avons pu décider Marion à nous accompagner; elle a une véritable vocation pour le tabac et le papier timbré.

— Oui, — dit le percepteur avec bonhomie, — elle prétend qu'il lui faut gagner beaucoup d'argent pour enrichir un jour les nièces et les neveux... qu'elle espère avoir. Mais partons, ma chère Hortense, voilà le second coup qui sonne!

— Bon Dieu! que ce mari est despote! — dit Simonaud en plaisantant; — il est pressé comme un danseur qui entend la ritournelle de l'orchestre... Et à propos de danse, madame Cernin, vous aussi, comme tant d'autres de mes danseuses, vous m'avez abandonné. Quand donc maintenant m'accorderez-vous une valse ou une polka?

— Eh! eh! qui sait? Plus tôt que vous ne pensez peut-être... Adieu, messieurs...

Hortense sourit, et, prenant le bras de son mari, ils coururent tous les deux vers les tentes de feuillage. Le petit docteur les regarda s'éloigner.

— Elle a l'air vraiment d'adorer ce bon gros Cernin, — dit-il à Cursac; — ce mariage tournera bien... Cependant, j'ai toujours soupçonné la pauvre Hortense d'avoir un autre amour dans le cœur.

— Basta! répliqua le juge de paix, quelle est la jeune fille qui n'a pas eu quelque amourette dans le cœur? Mais le petit roman se trouve presque toujours contredit par la réalité et les choses n'en vont pas plus mal.

Ils remontèrent à cheval et se dirigeaient au pas vers le terrain des courses, quand une berline, traînée par des chevaux de prix, passa rapidement auprès d'eux, suivant la même direction. Tous les stores étaient baissés, sans doute pour mettre les voyageurs à l'abri de la poussière et du soleil; néanmoins, comme le vent agitait un de ces légers voiles de soie, le petit docteur put jeter un regard rapide dans l'intérieur. La voiture s'éloigna et ne tarda pas à se perdre parmi les véhicules de tous genres qui encombraient les approches de l'hippodrome.

Le juge de paix n'avait rien vu et continuait de causer; son compagnon l'interrompit :

— Excusez-moi, Cursac, — dit-il avec distraction; — je viens d'apercevoir des personnes auxquelles j'ai quelques mots à dire... Nous nous retrouverons un peu plus tard et nous retournerons ensemble à la ville; c'est entendu, n'est-ce pas?

Et il partit à fond de train pour rejoindre la berline, tandis que le juge de paix murmurait, d'un ton d'indulgence :

— A qui diable en a-t-il? Bah! il aura reconnu dans la foule quelqu'une de ses danseuses ou quelqu'un de ses malades... Dire que nous sommes obligés à B... de confier notre existence à un pareil étourdi!... Il est vrai qu'il a autant de cœur et de savoir que de frivolité.

Le docteur Simonaud n'avait pas tardé à revoir la voiture qui excitait si vivement son intérêt. Elle s'était présentée pour traverser la piste et gagner la partie centrale de l'hippodrome; mais déjà les cavaliers chargés de la police venaient de faire évacuer le cirque et les barrières étaient fermées. Toutefois les personnes qui se trouvaient dans la berline jouissaient sans doute d'un crédit particulier; car un des stores s'étant à demi soulevé, et quelques paroles ayant été échangées à voix basse avec le sous-officier de gendarmerie, celui-ci avait porté la main à son chapeau et donné l'ordre d'ouvrir les barrières. La berline passa et Simonaud s'empressa de la suivre.

Parvenu dans le vaste espace circulaire qu'entourait la piste, il crut que la mystérieuse voiture allait s'approcher de l'enceinte du pesage. Il n'en fut rien; elle gagna au contraire un endroit écarté où l'on n'apercevait que de rares spectateurs. Là elle fit halte et le valet de pied se hâta de descendre. Cependant les personnes qui occupaient l'intérieur ne bougeaient pas et les stores demeuraient baissés.

De son côté, le docteur Simonaud s'était arrêté à quelque distance.

— Allons! — pensait-il, — sans doute ils ne veulent pas être vus, et je ne peux pas leur parler malgré eux; cela leur produirait l'effet d'une violation de domicile... Attendons.

Et il se mit à rôder autour de la berline, l'œil en alerte, prêt à profiter de la première occasion pour aborder les gens qui se cachaient avec tant d'obstination.

Comme nous n'avons pas à craindre d'être indiscrets, nous allons sans façon jeter un regard dans cette voiture si hermétiquement close. Elle contenait trois personnes, M. de La Southière, sa fille et son gendre, car on sait qu'Armand avait épousé Palmyre depuis quelque temps. Tous étaient en grande toilette, comme l'exigeait la fête à laquelle ils venaient assister; mais Palmyre recouvrait son joli visage d'un ample voile en point d'Angleterre qui devait la gêner cruellement par cette chaleur accablante. Quand l'attelage s'arrêta, Armand seul fit mine de descendre.

— Voyons, cher père, et vous, ma Palmyre bien-aimée, — dit-il d'un ton suppliant, — ce rigoureux incognito est tout à fait déraisonnable. Pourquoi demeurer enfermés dans une voiture? L'endroit où nous sommes est presque désert, et lors même que vous seriez vus de vos anciennes connaissances, vous ne trouveriez partout, je vous l'affirme, qu'égards et respects.

— Armand, — répliqua Palmyre d'un ton boudeur, — ne me pressez pas, je vous en prie; je ne veux pas quitter mon père.

— Et moi, — reprit La Southière, — je ne veux pas m'exposer à un mauvais accueil de la part de certaines personnes qui sont ici. Je connais mes collègues, les éleveurs; et les chevaux que j'envoie cette année pour disputer le prix aux leurs ne doivent pas bien les disposer à mon égard. Laissez-moi donc ici avec ma fille... Nous dominons tout l'hippodrome, et je pourrai facilement m'assurer si nos bêtes et nos gens font leur devoir. Quant à vous, Armand, vous pouvez aller là-bas, au pesage, Baptiste, qui doit monter *d'Aguesseau* dans la course plate, excédera sans doute de plusieurs kilogrammes le poids légal... Au diable les drôles qui se mêlent d'engraisser! Dites-lui de ménager sa bête, car *d'Aguesseau* a de l'avenir, et s'il ne remporte pas le prix cette fois, il l'emportera sûrement plus tard... Quant à *Boréas*, le plus magnifique poulain de mes écuries, qui va courir pour le grand prix, dites à John, son jockey, de ne pas oublier mes recommandations. J'ai vu les autres chevaux qui doivent lutter contre *Boréas*... des bêtes sveltes ayant de la vitesse, mais pas de fond... Que John serre un peu la bride pendant le premier tour, et au second, en avant la cravache et l'éperon!... M'avez-vous bien compris?

— Oui, oui, mon cher La Southière, mais il vaudrait mieux venir vous-même donner vos dernières instructions à John et à Baptiste, que j'aperçois là-bas, au milieu des amateurs du turf.

— Pas un mot de plus, Armand; vous connaissez mes scrupules, sachez les respecter. Notre malheureuse affaire est encore trop récente.

— Et vous, Palmyre, êtes-vous bien résolue à me laisser aller seul?

— Mon Dieu! Armand, quelle figure ferais-je parmi tous ces éleveurs et ces *gentlemen riders*? Je désire ne pas quitter mon père.

— Partez, partez vite, mon garçon, — interrompit La Southière, qui regardait au loin par la portière, — voilà déjà plusieurs jockeys en selle... Si vous ne vous hâtez pas, vous arriverez trop tard pour parler à Baptiste.

Armand dut céder; après avoir donné un baiser à la jeune femme, il sauta lestement à terre et alla s'acquitter de la commission de son beau-père.

Bientôt tout fut prêt et le son de la musique militaire annonça le commencement des courses. Les coureurs parurent dans l'arène, devant le pavillon destiné aux juges de la lutte. Ils avaient le costume traditionnel, bottes à revers jaunes, culottes de peau de daim, puis des casaques bleues, vertes, rouges, avec des casquettes pareilles, selon la livrée de leurs maîtres. Ces couleurs étaient bien connues de la foule, qui, seulement à les voir, savait de quelle écurie le cheval de l'écuyer était sorti. Les nobles animaux, de leur côté, piaffaient d'impatience, et pendant qu'ils s'agitaient, en projetant au loin des flocons d'écume, certains amateurs croyaient déjà pouvoir désigner celui qui remporterait le prix. Tel se prononçait pour le gris, tel pour l'alezan brûlé, et, quoique l'on ne se passionnât pas au point d'engager d'énormes paris, comme sur les hippodromes anglais, les débats ne manquaient ni d'intérêt ni d'animation.

Le sort avait désigné d'avance le rang que les coureurs devaient occuper pour le départ, et ils vinrent se ranger sur une seule ligne. Ce ne fut pas sans peine que plusieurs prirent la place qui leur avait été assignée, leurs fougueuses montures voulant partir sans tant de façons. Baptiste, revêtu d'une casaque orange à manches noires, livrée de M. de La Southière, occupait le troisième rang. *D'Aguesseau*, qu'il montait, était un joli poulain bai-brun, dont les formes annonçaient plus d'élégance que de vigueur. Autant ses concurrents paraissaient indomptables, autant il se montrait doux et docile. La moindre pression de la bride le faisait obéir, et il se rangea tranquillement au milieu de ses turbulents compagnons. Aussi, quelques spectateurs peu expérimentés prononçaient-ils à demi-voix l'épithète malsonnante de rosse, tandis que d'autres, plus circonspects, disaient en hochant la tête : Eh! eh! qui sait?

Le départ fut magnifique; au signal donné, tous les chevaux s'élancèrent en même temps, et pendant une trentaine de pas, aucun ne sembla vouloir dépasser les autres. Mais tout à coup d'Aguesseau se détacha de son rang et prit la tête de la bande, du côté central du cirque; c'est ce qu'on appelle *gagner la corde*.

Sitôt qu'il eut conquis cet avantage, les autres voulurent le lui ravir, et la lutte devint plus ardente. Mais les spectateurs qui avaient assisté au départ ne purent connaître sur-le-champ le résultat de cette lutte. La troupe entière de chevaux et de jockeys venait de passer comme un tourbillon et de disparaître dans un nuage de poussière.

Pendant quelques minutes, l'attention de la foule fut en suspens. Les coureurs se trouvaient maintenant à l'autre extrémité du cirque; c'était à peine si l'on entrevoyait dans l'éloignement quelques points bleus, jaunes ou rouges, glissant tantôt sur le fond roux du terrain, tantôt sur la verdure sombre des châtaigniers; mais la distance ne permettait plus de distinguer sûrement leur position relative. Alors on se tourna de l'autre côté du cirque, et des regards passionnés épièrent le retour des coureurs. Quand ils reparurent dans un flot de soleil, mille voix s'écrièrent :

— Encore le jockey orange!

Baptiste, en effet, conservait son avantage, et il était à trois ou quatre longueurs de cheval en avant des autres.

A la vérité, ce n'était encore que le premier tour de l'hippodrome, et la chance pouvait devenir contraire au second tour. Cependant les vrais connaisseurs du turf sentaient déjà combien un revirement de fortune était improbable, à moins d'un de ces accidents qui ne sont pas rares dans les courses. Lorsque la troupe impétueuse passa devant les pavillons, les concurrents de Baptiste avaient exigé de leurs chevaux tout ce qu'ils pouvaient donner; les vaillantes bêtes étaient couvertes de sueurs; leurs flancs étaient ensanglantés. Baptiste, au contraire, debout sur ses étriers, le corps penché en avant, ne pressait pas son cheval outre mesure, fidèle en ceci aux instructions de son maître. De temps en temps, il regardait par-dessus son épaule pour juger du progrès de ses antagonistes, et s'il les voyait se serrer de trop près, il disait quelques mots encourageants à d'Aguesseau, qui, sans effort apparent regagnait la distance perdue. Aussi le second tour s'accomplit-il comme le premier, et Baptiste atteignit le poteau d'arrivée avec une grande avance sur ses rivaux.

Des applaudissements, des hourras, des fanfares de musique saluèrent le vainqueur. La foule se pressait joyeuse autour de lui, pendant que les vaincus allaient cacher leur défaite et éponger leurs chevaux dans les écuries destinées à les recevoir.

Le docteur Simonaud avait observé attentivement toutes les phases de la lutte. Dès que la victoire fut décidée en faveur de d'Aguesseau, il se tourna vers la voiture, en se disant à lui-même :

— Pour le coup, il va sortir de son infernale boîte, et je pourrai enfin lui parler.

Cet espoir se trouva encore déçu; au moment de la crise finale, un des stores s'était agité légèrement; mais la voiture ne bougea pas, et le valet de pied demeura sur le siège, où il était monté pour jouir du beau spectacle que présentait l'hippodrome.

Bientôt Armand reparut et se dirigea vers la voiture, sans apercevoir le petit docteur, qui s'évertuait à le saluer. Le domestique s'empressa de quitter son poste et d'abaisser le marchepied; mais Armand ne jugea pas à propos de monter, et se mit à parler à son beau-père avec chaleur.

— Bah! voilà bien une belle affaire! — répliqua La Southière avec impatience, un méchant prix de mille écus!... D'Aguesseau fera mieux que cela plus tard... Quant à moi, je ne vois pas la nécessité d'aller triompher là-bas, au milieu de cette cohue, parce que mon cheval a été le plus agile et le plus heureux. Je vous dis, mon garçon, que je n'entends pas me montrer de sitôt... Palmyre fera ce qu'elle voudra; je ne la retiens pas. — Armand pria, supplia; tout le monde s'étonnait de n'avoir pas vu M. de La Southière parmi les éleveurs et les riches amateurs qui formaient le jury des courses; on avait demandé Palmyre dans le pavillon du préfet et on y regrettait vivement son absence; mais ni le père ni la fille ne voulurent rien entendre. — La deuxième course, qui va commencer, est sans intérêt pour nous, — reprit La Southière, — car aucun de mes chevaux n'y est engagé; c'est la troisième seule qui nous touche, et il faut que *Boréas* nous remporte le grand prix. Par malheur, il s'agit cette fois d'une course à obstacles, et nul ne peut répondre d'une mauvaise chance. Dites à John de n'oublier aucune de mes recommandations. Surtout, qu'il prenne garde au passage de la banquette irlandaise. *Bordas* s'y est dérobé une fois ou deux pendant les exercices de l'entraînement. Vous rappellerez cela au jockey, n'est-ce pas?

Armand allait se retirer d'un air contrarié, quand Palmyre l'attira vers elle et lui donna un baiser en lui adressant tout bas une parole affectueuse. Le jeune mari se dérida, vaincu par cette caresse, et s'éloigna pour regagner l'enceinte du pesage.

A vingt pas de la voiture, il se trouva face à face avec le docteur, qui cette fois l'aborda résolument.

— Vous voyez, monsieur Robertin, — dit Simonaud avec gaieté, — l'homme le plus perplexe du monde entier. J'ai été mandé dernièrement auprès d'une jolie malade, et comme j'étais absent de B*** en ce moment-là, je n'ai pu me rendre à son appel. Or, ma malade n'est pas bien loin d'ici ; mais elle garde un si rigoureux incognito, que je n'ose aller ni la saluer comme ami, ni lui tâter le pouls comme médecin... Que me conseillez-vous dans cette grave conjoncture?

— Les femmes ont leurs caprices, — répondit Armand de même, — et il est prudent, même pour les médecins, de respecter leur fantaisie. Votre malade n'est pas dans un état bien grave, sans doute, puisqu'elle vient ici assister à une fête. D'ailleurs je peux prendre la consultation pour elle.

Et il dit quelques mots bas au docteur.

— Tiens! déjà? — répliqua Simonaud en ôtant son chapeau; — eh bien! à la bonne heure! Mais alors, juste ciel! avec qui donc danserai-je cet hiver?

La seconde course eut lieu sans incident digne d'être raconté au lecteur. Mais il ne devait pas en être ainsi de la troisième, dans laquelle *Boréas* allait disputer le grand prix à l'élite des chevaux de cette partie de la France.

Aussitôt que les coureurs parurent dans le cirque, tous les regards se portèrent vers un magnifique cheval, d'un noir de jais à reflets brillants, dont les yeux de feu, les formes harmonieuses excitaient l'admiration générale. John, qui avait à son tour revêtu la casaque orange à manches noires, avait peine à le contenir. Boreas se dressait fréquemment sur ses pieds de derrière, en secouant sa belle tête aux veines saillantes. Ce n'était pas malice et indocilité, mais gaieté et exubérance de vigueur, car un mot de son cavalier suffisait pour calmer sa fougue pendant quelques minutes. John paraissait tout glorieux de sa superbe monture; cependant ses rivaux ne s'effrayaient pas trop encore de la concurrence, sachant bien que, pour les chevaux comme pour autre chose, la beauté exclut parfois des qualités plus solides.

La course commença, et il ne parut pas, en effet, que *Boréas* dût avoir un avantage marqué sur ses adversaires. A la vérité, il franchit sans encombre les premiers obstacles artificiels, haies, fossés, rivière; mais la plupart des autres chevaux y réussirent comme lui. Un d'eux fit une chute au passage du fossé, un autre au saut de la banquette irlandaise ; mais le reste poursuivit son chemin avec des chances à peu près égales. C'était plaisir pour les spectateurs, qui souvent les perdaient de vue dans l'éloignement, quand tout à coup ces légers animaux, se dressant devant les obstacles à franchir, s'élançaient en l'air, comme s'ils eussent été ailés, en dessinant leur hardie silhouette sur l'azur lumineux du ciel, puis disparaissaient, comme s'ils se fussent abîmés dans le sol. Alors on battait des mains, des cris s'échappaient de toutes les bouches ; les plus impassibles et les plus froids éprouvaient un frémissement de plaisir.

M. de La Southière, on peut le croire, n'était pas seul exempt d'émotion. La voiture faisait maintenant des évolutions rapides, quoique les stores demeurassent baissés. Quant la course revint sur elle-même pour passer une première fois devant les pavillons, la berline se trouvait à quelques pas seulement du poteau, bien qu'au milieu de l'agitation générale on n'eût pas remarqué sa présence.

Bientôt les coureurs parurent, *Boréas*, monté par son jockey à la casaque orange n'était que le troisième ; mais il y avait encore un tour à faire, et les obstacles les plus sérieux restaient à franchir.

Au moment où John passa devant la voiture qui stationnait auprès de la piste, une voix bien connue lui cria :

— Il est temps !

Alors, pour la première fois, la cravache du jockey cingla les flancs de sa monture. *Boréas* tressaillit, non de douleur, mais d'orgueil offensé, et, d'un seul bond, franchit la moitié de la distance qui le séparait de ses rivaux. En un clin d'œil, il les précéda en tour, et, partant comme l'éclair, il se dirigea vers les obstacles contre lesquels il avait à se mesurer encore.

M. de La Southière n'essaya pas de voir ce qui se passa ensuite. Il demeura inquiet et haletant au fond de la voiture, et Palmyre était à peine moins troublée.

Quelques minutes s'écoulèrent ainsi. Enfin, de nouveaux cris annoncèrent le retour des coureurs, et de ce brouhaha tumultueux se dégagèrent des voix qui disaient :

— Le jockey orange ! C'est le jockey orange qui est en avant !

En effet, John ne tarda pas à paraître, calme et fier sur son cheval noir qui, la tête haute, la crinière au vent, s'avançait vers le poteau d'arrivée, tandis que les tintements précipités de la cloche des signaux excitaient encore son ardeur. Il était seul, et ce fut seulement quand il eut dépassé le but, que l'on vit apparaître, au loin et un à un, ses adversaires malheureux. L'un des jockeys était couvert de poussière, et sa casaque toute déchirée attestait une chute terrible ; un second avait perdu sa casquette, et son cheval à moitié fourbu boitait sensiblement ; tous les autres avaient un air déconfit, humilié, et le désordre de leur équipement attestait les divers accidents qu'ils avaient éprouvés dans cette lutte périlleuse.

Cette fois, les acclamations, les applaudissements des spectateurs retentirent jusqu'aux collines boisées qui formaient les limites du cirque. Cette course étant la dernière, la foule avait renversé les piquets et les cordes qui servaient de barrière. Tout le monde voulait voir de près le vainqueur ; le toucher ; l'enceinte privilégiée du pesage était envahie.

— Comment s'appelle le cheval victorieux, et à qui appartient-il ? — demanda un des commissaires de la course du haut de son estrade.

— *Boréas*, croisé anglais et limousin, à M. de La Southière, — répondit John avec son accent anglais.

Un store de la berline fut violemment crevé, et une figure irritée parut à la portière.

— Limousin ! — cria-t-on impétueusement ; — pur sang limousin !... au diable le sang anglais !

Tous les yeux se tournèrent vers La Southière, qui venait de manifester sa présence d'une manière si peu réfléchie. L'éleveur parut alors se repentir de ce qu'il avait fait, et voulut se rejeter au fond de la voiture ; il était trop tard, ses nombreux amis l'avaient reconnu.

— La Southière ! — s'écriait-on, — vous étiez donc là ? Ah ! mon ami, quel succès ! quel beau cheval ! Venez qu'on vous félicite !

Il n'y avait plus à hésiter ; La Southière sauta donc à bas de la voiture, tandis qu'Armand s'avançait pour donner la main à sa femme, qui descendit à son tour.

Mais l'éleveur ne pouvait oublier le motif de sa colère.

— Drôle ! — dit-il en anglais à son piqueur John qui venait de mettre pied à terre, — n'as-tu pas honte de calomnier cette noble bête qui est sang limousin, de père et de mère ? Elle descend d'*Acacia*, le cheval de bataille de l'empereur Napoléon, et *Acacia* était authentiquement pur sang limousin.

— Bien pour son père, — répliqua John dans la même langue, avec toute la liberté que pouvait lui donner son récent succès ; — mais, monsieur, j'ai toujours entendu dire que *Miss-Arabella*, sa grand'mère, était une jument anglaise !

— Tu es un effronté menteur, et si tu te permettais de répéter cette absurdité... *Miss-Arabella* n'avait d'anglais que le nom, et je puis prouver... Mais c'est assez ; si tu dis un mot de plus, tu n'auras pas les vingt louis que je t'ai promis !

— Alors, qu'on mette pur sang limousin, — dit en français le jockey, dont le patriotisme ne tint pas devant la menace de son maître.

Cette affaire étant réglée à la satisfaction commune, La Southière reçut avec cordialité les félicitations chaleureuses de ses amis et de la plupart des assistants. Les poignées de mains, les compliments n'étaient pas près de finir, quand un domestique en livrée fendit la foule et vint dire à La Southière que M. le préfet désirait le voir, ainsi que sa famille, dans le pavillon préfectoral, pour lui remettre en personne le prix de la course.

Le propriétaire de *Boréas* ne pouvait qu'accepter une invitation aussi flatteuse et aussi courtoise ; il répondit donc sans hésiter qu'il allait se rendre aux ordres de M. le préfet. Puis, se tournant vers sa fille, qui était toujours au bras d'Armand, il lui apprit de quoi il s'agissait. La pauvre Palmyre devint toute pâle.

— N'y allez pas, cher père, — murmura-t-elle avec un accent d'angoisse, — ou du moins ne me forcez pas de vous accompagner !

— Bah ! puisque le vin est tiré, il faut le boire, — dit La Southière d'un ton de bonne humeur, — tu vois comme on nous accueille ici, il en sera de même là-bas... Allons, Palmyre, pas d'enfantillage !

— Mon père ! mon Armand chéri ! — reprit la jeune femme avec effroi, — n'exigez pas de moi un pareil effort ! Je ne pourrai jamais... la tête me tourne... Je sens que je vais me trouver mal !

— Eh bien ! madame, — dit le docteur Simonaud en se montrant tout à coup, — n'ayez pas d'inquiétude... votre médecin est là.

Palmyre ne put s'empêcher de sourire et elle céda ; on l'entraîna impitoyablement vers la vaste tente qui dominait tout le terrain des courses, et où se tenaient les principaux fonctionnaires du département.

Un sentiment de curiosité bienveillante se manifesta de toutes parts, à l'entrée de La Southière et de sa famille. L'éleveur fit bonne contenance, mais Palmyre, qui se cramponnait au bras de son mari, continuait de trembler et n'osait lever les yeux ; plusieurs dames s'approchèrent et, la prenant au milieu d'elles, la comblèrent de prévenances et de caresses.

Le préfet reçut à merveille M. de La Southière. Il complimenta l'éleveur sur le succès de ses chevaux, sur les progrès qu'il avait fait faire à la race chevaline dans le département, et enfin il lui remit le prix de la course, une coupe en vermeil, admirablement ciselée, et une liasse de billets de banque. Mais ce qui, dans les circonstances actuelles, donnait surtout de la portée à ces compliments, c'était le ton plein d'urbanité, presque amical qui les accompagnait, ce fut surtout la poignée de main qui les termina.

Après le préfet, d'autres personnages, revêtus de dignités à peine moins éminentes, vinrent offrir à La Southière leurs félicitations. L'ancien accusé de la cour d'assises avait les yeux humides, car il sentait que cet accueil était pour lui une réhabilitation complète et que le monde se prononçait ouvertement en sa faveur, comme s'était déjà prononcée la justice.

Pendant qu'il était en train de causer avec le général commandant la division militaire, sur la remonte des chevaux de l'armée, Palmyre, de son côté, reprenait courage. Parmi les dames qui lui témoignaient, de la façon la plus délicate, leur estime et leur affection, se trouvaient madame et mademoiselle de Germiny, la femme et la fille du procureur général auquel Palmyre croyait devoir une reconnaissance particulière. Comme mademoiselle de La Southière s'entretenait avec elles, on lui prit le bras, puis une voix caressante et grondeuse lui dit à l'oreille :

— Plus de romans, n'est-ce pas, mon enfant? Ces livres-là exaltent certaines têtes blondes et peuvent mener parfois bien loin !

Palmyre s'était retournée et avait reconnu la figure sévère et malicieuse du procureur général. Ils se promenèrent à travers les groupes nombreux qui s'étaient formés dans le pavillon.

— Le temps des romans est passé, monsieur de Germiny, — répondit Palmyre ; — la leçon a été cruelle et je m'en tiendrai désormais aux réalités de la vie.

— Oui, oui, je vois que nous en sommes aux réalités, — dit le magistrat en lui lançant un de ses fins regards ; — eh bien ! puisque nous parlons de la vie pratique, permettez encore un petit conseil à un vieil ami : n'ayez jamais, ni maintenant ni plus tard, de ces jolies camèristes pimpantes et délurées, comme... comme il y en a beaucoup. Ne m'en demandez pas la raison, j'aurais trop à dire ; mais, croyez-moi, fermez toujours votre maison à ces fringantes créatures... M'avez-vous compris?

— Merci de vos conseils, monsieur de Germiny ; mais comment un homme d'un esprit si élevé peut-il descendre à ces humbles détails?

— Hum ! nous savons, nous autres, combien d'honnêtes et d'heureuses familles sont souvent troublées par des *détails* de cette nature ; les plus futiles causes peuvent avoir les plus terribles effets.

Ils continuaient d'errer au milieu des groupes, où leur passage excitait des chuchotements qui toutefois n'avaient rien d'hostile. Palmyre devina le but de cette promenade.

— Votre bonté me confond, monsieur le procureur général, — murmura-t-elle en osant presser doucement contre sa poitrine le bras de son cavalier ; — je suis pénétrée de reconnaissance pour vos procédés si ingénieux et si délicats... Ah! pourquoi votre pouvoir, qui est si grand, ne saurait-il aller jusqu'à imposer silence à certains frivoles propos?

— Bon ! les caquets vous font-ils peur? Puisque nous en sommes sur la pratique de la vie, écoutez ma théorie à cet égard : il faut d'abord avoir une conscience pure et faire tout au monde pour éviter les bavardages malveillants...

— Mais s'ils persistent malgré tous nos efforts et malgré leur propre injustice?

— Alors il faut s'en moquer, — dit le magistrat en souriant.

En ce moment la foule élégante quittait le pavillon préfectoral pour retourner à la ville. Palmyre dut rejoindre son père et Armand, qui eux-mêmes semblaient ravis de ce qui venait de se passer.

Palmyre reprit le bras de son mari et on redescendit le large escalier de la tente. Au bas des degrés, on se vit entouré de curieux qui étaient venus contempler les personnages officiels, tandis que ceux-ci attendaient leurs voitures et s'agitaient pour partir les premiers. La famille de La Southière, en cherchant à regagner la berline, fut prise un moment au milieu de cette foule compacte qui ne lui permettait ni d'avancer ni de reculer. Pendant ce temps d'arrêt forcé, Palmyre se trouva côte à côte avec madame Cernin, qui éprouvait le même embarras qu'elle. Baissant rapidement son voile, elle se pencha vers la sœur du défunt percepteur, et lui dit avec émotion :

— Je n'oublie pas, Hortense, que nous ne pouvons être amies ; cependant il est un mot que j'ai besoin de vous dire : j'ai su beaucoup de choses et j'en ai deviné d'autres... Vous êtes la meilleure et la plus généreuse des femmes !

Hortense rougit, et un sourire de triomphe, peut-être en dépit d'elle-même, s'épanouit sur ses lèvres ; mais au même instant la foule se dissipa et les deux jeunes femmes s'éloignèrent l'une de l'autre, sans que personne, même leurs maris, se fût aperçu de cette communication furtive.

Six mois après, M. et madame Bourichon, qui, avec des ressources inconnues, avaient ouvert dans la ville un brillant café, étaient obligés de disparaître pour plusieurs motifs graves, parmi lesquels figuraient des accusations d'escroquerie.

FIN

Sceaux. — Typ. M. et P.-E. Charaire.

www.ingramcontent.com/pod-product-compliance
Lightning Source LLC
LaVergne TN
LVHW050600090426
835512LV00008B/1260